生涯学習支援の理論と実践

赤尾勝己・吉田敦也

生涯学習支援の理論と実践（'22）

装丁・ブックデザイン：畑中　猛

s-39

まえがき

今般，文部科学省から提起された社会教育士に期待される役割として，次の２点が挙げられる。

第１点として，「社会教育士」には，講習や養成課程の学習成果を活かし，NPO や企業等の多様な主体と連携・協働して，社会教育施設における活動のみならず，環境や福祉，まちづくり等の社会の多様な分野における学習活動の支援を通じて，人づくりや地域づくりに携わる役割が期待される。

第２点として，これらの活動に際しては，地域の実情等を踏まえ，社会教育士と社会教育主事との連携・協働が図られることが期待される。

前者においては，社会教育という界（champ）だけでなく，首長部局が担当している環境行政や福祉行政，まちづくり行政，に関わっていくことが期待されている。さらには，NPO や企業等と連携・協働していくことが期待されている。ここで日本の社会教育史上，新たな局面を迎えている。これまで，界がまったく異なる営利を目的とする企業と社会教育関係者が連携していくことはなかったといってもよい。後者においては，社会教育士が重要な役割を演じることになっていることが看取されよう。社会教育士が，他の首長部局や企業，NPO と容易に協働していくことが期待されているのである。このような事態をどう評価していくかも問われてこよう。

この領域は，理論と実践の乖離が大きいように思われる。したがって，私たちはできるかぎり，該当する市町村教育委員会や生涯学習関連施設さらには生涯学習支援を行っている現場を訪問調査して，担当している方々がどのようにして，学習プログラムを企画・実施・評価をしているかについて聞き取り調査を行い，学習支援の実践をしている場面を，番組内に入れていきたい。

文部科学省から本科目「生涯学習支援論」への要請として，次の４点が挙げられている。

学習者の多様な特性に応じた学習支援に関する知識及び技能の習得を図る。

①学習支援に関する教育理論
②効果的な学習支援方法
③学習プログラムの編成
④参加型学習の実践とファシリテーション技法

もちろん，こうした視点をもれなく本書の内容に組み込んでいくが，本書では「生涯学習支援」をたんなる学習支援のスキルやテクニックとしてとらえることにとどまらず，より広く深くとらえて，生涯学習支援の深層に迫っていけたらと思う。生涯学習支援という営為が位置づいている社会のあり方までを考察の範囲としたいのである。そのうえで，よりよい生涯学習支援のあり方を読者の皆様とともに考えていくことができれば幸いである。

2021 年　秋

赤尾勝己　吉田敦也

目次

第１章から第８章の見取図

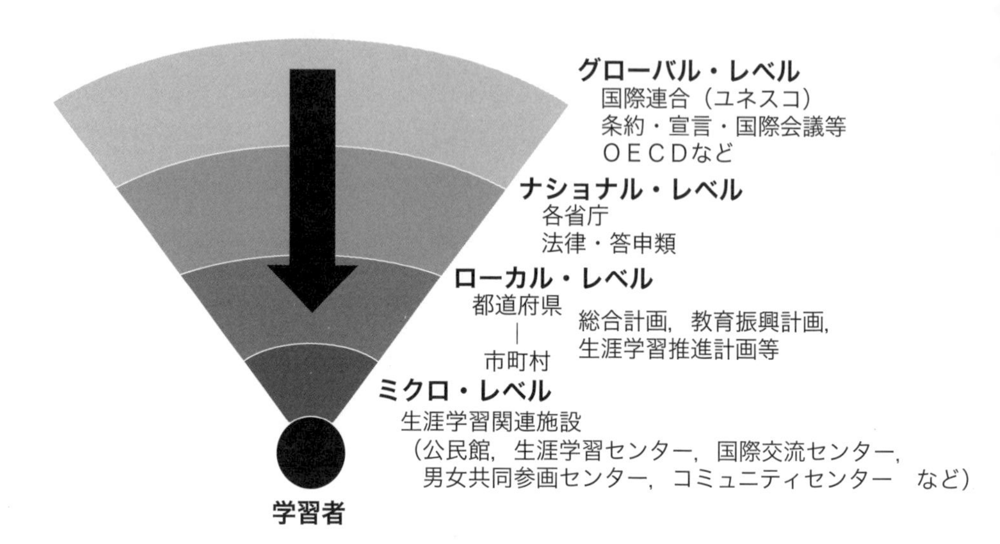

1　生涯学習を支援するとはどういうことか

赤尾　勝己

《目標＆ポイント》 本章では，人々の生涯学習を支援するためには，教育学，心理学，社会学による学際的アプローチが必要であり，「支援する側」と「支援される側」の関係性は，予定調和的ではないことを理解しつつ，何のために生涯学習支援を行うのかについて考える。
《キーワード》 生涯学習支援の4つの層，社会的行為者，弱い個人への支援の必要性，社会的に不利益を被っている人々，援助としての教育，生涯学習支援の公益性，社会的位置，感情労働者

1．生涯学習支援の前提

（1）生涯学習支援の4つの層

21世紀の日本社会には，高学歴化，情報化，個人化，都市化の進展が見られる。それは，人々が危険にさらされている「リスク社会」でもある。本書では，生涯学習支援を，グローバル・レベル〜ナショナル・レベル〜ローカル・レベル〜ミクロ・レベルの4層の連関でとらえることにしたい。グローバル・レベルでは，ユネスコとOECDが日本社会に大きな影響を与えている。近いところでは，国際連合は2015年9月に「持続可能な開発目標（SDGs）」を批准した。ナショナル・レベル（国レベル）では，生涯学習に関する法規や答申などが生涯学習支援のあり方に影響を与えている。ローカル・レベルでは，都道府県や市町村における「総合計画」や「教育振興計画」「生涯学習推進計画」などが生涯学習支援のあり方に影響を与えている。また実際に，生涯学習支援を行

っている都道府県と市町村の生涯学習推進センターが何をしているかを調べることが必要になってくる。ミクロ・レベルは，公民館や生涯学習関連施設の教室で，学習支援する人と学習支援される人が対面する場をさす。

（2）学際的なアプローチ

生涯学習支援の実践をとらえる際には，教育学，心理学，社会学など，さまざまな学問に依拠する学際的アプローチが必要になってくる。本書では，生涯学習支援のスキルや技術だけにとどまることなく，これらの学術的知見を使って考えていきたい。したがって，本書は単なる生涯学習支援のマニュアル本ではない。

この領域は，これまで教育学と心理学の知見が多く，欧米の成人教育方法の研究にも援用されてきた。また，生涯学習を実践する人々をとらえる際に，心理学を主体としてとらえるアプローチが一般的であった。その際，「生涯発達心理学」という学問が大きく関わっていた。しかし，本書の第1章から第8章では，社会学的観点から，生涯学習者（lifelong learner）を社会的行為者としてとらえるアプローチを採用したい。つまり，生涯学習者も生涯学習支援者も「社会的行為者」（social actor）であるという視点である。その意味で，他者との交流をとおして社会を構成する要素となる人，すなわち社会的行為者という視点から，生涯学習支援者が分析されることになる。つまり，ここでは，ウェーバー（M. Weber）等によって提唱された「社会的行為」（social action）の知見に光を当ててゆきたい。そして，生涯学習支援を全面的かつ一面的に礼賛するのではなく，批判的な視点をもちながらも，学習支援者が学習支援に関わっていくうえで必要な知識や情報，スキルを提供したいと思う。

ここではまず，すべての学習に教育が対応するという教育を主語とする観点には立たないことを明言しておきたい。教育と学習の関係性についてとらえる際には，両者は予定調和的関係にはない。それは，ある局面において，教育と学習は緊張対立関係に陥ることもあるからである。したがって，学習支援者と学習者は予定調和的関係にはない。支援をしても被支援者＝学習者から学習支援者が拒絶されることもありうるからである。

教育とは，教える側から一定の教育的価値と意図に基づく行為をさすが，学習は常に教育と対応しているわけではない。教育と対応しない学習（learning without education）もある。

学校教育では，常に教育的価値に基づき教材が選ばれ配列されて，その内容が，教える側の教師から被教育者（児童・生徒・学生）に伝達される。教育には，被教育者をより善くしたいという教育的意図が付随するが，学習が志向する価値は多方向的である。一例として，被教育者を他者の利益を強奪する人間にするための教育はありえない（あってはならない）が，自らそうした人間になろうとする学習はありえる。

（3）被支援者によりそった学習支援を

学習支援をする側がよかれと思ってやったことが，支援される側にとってよいとは限らないこともある。一方的で独善的な学習支援ではうまくいかないことがある。生涯学習支援の目的は，それを通して，学習支援を受ける人が，少しでも自分で自分の学ぶ内容や方法を決めていく「自己決定学習者」（self-directed learner）になっていくことである。

学習支援の基本は，あることがらについて「学びたい人」と「教えたい人」を出会わせることである。学びたい人の能動性や自律性が前提となる。ただし，学習者の能動性，自律性を前提とすると「強い個人」しか支援の対象にならないという限界が生じてくる。この社会において不利益を被っている「弱い個人」への支援をどこまで行えばよいのかという問題は無視できない。学習に必要な費用の支援は誰がするのか，行政がやるのかやらないのか。やるとすればどのようにどこまでやるのかという議論も必要になってくる。

この点に関して，住岡英毅は，潜在的に学習ニーズを有しながらもそれが実現できない「周辺的学習者の支援」の必要性について次のように述べている。(住岡 2001：12)

「『生涯学習社会』への支援策は，旺盛な学習意欲をもち，学習に振り向ける時間的・経済的ゆとりをもっている人たちだけでなく，何らかの理由でそうした学習条件に恵まれない人たちにも向けられなければならない。いや，そのことこそ，これからの『生涯学習社会』の構築にとって最も期待されなければならない領域なのである。」

そこで，本章では，次のような学習支援観を採用したい。あくまでも，主体は学習者であって，学習支援者ではない。まずは学習者のニーズに基づいて，学習支援を行う。ただし，課題のある状況を認識できずに社会的に疎外されている人々に対して状況を意識化させる支援も必要な場合があろう。本書の第1章から第8章が主として扱う学習支援の範囲は，学校教育の外側の領域である非定型学習（non-formal learning）と学校教育の領域である定型学習（fomal learning）である。その際に，学習者本人が出席・欠席を決める場合もあれば，学校教育職場研修のように，出席が強制されている場合もある。

もう1点は，学習支援者の専門性に関わることである。学習支援者の力量を涵養することは必要であるが，学習支援者の専門性とは，あくまでも学習を支援する側の論理であって，実際にそれがどんなものであるかについての検証は十分であるとは言えない。現時点では，学習支援者の専門性は構築途上にあると言えよう。

留意しなければならないのは，「支援と支配は紙一重」ということである。支援によって学習者の自主性を損なうことは避けるべきである。それは，支援者と被支援者の間には非対称的な力関係があるからである。支援者の思い描くとおりに被支援者が動くとは限らない。したがって「支援という名の支配」に陥ることがないようにしなければならない。学習を支援する側が，よかれと思って行う支援が，学習者のニーズに，まったく合わないという事態もありうる。学習支援者は思い上がってはいけないのである。そうならないためには，常に自分たちの学習支援の内容と方法が，これでよいのかと「省察」（reflection）する必要がある。この省察を抜きにした学習支援は傲慢に陥り，学習者から拒絶されることになろう。

そこで参考にしたいのは，村井実の教育学である。村井は，「援助としての教育」という観点を，教育学の中心に置いた。あくまでも，「学習者がその人なりにより善くなろうとしていることを支援すること」が教育であるととらえたのであった。村井の教育観はソクラテスに由来し，ロジャーズ（C. Rogers）の「非指示的カウンセリング」（non-directive counseling）の考え方とも通底している。

2．多様な学習者への配慮

上記に，学びたい人と教えたい人を出会わせるという考え方が出たが，これを構想した人物として，イリッチ（I. Illich）が挙げられる。イリッチは，「脱学校論者」（de-schooler）として有名であるが，彼は，学校教育制度を超えるシステムとして「学びのネットワーク」（learning webs）を構想した。それは，次の４つのネットワークから構想されていた。

①教育的事物のためのレファレンス
教える人が教材や教具を保管する場所であり，図書館や博物館が想定される。
②技能交換
教えることのできる分野，教える人の住所や電話番号を登録する。
③仲間選び
学びたい人と教えたい人を出会わせる。
④教育者のためのレファレンス
教える人についての自己PRや謝礼等，サービスを提供する条件を記録できる。

その対極には，近代公教育の崇高な理念としての「教育の機会均等」がある。すべての人はその能力に応じて教育を受ける権利があるという考え方である。この理念は今後とも学校教育の分野において保障されていくべきであろう。したがって，イリッチが言うように，「学校教育を全廃して，学びのネットワークに代替させる」ことはできない。だが，「学びのネットワーク」という考え方を，学校教育の外側で生かすことはできるであろう。

イリッチが上記の脱学校論を提示した時に，批判の急先鋒に立ったのが，イギリスの社会学者ドーア（R.P. Door）であった。彼は，イリッチが提唱する学びのネットワークにおいては，一定の才能のあるものは多くを学ぶことができるが，そうでないものはほとんど学べなくなると，批判した。角度を変えてみると，社会階層の高い子どもは，親のつきあう人間関係や人的ネットワークを利用して，知り合いから多くのことを学ぶことができるが，社会階層の低い子どもは，親が教える人を知らないので，より学べなくなるというのである。近代公教育制度は，社会的出自にかかわりなく，すべての子どもを義務教育制度によって学校で教育を受けさせることで，限界はあっても社会の平等化に一定の貢献をしていることになろう。だからこそ，学校教育の外側で，「学びのネットワーク」が現実味をもってくるのである。

こうした批判が出るように，結果として「学びのネットワーク」は，社会的に「強い個人」を優先した構想であることがわかる。自ら学び，自ら歩き，自ら癒すという自律性を根底に据えた自律協働社会（convivial society）というのは「強い個人」を基に構想されている。では「弱い個人」はどうなるのだろうか。同様なことは，本書で考えようとしている学校内外の場における「学びのネットワーク」についてもいえるのではないだろうか。

ここで，経済の「グローバル化」や「新自由主義」のなかにあって，格差が生じているからこそ，学習支援が必要であるという方向性が確認されるであろう。強者の論理を，生涯学習支援で貫くわけにはいかない。「社会的に不利益を被っている人々」への学習支援が優先されなければならないのである。

3. 社会的要因に取り囲まれた学習者

どんな人間にも共通した万能な生涯学習支援の方法があるわけではない。その人間＝学習者がどのような社会的位置（social position）に位置づいているかによって，学習の内容・方法も異なるし，学習支援のあり方も異なってくる。

フランスの社会学者であるブルデューの『ディスタンクシオン』（distinction）が指摘するように，ある人が生活している「社会的空間」

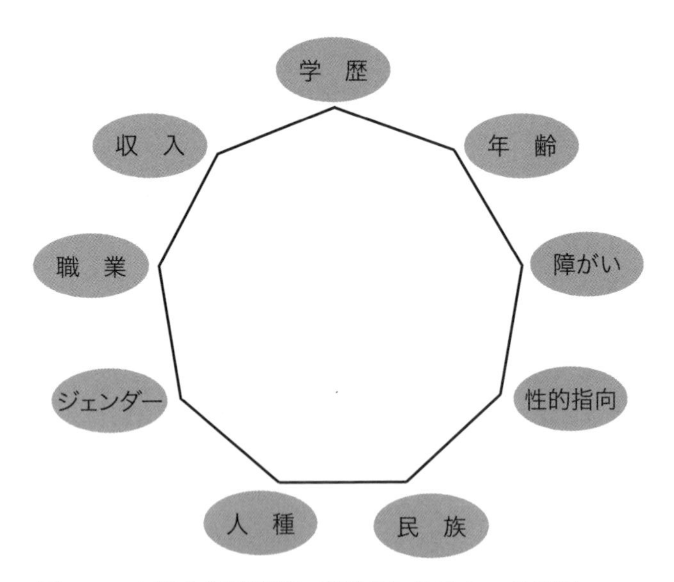

図 1-1　人間の生涯学習に影響を与える 9 つの要因

と「社会的時間」によって，その人の学習の内容･方法も異なってくる。ブルデューの理論によると，階級（class）（学歴，収入，職業の 3 要因が含まれる），性（gender），人種（race），民族（ethnicity），年齢（age），性的指向（sexuality），障がい（disability）という 9 つの要因を考慮する必要があろう（**図 1-1**）。これに，住んでいる（住んできた）地域性（都市部・地方都市・農山漁村）という要因が加わることになる。

そして，学習者を個人として見る観点が必要になってくる。一人ひとりの学習者は**図 1-1** の 9 要因の組み合わせのなかにある。一人ひとりの学習ニーズは異なる。学習者を画一的にとらえて処遇することはできない。1970 年代までの社会教育の世界では，集団を中心とした学習支援が主流であったが，2018 年度の内閣府「生涯学習に関する世論調査」では，「個人学習支援」の必要性が打ち出されている。また必ずしも，学習後のグループ化を必要としない人々が，都市部と若年層を中心に増えている。

（1）支援する人と支援される人との力関係

生涯学習を支援することには力関係が付随する。ミクロ・レベルの「支援する側」と「支援される側」との間には，対等ではない力関係がある。前者の力（power）が，後者の力を凌いでいる。しかし，前者は後者に対して，一方向的な支援が可能になるわけではない。後者からの「心的な支持」がなければ，前者は支援を効果的に行うことが難しくなる。支援される人たちの心をつかみ，支持されなければうまくいかない。つまり，支援する側は支援される側からの支持がなければ，その支援はうまくいかなくなるのである。

支援する人はまた，「感情労働」（emotional labor）に携わっているとも言えよう。あるマニュアルを使えば，学習支援が万事うまくいくわけではない。支援される側にいる人たちの属性にあった，支援する場の文脈に応じた関係性を創っていくという，当意即妙な反応が要求されるのである。また，支援する人たちへの支援（ケア）も必要になってくるであろう。支援される人を支援するという垂直的な関係と，支援する人たち同士の水平的な関係を同時に創っていく必要もあろう。教師の「感情労働」に似たような側面を，生涯学習支援者は有することになるのである。

（2）生涯学習支援の界による違い

読者の皆さんが，ある組織で研修の講師を依頼されたとしよう。その際に，そこがどんな場であるのか，そこでねらい（目的）とされるものは何かによって研修の内容と方法，それを貫く利害が大きく異なってくる。例えば，教育界と産業界では，利害がまったく異なってくる。そこでは，ブルデューの言う界（champ）の違いを考慮していく必要がある。公的な組織～学校や公民館などの場～と，企業等の民間組織との違いを，学習支援者は識別しておく必要がある。例えば，公民館での研修では，「いかに子どもたちに健全な生活環境をつくるか」といった公共的なテーマが優先している。それに対して，企業での研修では，「いかに営業成績を伸ばすか。」「売り場での売り上げを伸ばすか。」といった経済的利益を生むための内容の研修が多くなる。

4. 生涯学習支援の公益性

この問題は，「社会教育経営論」が扱うことでもあるが，行政による公的資金（税金）を使う支援の場合，支援される学習の内容に選別がなされる。あるいは，支援に濃淡が見られる。厚く支援する場合，薄く支援する場合，まったく支援しない場合がある。それは行政が，一定の価値観に照らして，学習者が行っている学習を，税金を使って支援すべき内容かどうかを評価し判断するからである。

例えば，賭け事などの遊戯の学習には通常，公的支援はなされない。それは，公的支援が必要とされる正当な組織的・意図的な目的がないことによる。このような学習には公益性がないと判断され，個人の領域と見なされることが多い。

公的資金を学習支援に使う際には，ほとんどすべての人が，そのことに同意するという「正当性」が問われてくる。そうでないものは学習者の「受益者負担」でやってもらうことになる。財政の健全な支出が求められるであろう。したがって，公的資金を使っての支援に値する学習には，「私たちが生きている社会をよりよくするための学習」という大義名分が必要なのである。

いわゆる「必要課題」や「現代的課題」にはそうした大義名分が含ま

れている。このことに関連して，岡本薫は，「公益性」という言葉を使って，次のように論じている（岡本 2008：50-53）。

「これらの検討課題は，基本的に，「公益性の範囲」や「税金を使って実施すべきことの範囲」ということに関わってきます。・・例えば，・・「競馬で儲けるための学習活動を行政が税金を使って推進する」といったことは，今日の日本ではまず起こらないでしょう。しかし，・・「公的機関が税金を用いて行うべきことの範囲はどこまでなのか」という課題は，まだ十分に議論されていないのです。」

どこまで「公益性」があるか—①直接提供する学習機会の範囲

「行政が自ら直接的に学習機会を提供すべき学習活動は，いったいどの部分なのでしょうか。この点については，「公益性」を持つものの範囲が地域によって異なるため，民主的手続き（ルールに基づく議会での議決等）を経て，各自治体・地域ごとに住民自身が決定することが必要です。・・・現実には，多くの自治体の行政機関は，これまでこの分野を中心に，学習者の広範なニーズに応じて，できる限り広範・多様な学習機会を直接的に提供しようとしてきたようです。その地域の住民がそれを望んでいるのであれば，このような状況に問題があるわけではありませんが，「あんな遊びのようなことを，なぜ税金を使ってやるのか」という問いかけに対して，「コレコレの理由で，ここまでは税金を使う公益性があるのです」という説明ができるようにしておくことが必要でしょう。」

つまり，税金を使って直接提供する学習機会について，その内容についての「説明責任」を果たすことが必要なのである。

次に，振興対象とする学習活動の範囲について，岡本は以下のように述べている。

どこまで「公益性」があるか—②振興対象とする学習活動の範囲

「行政は，前記の「学習機会の直接的提供」だけでなく，学習需要喚起，財政援助，情報提供，連携調整など，さまざまな方策によって，「特定の分野」の活動を「振興」することができます。・・・例えば，行政が新しい軽スポーツや高齢者向けスポーツを開発して普及したために，その地域の高齢者の間でスポーツ活動が活発になり，お年寄りの健康や生きがいの増進にも効果があった―といった例があるのも事実です。・・・このような方向づけに係る政策を企画・実施するためには，どのような方向に「公益性」があるのかということをよく考える必要がありますが，このような「公益性」ももちろん地域によって異なるものであり，各地域・自治体ごとにルールに基づく民主的な手続きを経て，住民の意思に基づき決定されることが必要になります。」

そのうえで，岡本は，公益性を有する学習分野が，地域によって異なる例について次のように論じている（岡本 2008：84）。

「一般的に言えば，趣味教養的・消費的な学習活動よりも，環境問題・情報化などに関する学習活動などの方が公益性が高い―と言えそうな気がするかもしれません。しかし，例えば高齢化が急速に進んでいるような地域では，趣味的であろうと消費的であろうと，「お年寄りに生きがいを与えること」に最大の「公益性」があり，最優先に税金を使う価値がある（例えば，税金の使い道として，国際化に関する講座よりも，高齢者のカラオケ教室の方が優先課題である）―ということもあり得るのです。」

これによると，公益性を有する学習分野は，全国一律に決めることはできない事象であることがわかる。

5. 生涯学習支援の倫理的基盤

教育と学習が緊張対立関係にあることを踏まえ，学習支援者には「教育する側」に立脚した判断が求められる。つまり，生涯学習支援とは，あらゆる学習を支援するわけではない。「教育的価値」に照らして「善い」と判断された学習を支援するのである。その意味では，支援する学習内容の選別は不可避である。

例えば，労働者の権利を抑圧するような企業において，社員の経済的生産性を上げるために長時間労働をするように促す研修会に，学習支援者として関わることがあってはならないであろう。出席者に心理的プレッシャーを与えるようなワークショップに，学習支援者として関わることも望ましくない。学習支援者は，正義を重んじなければならないのであり，倫理性が要求されるのである。学習者の学習内容を被支援者の立場から検討したうえで，支援者は学習を支援するのである。ここから次のような「生涯学習支援の原則」が導き出される

> 生涯学習支援は，学習者の要求に基いて行われる。
> 生涯学習支援は，正義に基づいて行われる。
> 生涯学習支援者は，非倫理的な内容の学習を支援しない。

（１）欧米の成人教育からの示唆

ここで改めて，アメリカの成人教育者（adult educator）の概念について参照しておく必要があろう。アメリカの成人教育者が関わる領域は，多岐にわたっている。日本語の「教育」のイメージよりもはるかに広い。訓練（training）にもかかわっている。日本よりも「教育」概念の内実が広範囲である。その例として，企業内教育，病院内研修，成人対象の宗教教育，刑務所での矯正教育，成人基礎教育，成人中等教育，地域住民への健康教育，コミュニティ・カレッジ，大学の拡張講座（extension）等がある。

日本では，学校教育関係者は企業内教育や矯正教育などを教育の範疇

として捉えない傾向があった。前者は各企業で担われるものであり，その内容は教育というよりも特定の職務遂行能力の伸長を図る訓練，組織改革や社員のやる気を増進するための講話に近く，従来は経営学の研究対象であった。後者は，受刑者の社会復帰をめざすための生活訓練が主体であり，日本では法務省の管轄であり文部科学省の管轄ではない。このように，成人教育という概念がカバーする範囲の広さを認識しておく必要があろう。

本書では，生涯学習支援を教育界だけにとどまるものとはとらえず，より広くとらえていく立場をとりたい。今後，首長部局や企業内教育に社会教育士が学習支援者としてどう関わっていくのかということも重要な研究課題であるからである。

これから日本で「社会教育士」によってなされていこうとする生涯学習支援は，欧米の成人教育者の拠って立つ倫理基盤に基づいているように見える。例えば，ハーバード大学教育大学院では，教育学者と経営学者が互いに乗り入れて授業を担当している。このことは，教育界と産業界が総合的な視点から教育を考えていることを表している。

その点から，日本の社会教育は狭い活動範囲に基づいているように見える。社会教育法第23条（公民館の禁止規定）では，「もっぱら営利に寄与する事業」「特定の政党・政治」「特定の宗教・宗派に関すること」を公民館で行ってはならないと規定している。

しかし，成人教育では営利に関わることもありうるし，政治，宗教に関わることもありうる。かなり広い範囲の学習支援をカバーしている。成人教育は，教育（education）にも訓練（training）に関わっているが，一定の倫理による歯止めがかけられているのである。私たちは，諸外国で実践されている生涯学習支援で，日本社会において参考になるものを参照していくという比較生涯学習支援論の観点をもちたいものである。

社会教育士が使うファシリテーションのスキルには，「汎用性」が期待されているが，これから社会教育士が多方面の領域における学習支援に関わっていく際に，人権や民主主義の価値をどのように保持することができるか（末本 2015：253-254）が問われてこよう。

（2）三種類の生涯学習支援

本章の最後に，三種類の学習に対応した支援について述べておきたい（図 1-2）。

①定型学習（formal learning）の支援

学校教育，すなわち小学校～中学校～高等学校～大学・短期大学等における，主として児童・生徒・学生の教科・科目の学習を支援する。学校の階梯が上がるごとに学習内容も高度化していく。主として，専門職としての教諭や教授等が，年間あるいは半年間の授業計画に基づいて組織的な学習支援を行う。ここでの学習の積み上げは，履修単位や学年としてカウントされ，学歴に結実していく。

②非定型学習（non-formal learning）の支援

公民館や生涯学習センターの学級・講座や職場での研修，企業内教育，

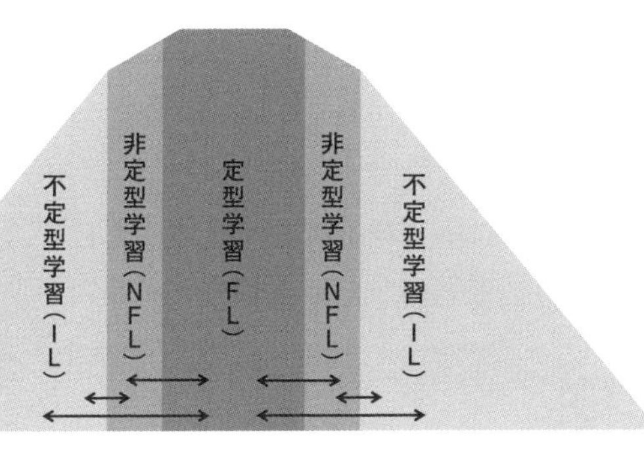

図 1-2　相互浸透性と緊張対立関係が内包されている3種類の学習

病院内研修などにおける学校教育以外の「組織化された教育」の場で，講師によって一定期間行われる教育活動に対応した学習の支援である。教育界にとどまらず，一般行政や民間組織，NPO，NGO 等における幅広い分野の学習の支援を担う。支援する学習内容は，入門レベルから高度なレベルまで及び，学習の内容と期間に応じて履修証明書や資格が与えられるケースもある。

③不定型学習（informal learning）の支援

人間の生涯においてもっとも量的に多くの時間を占める学習である。家庭教育において親から子へ，人間関係において先輩から後輩へといったインフォーマルな雰囲気のなかでなされる教育的働きかけに対応した学習もあれば，自ら本を読んだりインターネットで情報検索をしたりする，教育の介在しない学習（learning without education）もある。

これら三種類の学習の内容は，相互に浸透することもあれば，互いに緊張対立関係になることもある。例えば，学校で勉強したこと―定型学習―の内容が，学校を出た後で，公民館や生涯学習センターの学級・講座あるいは研修の場で学んだこと―非定型学習―の内容，あるいは自分で本やインターネットで調べた学習―不定型学習―の内容と整合することもあれば，齟齬（そご）をきたすこともあろう。後者の場合，どれが真実なのかについて主体的な探求が始まることになるであろう。この過程は生涯にわたって行われる営みである。

本書の第１章から第８章では，②を中心として①と③を視野に入れた学習支援について考えていくことにしたい。

参考文献

・赤尾勝己「アンドラゴジーの展開」日本社会教育学会編『成人の学習と生涯学習の組織化』講座 現代社会教育の理論Ⅲ（東洋館出版社，2004年）
・赤尾勝己「社会的行為としての生涯学習支援―学習者の「変容的学習」はいかにして可能か―」『教育科学セミナリー』第52号，関西大学教育学会，2021年
・磯直樹「ブルデューにおける界概念―理論と調査を媒介にして」『ソシオロジ』第53巻1号，2008年
・磯直樹『認識と反省性―ピエール・ブルデューの社会的思考』（法政大学出版部，2020年）
・上杉孝實「総論」上杉孝實，黒沢惟昭編著『生涯学習と人権―理論と課題―』（明石書店，1999年）
・岡本薫『行政関係者のための新訂入門・生涯学習政策』（全日本社会教育連合会，2008年）
・末本誠「今後の社会教育職員制度の展望」日本社会教育学会編『地域を支える人々の学習支援』（東洋館出版社，2015年）
・住岡英毅「生涯学習社会の構図」讃岐幸治，住岡英毅編著『生涯学習社会』（ミネルヴァ書房，2001年）
・津田英二「生涯学習の支援をめぐる理論と課題」鈴木眞理，津田英二編著『生涯学習の支援論』（学文社，2003年）
・村井実『「善さ」の構造』（講談社，1978年）
・村井実『教育学入門（上）（下）』（講談社，1979年）
・I. イリッチ著，東洋，小澤周三訳『脱学校の社会』（東京創元社，1977年）
・E. ライマー著，松居弘道訳『学校は死んでいる』（晶文社，1985年）
・R.P. ドーア著，松居弘道訳『学歴社会　新しい文明病』（岩波書店，1978年）
・M. ノールズ著，堀薫夫，三輪建二監訳『成人教育の現代的実践―ペダゴジーからアンドラゴジーへ』（鳳書房，2002年）
・P. ブルデュー著，石井洋二郎訳『ディスタンクシオンⅠ―社会的判断力批判―』（藤原書店，1990年）
・A. R. ホックシールド著，石川准，室伏亜希訳『管理される心―感情が商品になるとき―』（世界思想社，2000年）

2 私たちは何を学ぶことを要請されているのか
—グローバル・ナショナル・レベルの視点から

赤尾　勝己

《目標＆ポイント》 本章では，今日の日本社会において，私たちが学ぶことを要請されている学習の内容について，グローバル・レベルとナショナル・レベルから概観してみたい。

《キーワード》 持続可能な開発目標（SDGs），ユネスコ「成人教育の発展に関する勧告」，学習権宣言，学習：秘められた宝，キー・コンピテンシー，中央教育審議会答申，生涯学習振興整備法，現代的課題，生涯学習に関する世論調査

1．グローバル・レベル

（1）国際連合

2015年9月25日に，「持続可能な開発目標（Sustainable Development Goals：SDGs）」が国連総会で採択され，そこには環境的持続可能性，社会的持続可能性，経済的持続可能性に関する17の目標が提示された。注意しなければならないのは，日本ではこれらSDGsの17の目標の日本語訳が簡約化されたスローガンになっており，それらが意味する内容が十分に伝えきれていないことである。

1．貧困をなくそう「あらゆる場所で，あらゆる形態の貧困に終止符を打つ」
2．飢餓をなくそう「飢餓に終止符を打ち，食料の安定確保と栄養状態の改善を達成するとともに，持続可能な農業を推進する」

3．すべての人に健康と福祉を「あらゆる年齢のすべての人の健康的な生活を確保し，福祉を推進する」
4．質の高い教育をみんなに「すべての人に包摂的かつ公平で質の高い教育を提供し，生涯学習の機会を促進する」
5．ジェンダー平等を実現しよう「ジェンダーの平等を達成し，すべての女性と女児のエンパワーメントを図る」
6．安全な水とトイレを世界中に「すべての人に水と衛生へのアクセスと持続可能な管理を確保する」
7．エネルギーをみんなに，そしてクリーンに「すべての人に手ごろで信頼でき，持続可能かつ近代的なエネルギーへのアクセスを確保する」
8．働きがいも経済成長も「すべての人のための持続的，包摂的かつ持続可能な経済成長，生産的な完全雇用およびディーセント・ワーク（働きがいのある人間らしい仕事）を推進する」
9．産業と技術革新の基盤をつくろう「強靭なインフラを整備し，包摂的で持続可能な産業化を推進するとともに，技術革新の拡大を図る」
10．人や国の不平等をなくそう「国内および国家間の格差を是正する」
11．持続可能なまちづくりを「都市と人間の居住地を包摂的，安全，強靭かつ持続可能にする」
12．つくる責任，つかう責任「持続可能な消費と生産のパターンを確保する」
13．気候変動に具体的な対策を「気候変動とその影響に立ち向かうため，緊急対策を取る」
14．海の豊かさを守ろう「海洋と海洋資源を持続可能な開発に向けて保全し，持続可能な形で利用する」
15．陸の豊かさも守ろう「陸上生態系の保護，回復および持続可能な利用の推進，森林の持続可能な管理，砂漠化への対処，土地劣化の阻止および逆転，ならびに生物多様性損失の阻止を図る」

16. 平和と公正をすべての人に「持続可能な開発に向けて平和で包摂的な社会を推進し，すべての人に司法へのアクセスを提供するとともに，あらゆるレベルにおいて効果的で責任ある包摂的な制度を構築する」
17. パートナーシップで目標を達成しよう「持続可能な開発に向けて実施手段を強化し，グローバル・パートナーシップを活性化する」

上記 17 の目標は，次の 3 群の持続可能性と関わっている。
目標 6. 7. 13. 14. 15 ＝環境的持続可能性
目標 1. 2. 3. 4. 5. 10. 11. 16 ＝社会的持続可能性
目標 8. 9. 12 ＝経済的持続可能性。
目標 17 はすべてに関わる。

また，これらの 17 目標の下位に，169 のターゲットがあり，さらに約 230 の指標（indicators）が位置づいている。しかし，ここで留意すべきことは，社会学的な観点から見ると，これら 17 の目標は，並列的な関係ではなく力関係の中に置かれており，常に矛盾（contradiction），ジレンマ（dilemma），葛藤（conflict）を抱えていることである。

「誰が持続可能性から利益を得る立場であるのか，誰がそのコストを負担するのか，誰が利益をもたらす持続可能性を期待できるのか，誰が制約を経験するのかは，異なる社会的圏域や生活パターンの間で不平等に配分されている。」（Neckel2017：48）

また，ロッキー（S. Lockie）は，「持続可能にされるべきものは何か」（Lockie2016：1）という観点から，そこに関わる主体の立場の違いを認識することの重要性を指摘する。

根本的な問題は，「持続可能性の推敲過程において，誰が決定し，誰

が行動し，誰が利益を得て，誰が損をするのか，ということが配分に関するすべての問題である。」(Lockie2016：1)

「SDGsの枠組みでもっとも大きな弱点は，持続可能性を遂行もしくは目的地として取り扱うことである。」(Lockie2016：2)

SDGsを基にした学習プログラムの作成で注意しなければならないのは，17の目標を完成形態としてとらえて，それらをいかに学習者に守らせるかという観点から，プログラムを作ることに陥ってはならない点である。なぜなら，これら3群の目標は，必ずしも予定調和的関係にはないからである。例えば，経済的持続可能性が優位に立つと，環境的持続可能性が後回しにされたり犠牲にされたりすることもある。各持続可能性間，各目標間の葛藤をどのようにしたら解決できるかについて考えさせる学習プログラムが求められよう。

さらに，17のSDGs以外に付加されるべき目標があれば，その理由とともに考えていくワークショップも有効であろう。

(2) ユネスコ

ここではまず，国際連合教育科学文化機関（ユネスコ）(United Nations Educational, Scientific and Cultural Organization) が，生涯学習と成人教育の領域においてどのような学習を必要としてきたのかについての動きをフォローしておきたい。

まず，1976年に開催されたユネスコ第19回総会で「成人教育の発展に関する勧告」(Recommendation on the Development of Adult Education)（ナイロビ勧告）が採択された。これは「世界システム論」を踏まえて，発展途上国の被抑圧的な立場に置かれている人々の生涯にわたる教育を優先的に支援することが論じられている。「性，人種，地理的出身，年齢，社会的地位，意見，信条または学歴を理由に制限することなしに，すべての成人の必要及び願望に応じて，機構を創設し，計画を作成し実施して，ふさわしい教育方法を提供することを促進すべきである」と，包摂的な教育支援の必要性が述べられている。

本勧告で提示された「成人教育」の定義は，のちにみる1997年のハンブルグ宣言で練り上げられ，次のようになっている。

「自らが所属する社会において，成人とみなされる人々が，公か否かを問わず，その能力を開発し知識を深め，技術的または専門的資質を向上させ，自身および社会のニーズに応えることのできるように自らを変えることのできる継続的な学習プロセス全体」

そして，成人教育は，生涯教育および生涯学習の普遍的体系の一部であり，かつ不可分の一部をなすものである。「生涯教育および生涯学習」とは，「現行の教育制度を再編成することおよび教育制度の範囲外におけるすべての可能性を発展させることの双方を目的とする総合的な体系をいう」と，各概念間の関係について述べている。

成人教育の内容としては，市民性教育，政治教育，労働組合教育，協同組合教育のように，各人が自主的かつ批判的な判断力を育成し，社会問題のあらゆる段階における意思決定に参加するものから，技術教育，職業教育にわたり，一般教育，市民教育が，技術教育，職業教育と統合されることが必要であると述べている。

1985年，フランスのパリで開催されたユネスコ第4回国際成人教育会議において「学習権宣言」（Right to Learn）が採択された。学習権の定義は次の通りである。

「学習権とは，読み書きの権利であり，問い続け，深く考える権利であり，想像し，創造する権利であり，自分自身の世界を読み取り，歴史をつづる権利であり，あらゆる教育の手立てを得る権利であり，個人的・集団的力量を発達させる権利である。」

　そのうえで，文字を識ることが，どんな力を人間に与えうるのかについて次のように明言している。

「・・学習権は，たんなる経済発展の手段ではない。それは基本的権利の一つとしてとらえられなければならない。学習活動はあらゆる教育活動の中心に位置づけられ，人々をなりゆきまかせの客体から，自らの歴史をつくる主体にかえていくものである。」

　学ぶことによる人間の主体性について，ここまで的確に表現した宣言は他に見ることはできないであろう。

　1996年にユネスコ21世紀教育国際委員会が発表した報告書『学習―秘められた宝―』(Learning : Treasure within）は，1972年にユネスコ教育開発国際委員会が発表した「生きるための学習」(Learning to Be）の内容をさらに発展させたものである。本報告書では，生涯学習を民主主義の至上命題としてとらえ，「民主的参加」(democratic participation）という概念を基に，市民性教育と生涯学習，情報社会と学習社会の結びつきを意識している。そして，「**知ることを学ぶ**」(learning to know)，「**為すことを学ぶ**」(learning to do)，「（**他者と）共に生きることを学ぶ**」(learning to live together, learning to live with others)，「**人間として生きることを学ぶ**」(learning to be）という「学習の4本柱」を提示した。それらはどういうことを意味するのであろうか（ユネスコ1997 : 76頁)。

「知ることを学ぶ」とは，十分に幅の広い一般教養をもちながら，特定の課題については深く学習する機会を得ながら行う。

「為すことを学ぶ」とは，単に職業上の技能や資格を取得するだけでなく，もっと広く，多様な状況に対処し，他者とともに働く能力を涵養するために行う。

「(他者と) 共に生きることを学ぶ」とは，一つの目的のために共に働き，人間関係の反目をいかに解決するかを学びながら，多様性の価値と相互理解と平和の精神に基づいて，他者を理解し，相互依存を評価する。

「人間として生きることを学ぶ」とは，個人の人格を一層発達させ，自律心，判断力，責任感をもってことに当たることができるようにすることである。

1997年，ユネスコ第5回国際成人教育会議が開催され，『成人教育に関するハンブルグ宣言』が採択された。その冒頭には次のような文がある。

「成人教育は，行動的な市民性が生み出したものであり，また社会における完全な参加のための条件である。自然環境上，持続可能な開発を強化するために，民主主義，男女間の公正さ，科学と社会と経済の発展を促進するために，さらに，暴力的な対立が，対話と正義にもとづく平和文化に置き換えられる世界を築くために，成人教育は強力な概念である。成人の学習は，主体性をつくり，人生に意味を与えることができる。」

成人教育を21世紀への鍵であり，市民性の帰結であり社会生活への完全な参加の条件としてとらえている。それは，持続可能な開発を育み，民主主義と公正，ジェンダー平等，科学的・社会的・経済的な開発を促進し，平和の文化に転換された世界を創るための強力な概念として捉えられている。そして，成人学習は，人々のアイデンティティを形成し，人生に意味を与えることができるものとしてとらえられている。生涯学習は，年齢，ジェンダー平等，障害，言語，文化的・経済的格差といった要因を反映した学習内容への変革を迫っている。生涯にわたる学習は，寛容な市民の育成，経済社会開発，非識字の根絶，貧困の除去，環境の保全に寄与すると見做(みな)されている。

その12年後の2009年に，ブラジルのベレンで開かれたユネスコ第6回国際成人教育会議では，「行動のためのベレン・フレームワーク」が採択された。これは，先の「ハンブルグ宣言」が十分に進捗していないことが判明して，「行動のための枠組み」が示されたのである。この中で「ノンフォーマル教育の提供は多岐にわたり，人権，市民性，民主主義，女性の力，HIVの感染予防，健康，環境保護，持続可能な開発のトピックをカバーしている」という認識は重要であろう。

（3）OECD

経済協力開発機構

1970年代初頭からOECDによって提唱された西側の先進産業国を中心にした「リカレント教育」の構想は，経済的退潮によって1980年代に入ると頓挫していった。1990年代にはそれに代わる新たな教育戦略が打ち出されていく。OECDは，1990年代後半から2000年代にかけて，各国に知識経済社会に必要な学習を要請していくようになった。その端的な例が，「国際生徒学力調査（PISA）」と「国際成人力調査（PIAAC）」である。OECDはこれらのテストの胴元として，15歳児と16～65歳の人々を対象とした学力・能力調査を開始して，各国・地域がそれらの順位を競うように仕向けていく「国際テスト体制」を創りあげたのである。

OECDは，1997年から「能力の定義と選択（Definition and Selection of Competency：DeSeCo）プロジェクト」を行い，2003年に「鍵となる能力」（key competency）を提案した。このキー・コンピテンシーでは，次のような3つの範疇（category）と9つの能力が設定されている。

カテゴリー1　相互作用的に道具を用いる力

個人は，情報テクノロジーのような物理的道具と，言語の使用のような社会・文化的な道具のような，環境と効果的に相互作用するための幅の広い道具を使うことができる必要がある。

必要な理由　・技術を最新のものにし続ける。
・自分の目的に道具を合わせる。
・世界と活発な対話をする。

コンピテンシーの内容

1-A　言語，シンボル，テクストを相互作用的に用いる能力
1-B　知識や情報を相互作用的に用いる能力
1-C　技術を相互作用的に用いる能力

カテゴリー2　異質な集団で交流する力

ますます相互依存する社会において，個人は他者に関わることができる必要がある。そして，個人はさまざまな背景出身の人々と出会うことから，異種混淆の集団と相互交渉できることが大切である。

必要な理由　・多元的社会の多様性に対応する。
・思いやりの重要性
・社会的資本の重要性

コンピテンシーの内容

2-A　他人といい関係を作る。
2-B　協力する。チームで働く。
2-C　争いを処理し，解決する。

カテゴリー３　自律的に活動する力

個人は，自らの生活をやっていくための責任をとることができ，自らの生活をより広い社会的文脈に置き，自律的に行為することができる必要がある。

必要な理由　・複雑な社会で自分のアイデンティティを実現し，目標を設定する。
・権利を行使し責任を取る。
・自分の環境を理解してその働きを知る。

コンピテンシーの内容

3-A　大きな展望の中で活動する。
3-B　人生計画や個人的プロジェクトを設計し実行する。
3-C　自らの権利，利害，限界やニーズを表明する。

このような「鍵となる能力―キー・コンピテンシー」の提唱は，知識基盤社会を構築しようとしている先進産業国に対して大きなインパクトを与えている。OECD は経済主義的な観点からグローバルな社会で通用する労働者にとって必要な能力を示したのである。

ここで得られた３つのコンピテンシーは，2015 年より，OECD の Education 2030 プロジェクトにおいて，３つの変革をもたらすコンピテンシーに変化している。これは「新たな価値を創造する力」「対立やジレンマに対処する力」「責任ある行動をとる力」から構成されている。

これまでの「相互作用的に道具を用いる力」は，これから「道具を創り出す」ことが必要になってくるし，創るのは道具だけでなく概念や考え方といった広い意味での「新たな価値」であったりするのである。また，これまでの「異質な集団で交流する力」は，これから移民が増えていくことで，これまで以上に対立やジレンマが増大していくことが予想される。そこで，問題に対してさまざま視点からアプローチをして，関係者が納得のいく解を見つけて折り合いをつけることが必要となるのである。さらに，これまでの「自律的に活動する力」は，これから自分自身のことだけでなく他者や社会全体の well-being も考えていくことが必要になってこよう。そこで要請されるのは「責任ある行動」という考え方である。このようにして，キーコンピテンシーは，2030 年に向けて進化しているのである。

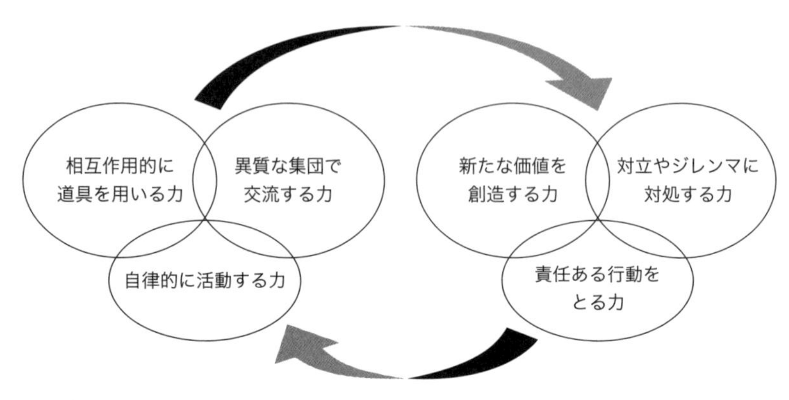

図 2-1　キーコンピテンシーの変容（白井俊，2020：152 をもとに作成）

2. ナショナル・レベル

（1）生涯学習政策の展開

国の生涯学習政策によって国民に要請されている学習内容は，各省庁の審議会答申の中に表現されている。むろん各省庁間には力関係が働いている。教育政策を主に担当する文部科学省（旧文部省）は，常に他の省庁からの挑戦を受けている。生涯学習政策は，まずは文部科学省（旧文部省）の審議会が出す答申に見出すことができる。

ここではまず，中央教育審議会（中教審）が 1981 年に出した答申「生涯教育について」から，生涯学習の考え方と生涯教育の理念について述べている箇所を紹介しよう。

「今日，変化の激しい社会にあって，人々は，自己の充実・啓発や生活の向上のため，適切かつ豊かな学習の機会を求めている。これらの学習は，各人が自発的意思に基づいて行うことを基本とするものであり，必要に応じ，自己に適した手段は・方法は，これを自ら選んで，生涯を通じて行うものである。この意味では，これを生涯学習と呼ぶのがふさわしい。この生涯学習のために，自ら学習する意欲と能力を養い，社会のさまざまな教育機能を相互の関連性を考慮しつつ，総合的に整備・充実しようとするのが生涯教育の考え方である。言い換えれば，生涯教育とは，国民の一人一人が充実した人生を送ることを目指して生涯にわたって行う学習を助けるために，教育制度全体がその上に打ち立てられるべき基本的な理念である。」

この答申の題目が生涯教育について書かれてあることからわかるように，この時点では「生涯教育」が主題であったのである。しかしながら，人間の生涯にわたって教育を保障することは莫大な国家予算が必要とされる。そこで，当時，アメリカのレーガン大統領，イギリスのサッチャー首相とともに日本の中曽根首相の下で進められた新自由主義の政治体制が台頭していくなかで，公費削減の観点から，生涯教育は見直しを迫られ表舞台から姿を消すことになった。1984 年から 1987 年まで続いた臨時教育審議会（臨教審）では，「生涯学習体系」という「座りのわるい」言葉が登場する。これは，下からの人びとの自律的な「生涯学習」に，上からの他律的な「体系」を与えようとするのである。4 次にわたる答申のなかで，この「生涯学習体系」に言及した第 2 次答申から次の個所を引用してみよう。

「・・我が国における学習機会は，教育の各分野ごとに独自に運営される，いわばタテ型の学習システムとなっており，関係行政機関や関係施設の連携などを含め，教育の各分野間の連携・協力，とくに，学校教育と他の分野間の連携・協力が不十分である。したがって，学習者個人にとって利用しやすいように，各分野間の連携・協力が図られていく必要がある。」（臨時教育審議会 1986：32 頁）

つまりここでは，家庭教育，学校教育，社会教育など，教育の各分野の役割や責任を，時間的にも空間的にも幅広くとらえ直し，タテ型の学習システムの長所を生かしつつ，家庭・学校・社会の三者が一体となった総合的な学習機会を整備・拡大し，さらに社会的な条件整備を進め，総合的な生涯学習体系への移行を図ることが大切であると述べられている。

臨教審終了後，中教審は 1990 年 1 月に「生涯学習の基盤整備について」を答申している。本答申では，今後，生涯学習を推進するにあたっての留意点として，次の 3 点が挙げられている。

1) 生涯学習は，生活の向上，職業上の能力の向上や，自己の充実をめざし，各人が自発的意思に基づいて行うことを基本とするものである。
2) 生涯学習は，必要に応じ，可能な限り自己に適した手段及び方法を自ら選びながら生涯を通じて行うものである。
3) 生涯学習は，学校や社会のなかで意図的，組織的な学習活動として行われるだけでなく，人々のスポーツ活動，文化活動，趣味，レクリエーション活動，ボランティア活動などのなかでも行われるものである。

そして，1990 年 7 月には「生涯学習の振興のための施策の推進体制等の整備に関する法律」（略称：生涯学習振興整備法）が施行されることになった。同法は全 11 条からなる短い法律であるが，文部省（現・文部科学省）に加えて通商産業省（現・経済産業省）も生涯学習に関与することに道を開いた。これ以降，中央の複数の省庁が，生涯学習の事業に乗り出すことになった。両省以外には，厚生労働省，農林水産省，国土交通省，海上保安庁，総務省，警察庁，環境省，財務省などが，生涯学習に関する事業に乗り出すことになった。この第 5 条には，次のように，地域において生涯学習基本構想をつくることができると規定されている。

第 5 条

地域における住民の生涯学習の振興に資するため，社会教育に係る学習（体育に係るものを含む。）及び文化活動その他の生涯学習に資する諸活動の多様な機会の総合的な提供を民間事業者の能力を活用しつつ行うことに関する基本的な構想（以下「基本構想」という。）を作成することができる。

以上のことから，1981 年の中教審答申では「生涯教育」が，1982 ～ 1986 年の臨教審答申では「生涯学習体系」が，1990 年以降は「生涯学習」が主題になっていったことに気がつくであろう。これらの背景には，新自由主義の政治体制が台頭し，生涯学習政策において公費削減，受益者負担の考え方が主導権を発揮してきたことが裏打ちされているのである。

（2）現代的課題とは何か

1992 年の生涯学習審議会答申「今後の社会の動向に対応した生涯学習の振興方策について」では「現代的課題」の学習の必要性が提案された。現代的課題について，同答申では，次のように述べられている。

「現代的課題には多様なものがあるが，それを生涯学習の中で取り上げるに際しては，学習者の事情や学習者を取り巻く状況などに即してとらえることが大切である。そのため，学習機会を提供する側にあっては，このことに十分留意しつつ，学習者個人，家庭，地域社会，国，国際社会，地球といった様々な視野から現代的課題を検討することが期待される。」

そして，学習課題の選択にあたり，それが豊かな人間の形成に資すること（豊かな人間性）を基本としながら，社会的観点から見てどれだけの広がりをもっているか（社会性・公共性），どれだけその学習が時代の要請に即応しているか，緊急・必要であるか（現代性・緊急性）などの観点から行われることが重要であるとされている。

ここでは，人々が学習すべき項目が次のように例示されている。
「生命，健康，人権，豊かな人間性，家庭・家族，消費者問題，地域の連帯，まちづくり，交通問題，高齢社会，男女共同参画型社会，科学技術，情報活用，知的所有権，国際理解，国際貢献，開発援助，人口，食料，環境，資源・エネルギー」

これらの現代的課題は並列的に存在しているのではなく，互いに連関し合いながら，時には葛藤・対立しながら，力関係のなかで社会問題を構成しているのである。例えば，「環境」と「資源・エネルギー」が，風力発電 V.S. 原子力発電のような対立的な関係になりうる。

したがって，学校教育においてよく批判される「道徳」の授業における「徳目主義」のように，1回の講座で1つの現代的課題を教えていくようなプログラムでは，リアルな日本～世界社会の状況について学ぶことはできない。私たちは教える前に，これらの複数の現代的課題を構造的にとらえることが必要になってくるのである。これは先に指摘したSDGs についての学習とも共通している。

2001 年の中央省庁改編後において，文部科学省による注目すべき答申は，2008 年の中央教育審議会『新しい時代を切り拓く生涯学習の振興方策について～知の循環型社会の構築を目指して～』である。同答申は，上記のユネスコやOECDの生涯学習政策の動きを踏まえており，一定の水準に達していると言えよう。

（3）人々の学習ニーズの現状

最後に，日本の生涯学習に関する世論調査（2018年）の調査結果から，人々の学習理由と学習ニーズ（学習要求）がどうなっているかについて紹介してみよう。

学習理由について尋ねたところ，上位５位までは次の順であった（複数回答)。

第１位　教養を深めるため（37.1%）
第２位　人生を豊かにするため（36.2%）
第３位　仕事において必要を感じたため（32.7%）
第４位　家庭や日常生活に生かすため（32.1%）
第５位　健康の維持・増進のため（29.9%）

これを男女別に見ると，

男性
第１位　仕事において必要を感じたため（40.9%）
第２位　教養を深めるため（37.6%）
第３位　人生を豊かにするため（33.8%）
第４位　勤務先などから勧められたため（25.5%）
第５位　家庭や日常生活に生かすため（25.3%）

女性
第１位　人生を豊かにするため（38.5%）
　　　　家庭や日常生活に生かすため（38.5%）
第３位　教養を深めるため（36.7%）
第４位　健康の維持・増進のため（36.3%）

第5位　他の人との親睦を深めたり，友人を得たりするため（30.4%）

学習理由についてみると，男性では「仕事において必要を感じたため」がもっとも多く，女性では「人生を豊かにするため」「家庭や日常生活に生かすため」がもっとも多い。男女性別役割分業が投影されている。年代別では，30代，40代，50代は，「仕事において必要を感じたため」がもっとも多い。「人生を豊かにするため」，「他の人との親睦を深めたり，友人を得たりするため」などは，年代があがるにつれて増加傾向にある。

さらに，これから学習したいと答えた人にその内容について尋ねてみた。今後の学習ニーズ（学習要求）（複数回答）を調べると第1位から第10位まで次の通りであった。

第1位　趣味的なもの（音楽，美術，華道，舞踊，書道，レクリエーション活動など）39.3%
第2位　健康・スポーツ（健康法，医学，栄養，ジョギング，水泳など）34.0%
第3位　職業上必要な知識・技能（仕事に関係のある知識の習得や資格の取得など）31.1%
第4位　家庭生活に役立つ技能（料理，洋裁，和裁，編み物など）23.4%
第5位　教養的なもの（文学，歴史，科学，語学など）22.6%
第6位　インターネットに関すること（プログラムの使い方，ホームページの作り方など）17.8%
第7位　社会問題に関するもの（社会・時事，国際，環境など）15.4%
第8位　育児・教育（家庭教育，幼児教育，教育問題など）13.0%
第9位　ボランティア活動のために必要な知識・技能 11.0%
第10位　自然体験や生活体験などの体験活動 10.4%

本章で扱ってきた現代的課題に関する学習内容（社会問題に関するも

の，育児・教育）は，10％台で低いことがわかる。学習経験では上位を占めていた教養的なものも20％台にとどまっている。趣味的なもの，健康・スポーツ，職業上必要な知識・技能がいずれも30％台で上位3位を占めている。これを男女別にみると，男性では，趣味的なものと職業上必要な知識・技能が首位（35.6％）でならび，健康・スポーツ（32.5％）が第3位となっている。女性では，第1位が趣味的なもの（42.7％），第2位が健康・スポーツ（35.4％），第3位が家庭生活に役立つ技能（33.4％）となっている。欲を言えば学習者の社会的位置と関連させて，趣味的なもの，職業上必要な知識・技能，健康・スポーツの内容についてよりくわしくわかる統計が必要である。上記の学習理由，学習ニーズ（学習要求）は，社会的に構成されているからである。

ここから言えることは，人々の置かれた生活状況のなかで，趣味や健康・スポーツのような気晴らしのための学習（第1～2位）を希望している率が多く，社会においてもっとも重要な現代的課題に関する学習のニーズ（第7位～9位）が低いことである。こうした調査結果から，限界はあるかもしれないが，趣味や健康・スポーツを入口としながらも，人々を社会問題にも目を向けさせていくような学習プログラムを提供して学んでいただく工夫を考えて実施していくことが肝要であるように思われる。

参考文献

・赤尾勝己『新しい生涯学習概論―後期近代社会に生きる私たちの学び―』（ミネルヴァ書房，2012年）
・蟹江憲史『持続可能な開発目標とは何か―2030年へ向けた変革のアジェンダ―』

（ミネルヴァ書房，2017年）
・蟹江憲史監修・一般社団法人　Think the Earth『未来を変える目標　SDGsアイデアブック』（紀伊國屋書店，2018年）
・田中治彦，三宅隆史，湯本浩之編著『SDGsと開発教育―持続可能な開発目標のための学び―』（学文社，2016年）
・田中治彦，枝廣淳子，久保田崇編著『SDGsとまちづくり―持続可能な地域と学びづくり―』（学文社，2019年）
・ユネスコ「『21世紀教育国際委員会』報告書」天城勲監訳『学習―秘められた宝―』（ぎょうせい，1997年）
・長岡智寿子，近藤牧子編著『生涯学習のグローバルな展開』（東洋館出版社，2020年）
・D.S.ライチェン，R.H.サルガニク編著，立田慶裕監訳『キー・コンピテンシー―国際標準の学力をめざして―』（明石書店，2006年）
・OECD教育研究刷新センター編著，NPO法人教育テスト研究センター（CRET）監訳，『学習の社会的成果―健康，市民，社会的関与と社会関係資本―』（明石書店，2008年）
・OECD教育研究刷新センター編著，矢野裕俊監訳『教育と健康・社会的関与―学習の社会的成果を検証する―』（明石書店，2011年）
・白井俊『OECD Education 2030プロジェクが描く教育の未来―エージェンシー，資質・能力とカリキュラム―』（ミネルヴァ書房，2020年）
・SDGsと開発教育研究会企画・編集『SDGs学習のつくりかた』開発教育実践ハンドブックⅡ（開発教育協会，2021年）
・Lockie S., 2016, Sustainability and the future of Environmental Sociology, Environmental Sociology Vol.2, No.1.
・Neckel S., 2017, The Sustainability Society: A Sociological Perspective, Culture, Practice & Europeanization, Vol.2, No.2.
・Winkler I. T. & Williams C. eds., 2018, The Sustainable Development Goals and Human Rights: A Critical Early Review, Routledge.

3 生涯学習支援に関わる学習理論と教育理論

赤尾　勝己

《目標＆ポイント》 本章では，生涯学習支援の根底にある学習理論の変遷を概観する。今日，教育界においてアクティブ・ラーニングが必要であることがさかんに喧伝されている。一方，教育理論も，子どもを対象とした理論，成人を対象とした理論，高齢者を対象とした理論の変遷がみられる。それだけでなく，階級や性といった社会的要因を組み込んだ教育理論の展開が見られる。その背景には，人間の学習と教育をどのようにとらえていけばよいかについて考えてきた先人の足跡がある。

《キーワード》 行動主義，オペラント条件づけ，認知主義，構成主義，社会構成主義，成人教育学（アンドラゴジー），老年学（ジェロゴジー）エイジング，教育老年学，変容的学習，意識化理論，学習する組織

1．学習理論の変遷

学習理論でまず挙げなければならないのは，行動主義（behaviorism）の理論である。これは，パブロフによるイヌの実験に見られるような刺激―反応（S-R）モデルから始まる。イヌにベルを鳴らしてから餌を与えることを何度か繰り返すと，そのイヌはベルが鳴るのを聴いただけで唾液を出すようになる，つまり条件反射の実験である。これは「古典的条件づけ」と言われる。そこから，一歩進めて，スキナー（B.F. Skinner）は，1938年から「オペラント条件づけ」による学習についての実験を開始した。これは，パブロフのように，イヌに特定の条件を与えて特定の反射を導き出すのではなく，行為主体がある特定の行動をす

ると「餌」が出るという報酬を与えられることによる学習である。彼は，スキナーボックスと呼ばれる箱の中に，ハトを入れて，3色のボタンを置いた。それは，ハトがある特定の色のボタンをつつくと餌が出るように仕組んでいる。最初，ハトは，ランダムに3色のボタンをつついているが，その色のボタンをつつくと餌が出ることに気づいていく。その結果，ハトは餌をとるためにはその色のボタンをつつけばよいことを学ぶのである。これは「能動的条件づけ」と呼ばれる理論である。いずれも，動物による実験心理学の実験で確かめられている学習理論である。オペラント条件づけは，学校教育における「プログラム学習」の教材編成に投影されている。

これに対して，1970年代には，人間の頭脳を電子計算機になぞらえて学習のメカニズムをとらえていこうとする認知主義（cognitivism）の学習理論が登場する。これは電子計算機モデルあるいは情報処理モデルとも呼ばれ，教師は学習者に知識の注入を行い，学習者はそれらの知識を処理する。それをもとに作られたテストでは正解は1つしかない。その「正解」にいかに早く正確に到達するかが問われてくる。これは，今日でも子どもたちが受験するテストの穴埋め問題がそれに該当する。

その後，これらの学習理論は，動物や計算機の情報処理をモデルに構想されており，人間の学習を正確にとらえていないのではないかという疑問が広がり，構成主義（constructivism）に基づく学習理論が登場する。これは，学習者は自分を取り巻くさまざまな環境から情報や知識を摂取して自分自身の知識を構築するという考え方である。例えば，あるテーマについて学ぶ際に，思考の地図（マインドマップ）というツールを使って自分の思考を整理するのも，構成主義の考え方が背景にある。中心的なキーワードをまん中に置き，そこから関連するキーワードを派生させていくことによって，そのキーワードについて自分なりに説明できるようになるのである。これは一人ひとり違ってもよいのである。認知主義のような計算機をモデルにした情報処理としての学習ではなく，外部の情報や知識を積極的に活用しつつ行う知識構成（knowledge construction）としての学習である。これはあくまでも個人においてなされる知識構成である。

2000年代に入って登場する社会構成主義（social constructivism）は，構成主義をもう一歩進めて，他者とのやりとりや協働の過程で，お互いに学びあい協議しながら知識を構成していくことによって学習するという考え方である。（**図3-1**）学習者は知識の構造化を他者と協働して行う。例えば，企業で新たな商品開発を，社内のワークショップ形式の企画会議で行うこともそれにあたる。

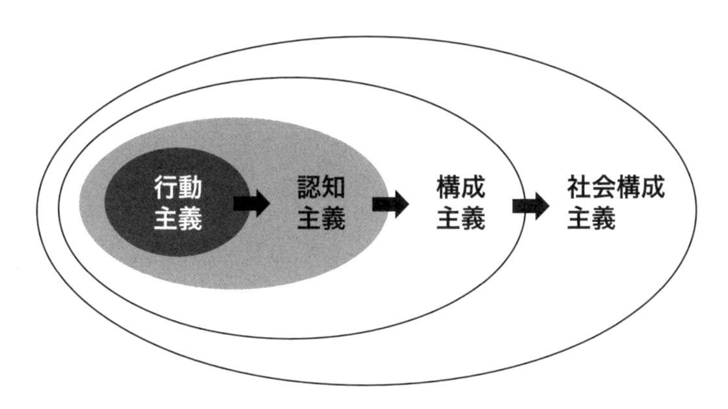

図3-1　学習理論における行動主義から社会構成主義への流れ

実は，ワークショップを支える学習理論は，ガーゲン（K.J. Gergen）が主唱する社会構成主義と非常に親和性が高い。このことに関して，広石英記は次のように論じている。

「ワークショップ型の学びの特徴として参加・体験・相互作用という

３つの要素が挙げられる。ワークショップ型の学びでは，学習の主体は参加者全てであり，そこで構成される新しい知は，個人の所有物ではなく，共同の創造物であり，知はすでにある確定物ではなく，生み出されるものと考えられている。」（広石 2005：5）

これは，これからの生涯学習支援を支える学習理論でもあるし，学校における子どもたちの学習を大きく転換させていく力にもなりうる理論であろう。しかし，この社会構成主義的な理論だけで学校における学習のあり方がすべて包含できるというものではない。依然として，行動主義〜認知主義といった古い学習理論も，学校においてまったく否定されるわけではない。

実は，生涯学習支援の背景にこのような質の異なる学習理論の変遷がある。私たちはともすれば学習支援の方法の違いにだけ目を奪われがちであるが，その裏面には学習理論の変遷が裏打ちされているのである。今日の学校教育においても，教師による一斉授業が支配的であるのは，いまだに行動主義と認知主義の学習理論—情報処理モデルとしての学習—が支配的であるからである。知識注入型の教育方法と認知主義の学習理論は親和性を有している。私たちはこれら２つの学習理論を批判できても否定まではできないのである。

上記の４つの学習理論をみると，認知主義と構成主義との間に大きな質的段差が看取されるであろう。そして，今日のアクティブ・ラーニングの興隆を支えているのは，他者とのやりとりのなかで協働して知識を創りあげていくという社会構成主義の学習理論であることが理解できるであろう。

構成主義では，知識は教師によって単に与えられるものでないという信念に基づいている。むしろ，知識は，発達のアクティブでメンタルな過程を通して，学習者によって構成される。つまり，学習者は意味と知識の構築者であり創造者である。構成主義の学習理論は，ヴィゴツキー（L. Vygotsky）とピアジェ（J. Piaget）に由来している。

前述したように構成主義は，個人的構成主義と社会的構成主義からなる。前者は，認知的構成主義とも呼ばれ，知識の個人的・内的構成が強調される。後者は，知識は個人の心にのみ表象されるものでなく，社会的文脈において存在し，まず他者と共有されることが強調される。したがって，学習は社会的活動であり，学習は社会的相互作用によって促進されるのである。私たちに残された研究課題は，この社会的構成主義に基づく学習をさらに社会学的に分析していくことであろう。つまり，そうした学習が，学習者の社会的属性によってどのような内実を有しているのかを明らかにすることである。

究極的には，学習支援者の役割は，学習者が自らの知識を構造化できるように支援することであるのかもしれない。しかし，それは非常に難しいことである。なぜなら，学習者各人によって知識構造の内実が，大きく異なるからである。そこでできることは限られているが，学習支援者が，パワーポイントの画面にシンキング・ツールを使って教える知識を構造化して見せることで，それを参考にして，学習者自らが学習内容を構造化していくことができるかもしれない。理想的なあり方は，学習者自身が自らの学びについて「メタ学習」していくことであろう。

2. アクティブ・ラーニングの興隆をめぐって

ここでは，構成主義・社会構成主義の学習理論と親和性が高く，近年日本において興隆しているアクティブ・ラーニングについて取り上げてみたい。アクティブ・ラーニングについては，2012 年 8 月に出された中央教育審議会答申『新たな未来を築くための大学教育の質的転換に向けて～生涯学び続け，主体的に考える力を育成する大学へ～』で次のように述べられている。
「生涯にわたって学び続ける力，主体的に考える力を持った人材は，学生からみて受動的な教育の場では育成することができない。従来のような知識の伝達・注入を中心とした授業から，教員と学生が意思疎通を図りつつ，一緒になって切磋琢磨し，相互に刺激を与えながら知的に成長する場を創り，学生が主体的に問題を発見し解を見出していく能動的な学修（アクティブ・ラーニング）への転換が必要である。すなわち個々の学生の認知的・倫理的・社会的能力を引き出し，それを鍛えるディスカッションやディベートといった双方向の講義，演習，実験，実習や実技等を中心とした授業への転換によって，学生の主体的な学修を促す質の高い学士課程教育を進めることが求められる。学生は主体的な学修の体験を重ねてこそ，生涯学び続ける力を習得できるのである。」

この答申は大学教育の改革について述べているが，その趣旨は次第に高等学校，中学校，小学校の教育実践に降ろされてきている。文科省は，主体的・対話的で深い学びの実現（「アクティブ・ラーニング」の視点からの授業改善）について，「主体的な学び」「対話的な学び」「深い学び」をもとにして，「学びを人生や社会に生かそうとする学びに向かう力・人間性の涵養」，「生きて働く知識・技能の習得」，「未知の状況にも対応できる思考力・判断力・表現力等の育成」を図ろうとしている。

同答申では，大学における学修のあり方を問題として，教員と学生がより双方向で学び合える関係性を作り上げることを勧めている。これを裏から見ると，大学進学率50%を超えた日本社会において，従来には大学に入学するだけの学力のない学生を受け入れている現状において，大学生の低学力化傾向を糊塗（こと）するための弥縫策（びほうさく）という見方も成り立つ。筆者も常日頃，大学生を相手に授業を行い，毎学期，試験を実施して評価をしているが，試験の成績が低下している点は否めない。そうした既存の試験で学力の低い学生を救済する手段としてもアクティブ・ラーニングは使われうるのである。

他方で，こうした学校教育におけるアクティブ・ラーニングについて，小針誠は，学力が高く発言力のある「強い個人」が活躍できて，そうではない「弱い個人」が切り捨てられることを指摘している（小針 2018：216)。これを社会学的に見ると，家庭の出身階層の高い子どもは，アクティブ・ラーニングに熱心に取り組めるが，出身階層の低い子どもは，アクティブ・ラーニングに熱心に取り組まない，取り組めないという現象である。社会階層によってアクティブ・ラーニングに親和的な子どもと，そうでない子どもが出てくるのである。ここでは，「アクティブ・ラーニングの社会学的研究」が必要とされることになろう。

また小針は，アクティブ・ラーニングが，新自由主義的な政治体制を支える思想や理念と都合よく結びついてしまう危険性を指摘している(小針 2018：217-218)。さらに，国家や時の政権が子どもの能動的な意欲や主体的な自発性を利用し，政治的な動員に利用される危険性があることも指摘している（小針 2018：233)。ここに至ると，アクティブ・ラーニングの政治性（politics）までもが問われてくるであろう。

3. 学習支援論の変遷―アンドラゴジーの登場から―

1920年代にリンデマン（E. Lindeman）は，伝統的な子どもを対象とした教育学（pedagogy）に代えて，成人を対象とした成人教育学(andragogy）の構想を提起した。リンデマンによると，成人教育は次の4つの特質を有するとされる。(リンデマン 1996：30-31)

1)教育は生活である。

2)生活と重なり合う教育は，非職業的な（non-vocational）理念をめぐって展開する。

3)成人教育は教科を通じてではなく状況（situation）を通じてアプローチされることになろう。
4)成人教育における最高の資源は学習者の経験である。もし教育が生活そのものであるならば，生活もまた教育である。

ここには，リンデマン独自の成人教育のとらえ方がある。彼は，成人教育を歴史的・社会的にとらえようとした。そして，学校教育のような教科の枠組みに学習者を適応させる様式を批判し，学習の主たる関心を，内容ではなくて方法に寄せたのである（リンデマン 1996：98）。

時代が下って1960年代になるとノールズ（M. Knowles）は，リンデマンとは異なる成人教育学（andragogy）を構想した。ノールズはアンドラゴジーについて「成人の学習を援助する技術と科学」として捉えている。アンドラゴジーには，成人の経験を生かすことを中核にしたいくつかの原則があるが，ノールズは，成人教育者の役割について，成人学習者に面と向かって直接的に働きかける教師やグループ・リーダーや監督者を想定しており，次の6つの役割を担うとしている。（ノールズ 2002：11-12）

①ある状況のなかで，学習者がある学習に対する自分のニーズを診断するのを支援すること（診断的機能）
②学習者とともに，望ましい学習を生み出すような一連の学習計画を立てること（計画的機能）
③学習者が学習したくなるような条件を創り出すこと（動機づけ機能）
④望ましい学習を生み出す最も効果的な方法や技法を選択すること（方法論的機能）
⑤望ましい学習を生み出すための人的・物的資源を提供すること（情報提供的機能）
⑥学習者が学習経験の成果を評価するのを援助すること（評価的機能）

これに続いて，アンドラゴジーと対比させて，1970年代後半には，レーベル（J. Lebel）によって高齢者を対象とした老年学（gerogogy）が発表された。 高齢者の学習は成人の学習と質的に異なる特性を有するという理由により，ジェロゴジーは構想されたのである。これによると，学習者の自己概念は依存的になり，学習をするうえで自らの経験が重要な資源となるが，活用には工夫が必要とされる。また，学習へのレディネス（準備性）は内在的な動機が中心となり，学習への方向づけは，自ら興味のある領域に向かうが，それよりも学習する際のよりよい人間関係に向かうとされている。

ここで留意しなければならないのは，高齢者の特性を強調することが高齢者差別（agism）に陥ってしまう危険性である。西暦2000年まで，公民館等での高齢者向けの学習プログラムには,「生きがい講座」や「温泉講座」「歴史講座」という名称が目立っていた。しかし，生きがいは高齢者だけが求めているわけではないし，成人のなかにも温泉や歴史の好きな人はいくらでもいる。ここでは，どこかに高齢者は「衰えゆく存在」であるという固定観念（stereotype）が背景にあったと思われる。

高齢者は成人以上に，それまで生きてきた人生の履歴によって個々人の違いが大きい。それを「高齢者」という範疇で一律に大雑把に捉えてはならない。ジェロゴジーの構想は，高齢者の一定の学習の傾向を指摘しているが，より重要なのは，一人ひとりの人生を長く生きてきた重みと個性の違いに合った学習支援のあり方が考えられなければならないことであろう。

日本では，堀薫夫が内外の研究動向を渉猟しながら「エイジング」を鍵概念とした「教育老年学」（educational gerontology）を提唱し，その観点から高齢者の学習支援についていくつかの知見を蓄積してきた。堀は，複数の高齢者大学での調査研究から，高齢者は学ぶこと以上に学習の場でのよりよい人間関係を求めていることを指摘している。

4. 変容的学習をめぐって

一方，1960年代からメジロー（J. Mezirow）は変容的学習（transformative learning）という考え方を提起した。メジローは，学習による「認識の変容」と「行動の変容」についての理論研究を積み重ねてきた。メジローは学習を次のようにとらえる。

「学習とは，私たちがすでに生成した意味を，現在経験していることについて私たちが考え，行為し，感じる仕方を導くために用いることを意味する。意味づけるとは，自分の経験の意味を理解したり，経験にまとまりを与える行為である。（メジロー 2012：16頁）」つまり，メジローにとっては，「学習は意味の生成である」（メジロー 2012：16頁）。換言すると，「学習とは，将来の行為を方向づけるために，以前の解釈を用いた自分の経験の意味について，新たなあるいは修正された解釈を作り出すプロセスであると理解することが出来よう。（メジロー 2012：18頁）」

これはきわめて興味深い学習の定義である。そこで学習者の意味の変容をもたらすために学習支援者はどのように関わってくるのであろうか。ここに，ショーン（D. A. Schon）の省察的実践者（reflective practitioner）の理論が関わっている。ショーンは，専門職が自らの仕事を省察して力量を向上させていくメカニズムに注目した。これが行為の中の省察（reflection in action）である。

学習支援者は，上記に挙げたファシリテーターとして，人々の認識の変容をもたらすための学習支援に関わることになるかもしれない。しかし，学習支援をする際には，支援する学習者の学習の内容にレベルや段階がある。変容していくのはあくまでも学習者の認識や行動である。そうした学習者の変容に，はたして学習支援者はどこまで関われるのであろうか。変容的学習理論は，心理学の影響を受けている。カウンセラーや精神科医のような役割を，どこまで生涯学習支援者が担ってよいのかどうかについては慎重に吟味する必要があろう。

メジローの著作には，学習支援者による学習者の認識の変容の促進という事例がほとんど出てこない。もっぱら学習者の省察（reflection）によって認識が起こるという側面が強い。

これに関して高橋満は「メジローの理論には，学習を社会的文脈においてとらえようとする関心が薄い。・・・成人の学習が状況依存的であることを認めながらも，知識をつくることと，それが理解される文脈との関連性をとらえることに失敗している（高橋 2009：78 頁）」と批判している。筆者も，メジローの理論について，なぜ認識の変容が起こるのかについて，学習者の地位と役割の変化，社会移動（social mobility）との関係や，学習支援者との権力関係から分析してみる必要性を感じている。学習者の認識の変容は，社会的な真空状態で自然に生起するわけではないからである。

とはいえ，学習支援者が学習者の学習について省察を促進することを否定することはできない。学習を省察する際に，学習支援者が学習者のどのような学習の内容についてどのような方法で振り返りを促しているのか，その内容と方法，さらにそれがどのレベルでの振り返りなのか，省察を自己目的化することなく，地道なケーススタディを積み重ねていく必要があろう。

5. P. フレイレの成人識字教育理論をめぐって

先に，人間の加齢によって，教育学が成人教育学，老年教育学と変遷したことを述べた。それ以外に，考慮すべき教育理論として，意識化理論とフェミニズム教育学に言及しておきたい。実は，ノールズの成人教育学には，アメリカの中産階級の白人中心主義であるという批判がある。また，性別役割分業を自明視していたハヴィガースト（R. Havighust）の発達課題論を無批判に踏襲していた。そこで，そうしたノールズの成人教育学を乗り越える理論として，階級（class）の問題を組み込んだフレイレ（P. Freire）の意識化理論に基づく成人識字教育の実践と，さらに性（gender）の問題を組み込んだフェミニズム教育学の理論がある。

前者は，1950年代からブラジルやチリなどの発展途上国の周辺部における非識字状態にある成人を対象にした識字教育実践の理論的基盤となっている。ブラジルで，フレイレは，ポルトガル語の読み書きのできない成人を対象とした独自の識字教育を実践した。それは，文字を識ることが同時に社会を読み解くことにつながる実践であった。彼は，農村で働く非識字者である農民に対して，井戸（poco）や鋤（arado）などのキーワード—生成語（generative word）—に関連した絵やスライドを農民に見せて，どんなイメージを持っているかを話し合わせた。そして，それらの単語を音節に分解して別の単語を創って語彙を増やしていくことを可能にした。同時に，それは農民たちが生きている—生かされている—大土地所有制に基づく生活の問題をあぶりだしていく実践でもあった。フレイレは農民が文字を獲得していく過程でそうした問題や矛盾に気づいていく意識化（conscientization）を学習者に促したのである。

そうした役割を担う人を，フレイレは「調整者」と呼び，「誰が井戸を掘ったのか」「なぜそうしたのか」「どのようにして掘ったのか」といった問いを発しながら，非識字者が，動物と人間の違い，自然と文化の違い，労働を通して現実を変えていく創造的な存在としての人間の姿に気づいていくことを可能にしたのである。これはさらに，非識字者が生きている農村には，大土地所有制にまつわる地主による搾取の構造があることにも気づかせていく。こうした教育を経験して文字を獲得した農民たちは，自らの被抑圧性に気づき，不利益をもたらす社会を変えていこうという新しい人間として変容していくのである。それは，文字を識ることによる「認識の変容」と社会改革のための行動を起こす「行動の変容」をもたらした，きわめてラディカルな教育実践であった。これと比べると，ノールズの成人教育学が表層的であることが浮き彫りになってこよう。

6. フェミニズム教育学の問題提起

しかしながら，フレイレの意識化理論は，農村男性たちが抑圧的な社会構造に気づき行動を起こし社会を変えていく主体になっていくものの，解放されるのは男性であるという限界があった。そこで，フェミニズムの観点から，被抑圧的な立場にある男性が家庭で妻や娘に対して家父長的な権力をふるうという「抑圧・被抑圧の重層性」への気づきが弱いという批判を被ることになった。例えば，ブラック・フェミニストの理論家であるベル・フックス（bell fooks）は次のように語っている。

「フレイレを読むたびに，性差別的な表現が気にならなかったことはないわ。それだけじゃなく，気になったのは，彼の思い描く解放の理念がファロス中心主義的で（他の進歩的な第三世界の政治指導者や知識人や批判的思想家，たとえば，ファノンやメミなんかと同じように）。そこでは自由っていうのは家父長主義的な男らしさの体験といつも結びついている，まるでそのふたつは同一のものであるかのように。この点にはいつも頭にくる。」

やがて，フックスはフレイレと会い，上記の問題点を指摘したところ，フレイレが自ら自己批判を行い，性差別を認め，のちの著書のなかで修正していったと語っている。このように，フェミニズム教育学は，ノールズの成人教育学，フレイレの意識化理論に内在していた男性中心的な学習理論を批判して，女性の立場から社会的・文化的に作られた性（gender）による差別の問題を提起するなかで，成人教育理論をより豊かに組み替えていこうとしているのである。今日，フェミニズム教育学は，階級，性，さらには人種・民族，性的指向，年齢などの要因を含めた，より包摂的な成人のための教育・学習理論を構築しつつある。

このことに関連してヘイズとフラネリー（E. Hayes & D. D. Flannery）は女性の学習には，次の３つの危険が潜んでいることを指摘している。

①女性の学習の特性や特質が，状況にかかわらず，先天的・固定的・不変であるという主張になりがちである。

②女性対男性という対立的なカテゴリーを意図せずに補強してしまう。

③学習者としての女性の多様性を見えなくさせるような女性についての一般的なカテゴリーを生んでしまう。（ヘイズ，フラネリー編著 2009：259-263）

そのうえで，「女性間の多様性を理解するための理論的枠組みとして階級の違いをよりよく説明する理論を発展させるために社会学的研究へ向かう必要があるだろう」と論じている。（ヘイズ，フラネリー編著 2009：274-275）

7. 学習組織について

最後に，社会の各界にまたがる「学習する組織」（learning organization 以下・学習組織）における交流を促進する諸理論について簡単に触れておきたい。今，なぜ学習組織が注目を集めているのであろうか。それは，前期近代社会の組織を牽引してきた，「上意下達」の一方的な命令を行うカリスマ的経営者（専制型経営者）では，組織経営が立ちいかなくなってきたからである。私たちが現在生きている後期近代社会では，組織の経営者は組織の下位に位置づく構成員の意見も聴いたうえで，組織の運営をやっていかなければならなくなってきたのである。「下意上達」を尊重する調整型経営者の出現である。それを可能にしているのは，常日頃，自ら所属している組織全体について考え，様々な媒体から学んでいる生涯学習者（litelong learner）としての構成員である。ワトキンスとマーシック（K.Watkins & V. Marsick）は，学習組織について次のように述べている。

「学習する組織とは，継続的に学習し，組織そのものを変革していく組織である。」「学習は，組織のなかでより複雑な集合レベルで伝えられていく。すなわち，個人，集団，チーム，より大きなビジネス・ユニットやネットワーク，組織それ自体，顧客と供給業者とのネットワーク，そしてその他の社会集団へと広がっていく。」（ワトキンス，マーシック 1995：33）

学習組織論は経営学と教育学，心理学のコラボレーションの産物である。有名な経営学者であるセンゲ（P. M. Senge）は学習組織に関わる個人の行動原則を①システム思考，②自己マスタリー，③メンタルモデルの克服，④共有ビジョンの構築，⑤チーム学習の５つにまとめている。ここで学習支援者であるファシリテーターは，④共有ビジョンの構築と⑤チーム学習に関わることになるのである。

学習組織を仕切るファシリテーターは，実際にどのような役割を果たしているのであろうか。ここでは，特に社会問題となってきた病院内での医療過誤をなくす試みが注目されよう。これは，組織学習（organizational learning）と呼ばれる。病院内には，医師，看護師，救急搬送に携わる職員等，さまざまな職種の人たちが働いている。それらの人々の協働によって，医療が安全に遂行されるためには，病院組織における組織改革のための学習が必要とされるのである。（松尾 2009）

そうした組織における学習について考える際にも，誰の意見が通り，誰の意見が通らないのか，その理由は何かを問いながら，そこにどんな力関係が働いているのかという社会学的な問題意識をもって分析と考察をしていくことを忘れてはならないであろう。

参考文献

・M. ノールズ著，三輪建二，堀薫夫監訳『成人教育の現代的実践』（鳳書房，2002年）
・E, リンデマン著，堀薫夫訳『成人教育の意味』（学文社，1996年）
・P. フレイレ著，小沢有作他訳『被抑圧者の教育学』（亜紀書房，1979年）
・P. フレイレ著，里見実他訳『伝達か対話か』（亜紀書房，1982年）
・B. フックス著，里見実監訳『とびこえよ，その囲いを』（新水社，2006年）
・K.E. ワトキンス，V.J. マーシック著，神田良，岩崎尚人訳『「学習する組織」をつくる』（日本能率センターマネージメントセンター，1995年）
・D.A. ショーン著，柳沢昌一，三輪建二監訳『省察的実践とは何か―プロフェッショナルの行為と思考―』（鳳書房，2007年）
・R. J. ハヴィガースト著，荘司雅子監訳『人間の発達課題と教育』玉川大学出版部，1995年。
・E. ヘイズ，D.D. フラネリー編著，入江直子，三輪建二監訳『成人女性の学習』（鳳書房，2009年）
・J. メジロー著，金澤睦，三輪建二監訳『おとなの学びと変容―変容的学習とは何か―』（鳳書房，2012年）
・K.J. ガーゲン著，鮫島輝美，東村知子訳『関係からはじまる―社会構成主義がひらく人間観―』（ナカニシヤ出版，2020年）
・P. M. センゲ著，枝廣淳子他訳『学習する組織』（英知出版，2011年）
・入江直子「フェミニズム教育学」赤尾勝己編『生涯学習理論を学ぶ人のために』世界思想社，2004年。
・小針誠『アクティブラーニング―学校教育の理想と現実―』（講談社，2018年）

・中村香『学習する組織とは何かーピーター・センゲの学習論―』（鳳書房, 2009 年）
・広石英記「ワークショップの学び論―社会構成主義からみた参加型学習の持つ意義―」日本教育方法学会紀要『教育方法学研究』第 31 巻（2005 年）
・松尾睦『学習する病院組織』同文館出版，2009 年。
・堀薫夫『教育老年学の構想―エイジングと生涯学習―』（学文社，1999 年）
・堀薫夫編著『教育老年学の展開』（学文社，2006 年）
・堀薫夫編著『教育老年学と高齢者学習』（学文社，2012 年）
・松下佳代編著『〈新しい能力〉は教育を変えるか―学力・リテラシー・コンピンテンシー―』（ミネルヴァ書房，2010 年）

4 生涯学習支援についての基本的な考え方（1）

赤尾　勝己

《目標＆ポイント》 本章と次章では，学習支援対象者別の支援方策はどのような特質を有するのかについて，包摂（inclusion）という観点から，特に超高齢社会，障害を有する人々との共生，青少年，男女共同参画社会，多文化共生の5つのカテゴリーを対象とした学習支援において，留意すべき基本的な考え方を提示する。むろん，これら5つのカテゴリーは，互いに影響を与え合っている。例えば，「高齢の女性で障害を有する外国人」という学習者も存在している。つまり，私たちが学習を支援するにあたり，具体的な学習者には複数の属性が重なり合っていることを，つまり支援しようとする学習者の属性の複合性を意識しておくことが必要になってくるのである。

《キーワード》 包摂，超高齢社会，結晶性知能，高齢者大学，高齢者教育学，合理的配慮，障害者の権利に関する条約，障害の社会モデル

1. 超高齢社会に向けた学習支援

日本社会は「人生100年」の時代を迎えている。日本は世界有数の長寿国である。厚生労働省の発表によると，2020年現在，日本人の平均寿命は，女性が87.74歳，男性が81.64歳でいずれも過去最高を更新した。同省が把握する50の国・地域で比較すると，女性は世界第1位，男性はスイスに次いで第2位である。

1995年に制定された高齢社会対策基本法第11条には，「学習及び社会参加」について次のような条文がある。

「国は，国民が生きがいを持って豊かな生活を営むことができるようにするため，生涯学習の機会を確保するよう必要な施策を講ずるものとす

る。
２　国は，活力ある地域社会の形成を図るため，高齢者の社会的活動への参加を促進し，及びボランティア活動の基盤を整備するよう必要な施策を講ずるものとする。」

なお，同法第６条では，政府が推進すべき基本的かつ総合的な高齢社会対策の指針として，大綱を定めることが規定されており，これまでに複数回にわたり大綱が定められている。そして，2018 年に定められた同大綱では「３学習・社会参加」で，高齢社会で価値観が多様化するなかで，学習活動や社会参加活動を通じて心の豊かさや生きがいの充足の機会が求められるとともに，就業や日常生活のなかで，たえず新たな知識や技術を習得する機会が必要とされていること，また，地域社会において多世代が交流することの意義が再確認されていることを踏まえて，次のように述べられている。

「高齢者が就業の場や地域社会において活躍できるよう高齢期の学びを支援する。さらに，高齢者を含めた全ての人々が，生涯にわたって学習活動を行うことができるよう，学校や社会における多様な学習機会の提供を図り，その成果の適切な評価の促進や地域活動の場での活用を図る。」

また，社会における多様な学習機会の提供について，次のように述べられている。

「多様化・高度化する国民の学習ニーズに対応するため，民間事業者の健全な促進を図るとともに，先進的な学習プログラムの普及促進や公民館等の社会教育施設における多様な学習機会の提供，公民館等を中心とした地域におけるネットワーク形成の推進等，社会教育の充実を図る。」

ここでは公民館が学びの場としてクローズアップされているが，そのうえで，美術館における文化活動，スポーツの推進，自然とふれあう機会，ICT を活用しながら「生涯にわたる多様な学習機会の提供を図る」ことが述べられている。また，ICT リテラシーの向上や消費者教育の取り組みの促進なども学習課題として挙げられている。

一方，文部科学省は，2012 年に『長寿社会における生涯学習の在り方について』という報告を行った。ここには，多様な学習機会を提供するうえで，次のような学習内容及び方法の工夫・充実の方向性と支援のあり方が示されている。

学習者の主体的な学びの支援

高齢者に限定せずに若者も含めて生涯学習について考えていく必要があるが，特に高齢期における課題は多岐にわたっているので，学びの提供においては，価値観を押しつけずに，学びの選択肢を多く与えるような支援が必要である。

学習者の参画による協働型プログラムの開発

学習プログラムの開発にあたっては，学習者のニーズが反映されるように，企画・立案段階から住民や学習者が協働できるように支援し，学習者が参加できるような仕組みの構築が必要である。

高齢者を対象にした学習プログラムについては，すでに次のような 4 つの領域が示されている（岩手県立生涯学習センター 2004：1)。

（ア）高齢社会に対応した学習プログラム
（イ）世代間交流の学習プログラム
（ウ）高齢準備期の学習プログラム
（エ）高齢期の学習プログラム

このように，高齢者を対象にした学習プログラムは高齢者に限定されず幅広い年代にわたっているのである。(**図 4-1**)

ここでは，高齢者特有の発達に配慮する必要が出てくる。高齢者は，短期記憶や計算力といった流動性知能（fluid intelligence）よりも，語彙

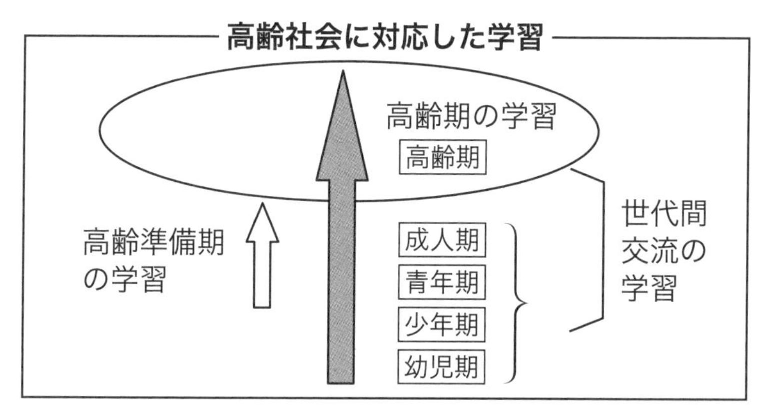

図 4-1　高齢社会に対応した学習（岩手県立生涯学習センター 2004：1）

や芸術作品の鑑賞能力に代表される結晶性知能（crystalized intelligence）に関わる学習が得意であると言われている。また，高齢者は，子どもよりもこれまで生きてきた人生の軌跡によって個人差が大きい歴史的・社会的存在である。私たちがよく目にしがちな「衰えゆく高齢者」といたステレオタイプに基づく「生きがいづくり」「盆栽づくり」「温泉講座」というような消極的な高齢者対象のプログラムにならないように注意したい。

高齢者は，生まれてきてから65年以上経過しており，発達の軌跡の個人差が大きい。これまでどこで生まれ育ち，どのような学校で学び，どんな場所に住んで，どんな職業生活を送ってきたかによって多様な軌跡を描いている。

そうした多様な高齢者に対して，学習支援を行っている代表的な機関が高齢者大学である。高齢者大学についてみると，市区町村レベルでの地域密着型の学習プログラムと，都道府県レベルでの広域でよりフォーマルな学習プログラムがある。前者の事例として，兵庫県西宮市の宮水学園がある。また，後者の事例として，大阪府高齢者大学校がある。ここではこれら２つのケースについて紹介したい。

宮水学園の正式名称は，西宮市生涯学習大学宮水学園である。これは，当初，教育委員会の管轄下にあったが，現在は，市長部局の産業文化局・生涯学習部・地域学習推進課（生涯学習・大学担当）の管轄下にある。受講資格は60歳以上の西宮市民に限定されており，受講者は全体で2,000名規模である。2021年度の学習プログラムをみると，教養Ａコース，教養Ｂコース，選択コースからいずれか１つを受講することになっている。

教養Ａコースの内訳は，集会施設アミティホールで開催される教養講座（6, 9, 11月の３回）と，ラジオを活用したラジオ版教養講座（5回）に加えて，教養Ｂコースで実施された教養講座のラジオでの再放送（3回）の計11回を受講するコースである。教養Ｂコースの内訳は，集会施設アミティホールで開催される教養講座（7, 10, 12月の３回）と，ラジオを活用したラジオ版教養講座（5回）に加えて，教養Ａコースで実施された教養講座のラジオでの再放送（3回）の計11回を受講するコースである。

計11回の内容と講師の概略は次のとおりである。

Ａ1「スポーツでめざす豊かなくらし～スポーツを「する」「みる」「ささえる」そして「知る」～」武庫川女子大学教授

Ａ2「AIで変えよう私たちの未来のくらし」福知山公立大学教授

Ａ3「心と身体に豊かに響く，音楽のビタミン～唱歌からオペラアリアまで～」ソプラノ歌手

Ｂ1「食は県民性では語れない～食文化の境界線を歩く～」食と旅のコラムニスト

Ｂ2「(あまり）病気をしない暮らし～がんは運である？～」大阪大学

教授

B3「ピアノとトークの楽しいひと時～明日が変わる音楽と笑顔の力～」ピアニスト　作曲家

ラジオ版教養

1「開講式・記念公演　くちびるに歌を！心に太陽を！」テノール歌手

2「防災の学びを考える～誰もが主役の防災学習～」関西大学准教授

3「2021 東京オリンピック・パラリンピックが目指すもの」奈良女子大学准教授

4「うまさの科学～だし汁のちからについて～」龍谷大学教授

5「百寿者から学ぶ，幸せな長寿の秘訣」大阪大学教授

ここでは新型コロナウイルス感染症の影響をうけることなく，誰もが自宅で安心・安全・確実に取り組める講座として，地元の「さくらFM」を活用したラジオ放送が利用されている。

選択コースの内訳は，教養講座 11 回（うち８回はラジオ版）に，選択講座 15 回（うち３回はオンライン講座）を加えた計 26 回からなる。選択講座は，「ふるさと」「ことば」「せいかつ」「新しい暮らし」「芸術」「国際」「園芸」「文学」「書道」「絵画」「サイエンス」「歴史」の 12 種類ある。オンライン講座を希望する場合は，別途受講料 1,000 円が必要となる。事前に録画した講座内容を，Zoom ウェビナー（講義用配信アプリ）からインターネットを通じて自宅のパソコン・スマートフォン・タブレット等に配信している。これらの機器がない場合は，後日 DVD 形式で貸し出しを実施することになっている。

受講料は，教養 A コース，B コース共通で年間 2,000 円，選択コースは年間 6,000 円となっている。

次に，特定非営利法人大阪府高齢者大学校の年間講座について見てみ

よう。これは，大阪府が協賛し，大阪市と堺市が後援している。受講者の居住地・年齢に制限はない。2020年度の受講者数は2,875名であった。講師は大学教員や実務家である。内容は学術的に高いレベルにある。

受講料は年間60,000円で，受講者は自らの希望によって，年間を通して各分野と各科（クラス）に分けられる。

分野は，「シルバーアドバイザー養成講座」，「歴史」，「大阪再発見」，「語学交流」，「美術・芸術」，「パソコン」，「科学・技術」，「文化・文芸」，「音楽」，「自然とのふれあい」，「運動・スポーツ・健康」，「暮らし」の12分野からなる。これらの分野に次の科（クラス）が設けられている。(2021年度)

シルバーアドバイザー養成講座・・・3クラス

「家族と社会のいきいきライフ科」「おもしろ子ども科学・手作りおもちゃ体験科」「国際文化交流科」

歴史・・・14クラス

「日本の起源と文化を知る科」「歴史学古代科」「歴史学中世科」「歴史学近世科」「歴史学近現代科」「戦国武将の生き方に学ぶ科」「歴史に輝く先人に学ぶ科」「世界史から学ぶ科」「もっと知りたい大阪の歴史科」「現代社会を考える科」「大阪の史跡探訪科」「武家政権700年・合戦史科」「大阪の良さをアピールしよう科」「日本城郭史と関西のお城探訪科」

語学交流・・・8クラス

「基礎英会話科月曜日」「基礎英会話科火曜コース」「フランスの魅力と初めてのフランス語を楽しむ科」「旅で使えるハングル会話科」「基礎から学ぶやさしい中国語科」「日常英会話実践科」「英会話を楽しむ科火曜コース」「英会話を楽しむ科金曜コース」。

美術・芸術・・・8クラス

「美の世界と美術散歩科」「似顔絵のイロハを楽しく学ぶ科」「基礎から学ぶ美術科」「カメラ芸術科」「油彩画専攻科」「油彩画応用科」「水彩画専攻科」「水彩画応用科」

パソコン・・・5クラス

「IT・デジタルフォトアート科」「IT・パソコン初級科」「IT・パソコン Office 専攻科」「IT・パソコン Web デザイン科」「IT・プログラミングを楽しく学ぶ科」

科学・技術・・・2クラス

「科学と人間の共生を学ぶ科」「宇宙と生命の神秘へ遭遇する科」

文化・文芸・・・9クラス

「総合文化に親しむ科」「朗読を楽しむ科」「日本文学の魅力再発見科」「笑いの創造科」「ボイストレーニングを楽しむ科火曜コース」「ボイストレーニングを楽しむ科水曜コース」「音楽を楽しむ科」「歌を愛し歌を楽しむ科」「音楽鑑賞を深める科」

自然とのふれあい・・・5クラス

「自然文化を楽しく学ぶ科」「世界遺産を楽しく学ぶ科」「ローカル文化探検科」「家庭園芸を楽しむ科」「自然文化を深める科」

運動・スポーツ・健康・・・4クラス

「スポーツ・健康科」「アウトドア科」「健康長寿を楽しく学ぶ科」「シニアの健康と医療を易しく学ぶ科」

暮らし・・・5クラス

「和食を愛する科」「醸造を楽しく学ぶ科」「大人のお洒落な生き方を学ぶ科」「身の回りに関する法律を易しく学ぶ科」「鉄道を学び旅を楽しむ科」

上記から歴史のクラス数が圧倒的に多く，それに文化・文芸，美術・芸術が続いていることがわかる。堀薫夫は，長年にわたる高齢者大学での受講者調査においては,「そこで多くの友人を得られた者ほど,高齢者大学に対する受講後の評価も総じてたかかった」という知見を示している。つまり,高齢者の学習支援にあっては,学習者同士の人間関係再構築というニーズを満たすことが重要である(堀 2009:64)。上記の高齢者大学校では,1年間を通してのクラス制を敷いているのも,受講者同士の交流を促すためである。一方,高齢者のなかには,ワークショップなどの参加体験型講座に慣れていない方もいるので一定の配慮が必要になることもある。「講座というのは講師の先生の話を黙って聴くものだ」という固定観念を抱いている場合もある。その場合は,グループワーク等で無理に発言を求めることはしないほうがよいであろう。ファシリテーターには「待ちの姿勢」が必要になってくることもあろう。

高齢者特有の学習ニーズについて,マクラスキー(H.Y. McClusky)は5種類のニーズを指摘している。それは,対処的ニーズ,表現的ニーズ,貢献的ニーズ,影響的ニーズ,超越的ニーズからなる。対処的ニーズとは,基礎教育(読み書き算),健康のための教育(健康管理,適度の運動など),経済的自立のための教育(収入の安定化・家計管理)などから構成される。表現的ニーズとは,活動それ自体のなかに発見される喜びのニーズである。貢献的ニーズとは,他者や地域のために役立つ活動に参加し,周りから認められたいというニーズである。影響的ニーズとは,自分の生活環境に大きな影響力を与えたいというニーズである。

これら4つのニーズとは別に,体力の衰退や余命の減少という制約を乗り越えたいという超越的ニーズが位置づく。宗教や古典や哲学に自分の生きる道を見いだしたいという気持ちである。これら2つのベクトルに挟まれたところに,高齢者の学習ニーズがあると言われる。(堀 2010:59-61)

堀薫夫は,高齢者教育学に関する研究の蓄積から,高齢者の学習特性をふまえた学習支援のあり方として以下の5点を挙げている。（堀 2018b：101-102頁）いずれも参考にしうる視点である。

①本人の学習ペースを重視する

②学習者の人生・生活経験が活用されるような学習支援を

③人間関係の再構築の可能性が含まれる学習を

④生活の足場を見直す学習を

⑤高齢者の時間感覚の特性をふまえた学習を

2. 合理的配慮に向けた学習支援

この問題について考えていくうえで，2013年成立の障害者差別解消法（正式名称：障害を理由とする差別の解消の推進に関する法律）と2014年に日本が締結した「国連・障害者の権利に関する条約」（略称：障害者権利条約）が大きな影響を与えている。双方とも，「障害の医学モデル」に代えて「障害の社会モデル」を念頭に掲げている。これは，障害者の生涯学習支援を考えるうえで欠くことのできない視点である。

障害者差別解消法第1条では，その目的として，「全ての障害者が，障害者でない者と等しく，基本的な人権を有する個人としてその尊厳が重んぜられ，その尊厳にふさわしい生活を保障される権利を有することを踏まえ，・・・障害を理由とする差別の解消を推進し，もって全ての国民が，障害の有無によって分け隔てられることなく，相互に人格と個性を尊重し合いながら共生する社会の実現に資することを目的とする」ことが述べられている。そして，同法第5条では，「社会的障壁の除去の実施についての必要かつ合理的な配慮に関する環境整備」について，「自ら設置する施設の構造の改善及び設備の整備，関係職員に対する研修その他の必要な環境の整備に努めなければならない」と規定されている。

一方，「障害者権利条約」第24条では「締約国は，この権利（教育についての障害者の権利）を差別なしに，かつ機会の均等を基礎として実現するため，障害を包容するあらゆる段階の教育制度及び生涯学習を確保する」と規定されている。ここには，社会のなかでもっとも不利益を被っている人たちの学習活動の促進を通して，社会の不均衡を是正していくところに生涯学習が位置づいており，生涯学習にはより公正で包摂的な社会を創造していく役割が期待されている。(津田 2018：7)。

また，2016 年に施行された障害者差別解消法では，「合理的配慮」という言葉が使われている。これは障害者が社会に出て活動しようとする際に直面する困難について，障害者自身にその困難の除去を求めるのではなく，社会全体でその困難の除去を実行していこうとするものである。これはノーマライゼーションという考え方と通底している。

2017 年 4 月には，文部科学大臣から「特別支援教育の生涯学習化」に向けてと題するメッセージが公表された。それを受けて，文部科学省内に「障害者学習支援推進室」が設置された。同年 4 月に公示された特別支援学校小学部・中学部学習指導要領の総則にも「生涯学習」の文言が加えられている。

こうした動向を受けて，独立行政法人国立特別支援教育総合研究所では，2017 年度に「障害者の生涯学習活動に関する実態調査」を実施した。この調査は，学校卒業後の障害者の学校から社会への移行期及び人生の各ライフステージにおける効果的な学習に係る支援の推進に向け，都道府県，市区町村及び特別支援学校における学習プログラム提供の実態や体制整備の状況を把握するため，質問紙調査を行ったものである。

この調査報告書のうち市区町村への調査結果から次のことが明らかになった。まず，学校卒業後の障害者が生涯学習として取り組める事業・プログラムを実施しているかどうか回答を求めたところ，市区町村では，実施しているとの回答は 227 件（24.4%），実施していないとの回答は702件（75.6%）であった。つまり，市区町村での実施率が圧倒的に低いことがわかった。

次に，市区町村で，障害者を対象としたプログラムを実施しているという回答のあった自治体のうち，「障害者を対象とした事業・プログラム」について記載のあった自治体は144件（63.4%）であった。実施・予定している事業・プログラムの内容について回答を求めたところ，もっとも多いのは④スポーツ（492件）であり，次いで⑤文化的な活動（397件），①個人の生活に必要な知識・スキル（364件）であった。具体的な小項目をみると，スポーツでは体操がもっとも多く，次いでエアロビクス・ヨガ，ボウリング，ダンス，卓球，ウォーキングが挙げられていた。文化的な活動では音楽がもっとも多く，絵画・造形，手芸が挙げられていた。個人の生活に必要な知識・スキルは，料理がもっとも多く，医学・健康法，裁縫・編み物，防災・防犯の順であった（同報告書：28頁）。

さらに，障害者が生涯学習活動として取り組める事業・プログラムのねらいについて回答（複数回答可）を求めたところ，都道府県では，「人と関わる力や社会性の育成」が100%であり，以下「自立した生活を送るための実践的な力の育成」（73.7%），「主体的に物事に取り組む意欲ややり遂げる力の育成」（47.4%），「学校段階で身に付けた資質・能力の維持・開発」（42.1%）の順であった（同調査：16頁）。この順位は，市区町村でも同じであった（同調査：29頁）。都道府県でも市区町村でも，「人と関わる力や社会性の育成」がもっとも重視されており，「学校段階で身に付けた資質・能力の維持・開発」は重視されていないこと」が窺える。

こうした動向のなかで，文部科学省は，障害者が社会で自立して生きるために必要となる力を維持・開発・伸長するため，2018年度より学校から社会への移行期や生涯の各ステージにおける効果的な学習に係る具体的な学習プログラムや実施体制に関する「学校卒業後における障害者の学びの支援に関する実践研究」を開始した。

障害には，身体障害，知的障害，精神障害といった多様性があり，津田英二は，個別の障害者の学習ニーズを満たすためには，つねに学習を支援する人（メンター）との「対話」が必要であることを強調している。そして，この学習支援にあたっては，学習の場を成立させるための「現場コーディネーター」，学習者と学習機会を結びつける「地域コーディネーター」，障害者の生涯学習機会が広がる条件を整備する「広域コーディネーター」という3種のコーディネーターが必要とされるのである。

2019年3月に，文部科学省の「学校卒業後における障害者の学びの推進に関する有識者会議」は，障害者の生涯学習をどう推進するのかについて報告書をまとめた。これは，2017年度の調査において，障害者の生涯学習に関する組織がある都道府県がわずか5.7%，市区町村ではさらに少なく4.1%にとどまった結果を受けてのことである。同報告書では，①学校教育から卒業後における学びの円滑な移行，②多様な学びの場づくり，③福祉，労働などの分野の取り組みと学びの連携の強化，④基盤の整備の必要性が挙げられている。

障害者を対象とした学習プログラムを見ると，インフォーマルな活動を通した学びを中心としたものと，よりフォーマルな知識学習を中心としたものに大別することができる。また，その両者を折衷したものも見受けられる。ここでは，インフォーマルな活動を通した学びの支援の事例として，東京都町田市の障がい者青年学級，よりフォーマルな学習支援については，東京学芸大学をベースとした「オープンカレッジ東京」の事例を見てみよう。

町田市障がい者青年学級は，1974年に開設され，学級生20名から出発した。2019年には，各々月2回活動している公民館学級，ひかり学級，土曜学級という３つの学級に計163名の学級生が参加している。

各学級は「生きる力･働く力の獲得」のもと「自治」「生活づくり」「文化の創造」という３つの柱を軸に活動を行っている。「自治」とは，学級生自身が活動を企画し，運営していくことを意味する。一人ひとりの学級生の意見をもとに，それを取りまとめる班長・副班長を中心とした集団活動が進められる。そこで大切にされてきたのは，学級生がなにものにも束縛されることなく，一人ひとりの思いを自由に語ることである。これにより，自分の意見を述べる機会や経験を持ちにくかった学級生一人ひとりの主体性が培われていくのである。次に「生活づくり」とは，活動のなかでお互いの要求，職場や家庭での喜びや哀しみなどのさまざまな思いを伝え合い，一人ひとりの生活の様子や課題を集団の場に出し，その思いや要求を集団で受け止め共有していくことである。これによって，学級生が自らの生活を振り返り，自分の存在を肯定し，人を思いやる仲間づくり・集団づくりが行われていくのである。さらに，「文化の創造」では，学級生が劇や音楽，絵などの様々な創作活動を素材として取り組み，経験の幅を広げながら活動を創りだしてきたのである。そこからオリジナルソングなどが生まれ，青年学級独自の表現文化活動を作り上げ，他者へアピールする力を築き上げてきたのである（町田市2020：4）。

公民館学級とひかり学級ではコース制が，土曜学級では班制が敷かれている。公民館学級では，「みんなのしあわせづくり（コンサート）コース」「まあるいゆめ（歌楽器）コース」「さくら（ものづくり）コース」「ハッピーハッピーくらしコース」「さくらんぼスポーツ体づくりコース」「ゆめのつづき（劇・ミュージカル）コース」が，ひかり学級では，「イーとチョコパイ青空コース」「サルビアダンスコース」「GoGo みずいろスターズコース」「あじさい（ものづくり）コース」が，土曜学級では，

「星空ドルフィンスポーツ班」「みんなのイベント班」「美術工芸（あじさい）班」「青色いなずま班」がある。これらの各コース・班の活動が地域社会での活動発表へと広がっていく。ちなみに「星空ドルフィンスポーツ班」の年齢層は，20歳代から50歳代まで幅広く，学級歴も2年目から30年以上の経験者もいる。同班では，2019年度に，調理①として，冷やし中華づくり（7月13日），外出③として，学級全体として横浜に日帰り旅行（11月9日）に行っている。町田市のこの実践は，生活のなかでのインフォーマルな活動を通して，障がい者の発達保障を支援していることがわかる（町田市2020：93）。

一方，オープンカレッジ東京は，1995年に開始され，大学における成人期知的障害者への生涯学習支援では最も歴史を有している。運営委員会は，大学教授，学生，特別支援学校教員，福祉関係職員等30名で構成されている。毎年9月から12月に計4回の講座を実施している。

学習内容としては，「学ぶ・楽しむ（学習・余暇）」，「くらす（自立生活）」，「はたらく（作業・就労）」，「かかわる（コミュニケーション）」の4領域をもとに学習内容を取り上げ，成人期にとって真に重要な学習内容を見出すことにしている。（**図4-2**）

そこで，菅野敦は，18歳～22歳を「移行プログラム」として，「卒業後，社会生活・職業生活への移行期にあたる時期のプログラム」，23歳から30歳をYA（young adulthood）プログラムとして，「移行後，成人期の初めにあたる継続的な学びの入門プログラム」を用意すること，31歳から45歳をMA（middle adulthood）プログラムとして，「働くことが生活の中心となり，地域での暮らしも安定した時期のプログラム」を用意すること，46歳から55歳をSA（senior adulthood）プログラムとして「加齢を伴う変化が生じ始める時期，高齢期を見据えた時期のプログラム」を用意すること，56歳以降をOA（old adulthood）として「働

4領域をもとに学習内容を取り上げ、
成人期にとって真に重要な学習内容を見いだす
講座内容の4領域への分類

領域	講座内容
学ぶ 楽しむ	書道でSHOW Let' Dance サイエンスラボ（科学講座） ディスカバーJAPAN・World（地理講座）
くらす	安心安全ケータイライフ 自分を守る～消費者被害からの回避 自分を守る2～携帯電話でのトラブルと消費者金融 日常生活の“考えるわざ”～携帯電話の契約と生活費
はたらく	くらしのマネー講座～今後の生活設計 自己理解 キャリアをデザインする
かかわる	裁判と人権 自分を守る（街で・職場で出会うトラブル、嫌な気分の時） 好印象を与える身だしなみ

図 4-2　オープンカレッジ東京における学習内容の４領域

くことが中心の生活から，暮らす，学び・楽しむことを中心に据えた時期のプログラム」を用意することを提案している。（菅野 2018b）

このように生涯発達・地域生活支援４領域と，成人期の年齢段階に沿った５期にわたる学習内容を配置している点がオープンカレッジ東京の特色である。ただし，社会人になった障害のある人たちがすべてこうした空間軸と時間軸のなかで動くとは限らないであろう。そこにおける個人差にどのように対応していくことができるかが，実践的な課題となることは言うまでもないであろう。

参考文献

超高齢社会関連

・岩手県立生涯学習推薦センター「高齢社会に対応した高齢者学習の事業展開」生涯学習ハンドブック Vol.7（2004 年）
・久保田治助『日本における高齢者教育の構造と変遷』（風間書房，2018 年）
・堀薫夫「ポール・バルテスの生涯発達論」大阪教育大学紀要第Ⅳ部門　第 58 巻第 1 号（2009 年）
・堀薫夫『生涯発達と生涯学習』（ミネルヴァ書房，2010 年）
・堀薫夫「高齢者の学習支援の動向と今後の課題について」平成 27・28・29 年度社会教育事業の開発・展開に関する調査研究事業『高齢者の地域への参画を促す地域の体制づくりに関する調査報告書』国立教育政策研究所社会教育実践研究センター（2018 年 a）
・大阪教育大学生涯教育計画論研究室『高齢者学習支援に関する調査研究― NPO 法人大阪府高齢者大学校を事例として―』（2018 年 b）
・牧野篤編『人生 100 年時代の多世代共生―「学び」によるコミュニティ設計と実装―』東京大学出版会，2020 年。

合理的配慮関連

・内閣府リーフレット『「合理的的配慮」を知っていますか？』（2013 年）
（http://www8.cao.go.jp/shougai/suishin/sabekai_leaflet.html）
・オープンカレッジ東京運営委員会　東京学芸大学 菅野敦「オープンカレッジ東京の取組み」（2018 年 a）
（https//www.mext.go.jp/b_menu/shingi/chousa/shougai/041/shiryo/-icsFiles/afieldfile/2018/06/13/1405889_7.pdf）
・オープンカレッジ東京運営委員会　東京学芸大学 菅野敦「生涯学習支援に関する課題と提案」（2018 年 b）
（https//www.mext.go.jp/b_menu/shingi/chousa/shougai/041/shiryo/-icsFiles/afieldfile/2018/08/30/1408335_2.pdf）
・坂爪一幸，湯汲英史編著『知的障害　発達障害のある人への合理的配慮』かもがわ出版，2015 年。

・杉野昭博『障害学―理論構成と射程―』（東京大学出版会，2007年）
・津田英二『知的障害のある成人の学習支援論―成人学習論と障害学の出会い―』」（学文社，2006年）
・津田英二「障害者の生涯学習支援推進の考え方」『社会教育』第870号（一般財団法人日本青年館，2018年12月）
・町田市障がい者青年学級『2019年度実践報告集』第45号町田市生涯学習センター（2020年11月）
・神戸大学国際人間科学部『学ぶ楽しむ発見プログラム　ホームページ Kobe University Program for Inclusium（KUPI）』（www2.kobe-u.ac.jp/~zda/KUPI.html）
・A. セン著，池本幸生，野上裕生，佐藤仁訳『不平等の再検討―潜在能力と自由―』（岩波書店，1999年）
・菅野敦監修『知的障害者の『生涯学習』支援』DVD，（アローウィン，2019年）

（表記注）本章では障害，障がいという2種類の表記を，出典による使い分けに従って行った。

5　生涯学習支援についての基本的な考え方（2）

赤尾　勝己

《目標＆ポイント》 本章では，第4章に続いて，青少年への学習支援，男女共同参画社会へ向けた学習支援，多文化共生社会へ向けた学習支援に関する基本的な考え方について扱う。

《キーワード》 子どもの権利条約，居場所，子どもの貧困対策推進法，国連世界女性会議，男女共同参画社会基本法，男女共同参画センター，多文化共生社会，出入国管理法，日本語教室　3F

3．青少年への学習支援

青少年への学習支援について考える際に，まず参照しなければならないのは，1989年に国連で採択され，1994年に日本で批准された「子どもの権利条約」である。この条約では，特に次の条文との関係が深い。

第12条：意見表明権。児童は自らに影響を及ぼすすべての事項について，自由に自己の意見（原文：views，考察・考え）を表明する権利を有する。自らに影響を及ぼす司法上・行政上の手続において，国内法の手続規則にのっとり聴取される機会を与えられる。

第13条：表現・情報の自由。児童は表現の自由と，あらゆる情報や思想を求め，受け，伝える自由を持つ。次の目的に限り法律による制限を課すことができる。他者の権利や信用の尊重，国の安全，公の秩序，公衆の健康，道徳の保護。

第14条：思想・良心・宗教の自由，信教の自由。第13条と同様の制限，父母・保護者が児童の発達に応じた指示を与える権利と義務の尊重が付される。締約国は，思想，良心及び宗教の自由についての児童の権利を尊重する。

第 15 条：結社の自由と平和的な集会の自由。

第 16 条：児童の通信の秘密とプライバシー権の保護，名誉と信用に対する攻撃の禁止。

第 17 条：児童とマスメディアに関する責務。 児童に有益な書籍やマスメディアの普及，少数言語を用いる児童への配慮，有害な情報からの児童の保護。

このように，同条約の精神から，子どもの学習支援には「子どもの参画」という視点が必要になってくる。大人の側からの教育的視点だけで学習支援をやろうとしても，狭い範囲にとどまりうまくいかないであろう。子どもたちが何を求めているのか，子どもたちの声を学習プログラムに反映させていくことが必要になってくる。つまり，大人からの教育的視点だけではなく，子どもの意見を反映させた，よりストライクゾーンを拡げていくほうが，青少年対象の学習プログラムづくりはうまくいくのではないだろうか。

2013 年 6 月には，「子どもの貧困対策の推進に関する法律」（略称：子どもの貧困対策推進法）が成立し，2014 年 1 月に施行された。同法第 1 条には，以下のように同法の目的が示されている。

「子どもの将来がその生まれ育った環境によって左右されることのないよう，貧困の状況にある子どもが健やかに育成される環境を整備するとともに，教育の機会均等を図るため，子どもの貧困対策に関し，基本理念を定め，国等の責務を明らかにし，及び子どもの貧困対策の基本となる事項を定めることにより，子どもの貧困対策を総合的に推進する」

同法（基本理念）第 2 条では，「子どもの貧困対策は，子ども等に対する教育の支援，生活の支援，就労の支援，経済的支援等の施策を，子どもの将来がその生まれ育った環境によって左右されることのない社会を実現することを旨として，講ずることにより，推進されなければならない。」と規定されている。

ここでは，特に同法第10条（教育の支援）が大きく関わってくる。「国及び地方公共団体は，就学の援助，学資の援助，学習の支援その他の貧困の状況にある子どもの教育に関する支援のために必要な施策を講ずるものとする。」とある

これを受けて，2014年8月に，「子供の貧困対策に関する大綱」が閣議決定されている。

しかし，このような子どもの貧困対策においては，「教育の支援」が偏重されており，現実には子どもの貧困の解消にほとんど寄与しえないという指摘もある（堅田2019：40）。2019年度に厚生労働省が発表した国民生活基礎調査によると，日本社会では7人に1人の子どもが貧困状態にあるという結果が出ている。また，現行の子どもへの学習支援が，「社会的投資論」の観点からなされ，それによって学業成績や学習への態度が改善されない子どもは自己責任として見捨てられるという「包摂の名を借りた排除に転ずる危険性」を指摘する論者もいる（桜井2019：78）。

ところで，日本における青少年のための支援施設は，さまざまな沿革を有している。社会教育施設としての青少年教育施設，公民館や社会教育機関の一部のコーナーとしての施設，児童館，児童福祉施設を源流とするもの，勤労青少年ホームなどを源流とするもの，そして近年の青少年の新たなニーズに対応した「居場所」といった5種類の施設が認められる。

今日の日本社会において，子どもの学習支援がどのような構造のなかに位置づいているかを的確に見抜く視点が必要とされていることは言う

までもない。その際に，子どもの学習支援によって，子どもがどのような人間になってほしいのか，その目標を吟味していくことが必要となってくるのである。

学校から排除された子どもたちへの学習支援は，学校に戻すことを目的とするだけではなく，学校で養成される学力を包摂する能力，つまり，日常生活のなかで異なる他者とコミュニケーションがとれる力—リテラシー—(注)を育成する場であってほしい。往々に，学校外での学習支援事業が，学習塾のような学校で教えられる内容になったり，学校に復帰して社会で生産性を有する子どもになるように促すことになりがちである。

つまり，学校での学びを支援していく視点とそうした学びを相対化していく視点という複眼的な視点から学習支援を考えていくことが必要とされているのである。前者であれば，学力向上のための学習機会の提供が，後者であれば，学校の学習では学べないより幅の広い学びの機会を提供することが考えられる。ここでは，学校的な価値を相対化するオルタナティブなあり方も必要とされているのである。「教育的なまなざし」だけで子どもの学習支援を行うことは避けなければなるまい。でなければ，学校から排除された子どもにとって，そこは学校と同じような居心地の悪い場所になってしまうであろう。

4. 男女共同参画社会に向けた学習支援

1995年中国の北京市で開催された国連第4回世界女性会議では，北京行動綱領が発表された。その第4章「戦略目標及び行動B女性の教育と訓練」は，生涯学習や教育について次のように述べられている。

73 女性は，若いときに習得したものにとどまらず，その後も継続して知識及び技術を習得することから恩恵を得られるべきである。このような生涯学習の概念には，フォーマル教育及び訓練において得る知識及び技術とともに，ボランティア活動，無償労働及び伝統的な知識などのインフォーマルな方法で行われる学習が含まれる。

74 教育課程及び教材は依然として，大幅にジェンダーに基づいて偏向しており，少女及び女性の特有なニーズに配慮することは殆どない。このことが，女性に対し社会における完全かつ平等なパートナーシップへの機会を拒む伝統的な女性及び男性の役割を強化している。あらゆるレベルの教育者によるジェンダーの認識の欠如が，差別傾向を助長し，少女の自尊心をむしばむことによって，男女間の既存の不公平をさらに強固にする。リプロダクティブ・ヘルス教育の不在が，女性と男性に深い影響を及ぼしている。

ここでは「男女共同参画社会」という理念が重要である。日本で1999 年に制定された男女共同参画社会基本法第 2 条では次のように定義がなされている。

「男女が，社会の対等な構成員として，自らの意思によって社会のあらゆる分野における活動に参画する機会が確保され，もって男女が均等に政治的，経済的，社会的及び文化的利益を享受することができ，かつ，共に責任を担うべき社会」

その理念を実現するために設立されているのが，男女共同参画センターである。2019 年 7 月現在，日本には男女共同参画センターが 365 館ある。ここでは，男女共同参画センターではどんな学習機会が提供されているかについて触れてみたい。一例として，札幌市男女共同参画センターでは，「ガールズ相談」「男女共同参画ワークショップ事業」「女性リーダー養成研修」「女性のためのコワーキングスペース」「男女共同参画団体支援事業」「ジェンダーイシュー事業」に取り組んでいる。

男女共同参画センターにおけるジェンダーの学習の難しさは，講座に参加した人たちが「ジェンダーの知識がないために，自分の発言で，誰かを傷つけてしまうかもしれない」と思ったり，他の参加者の発言について気になることがたくさんあって「細かいことを指摘したらうるさいヤツだと思われるかもしれない」と思ったり，さらに「うかつに発言すると言葉狩りされるかもしれない」と，発言しにくい雰囲気が出てくることにある。ファシリテーターはそうした学習参加者の心の壁を低くしていくことが求められるのである。ジェンダーの問題は，学習者の成育歴やこれまで生きてきた軌跡によって「見える景色が一人ひとり違う」ので，対立や衝突しやすい。そこで，グランド・ルールとして，その学習の場を，自分と異なる意見と出会える―たとえその人の発言が間違っていても OK とする，その発言で傷ついたら「傷ついた」と言ってもよい，「傷ついた」と言われた人は，自分を責めずにその事実だけ受け止めるといった―「安全な場」にして，そこにファシリテーターがうまく介入できると，そこは絶好のジェンダー学習の場になりうるのである(菅原 2020)。

2020 年の主な国のジェンダーギャップ指数の順位を見ると，日本は第 121 位（0.652）である。育児と職業生活の両立をめざす視点からすると，諸外国に遅れをとっていることは明らかである。近年では，学校を卒業して仕事に就き，出産で仕事を離れて，再び仕事に就く過程を描く M 字カーブは緩やかになりつつあるが，再就職のための学習支援やキャリア支援は男女共同参画にとって重要な課題である。

この間，2015 年には女性活躍推進法が制定され，2019 年にはその改正法が施行されている。2020 年には，国の第５次男女共同参画基本計画が策定された。同計画の第２部政策編の「第 10 分野 教育・メディア等を通じた男女双方の意識改革，理解の促進」の「男女共同参画社会を推進し多様な選択を可能にする教育・学習の充実」では，次のような施策の基本的方向が述べられている。
「学校教育と社会教育において男女平等の理念を推進する教育・学習の一層の充実を図る」,「より長い人生を見据え，固定的な性別役割分担意識や性差に関する偏見・固定観念，アンコンシャス・バイアス（無意識の偏見）にとらわれずに，「教育，仕事，老後」という単線型の人生設計ではなく，人生ステージに応じた様々な働き方，学び方，生き方を選べるよう，男女共同参画の視点を踏まえた生涯学習や能力開発を推進する。」

そして，具体的な取組の「男女平等を推進する教育・学習の充実」では，「固定的な性別役割分担意識や性差に関する偏見の解消，固定観念の打破を図るため，学校教育や社会教育で活用できる学習プログラムを開発し，活用を促す」「男女共同参画センター等の講師派遣や講座の開催など，学校教育や社会教育において，教職員以外による多様な学習機会を提供する」が挙げられている。

男女共同参画に向けた学習プログラムのオーソドックスな内容の例としては，次のようなものがある（大阪市男女共同参画センター・クレオ大阪の2020年度「学びフェスタ『ママとパパのオンラインカレッジ』から」)。「女性の主体的なキャリア形成への関心」と「固定的な性別役割分担意識への気づきの促進」を導くための，「家族力向上」「ママのチャレンジ支援」「パパ力向上」がそれにあたる。
「家族力向上」・・「ファミリータイムマネジメント～家族の家事分担を考える～」「展示：イクメン啓発パネル展示&スライドショー上映」
「ママのチャレンジ支援」・・「ママのライフプランニングを考えてみよう」「なにかを始めてみたいママのおしゃべりサロン」「母子家庭のためのマネープランニング講座」「パパ力向上」・・「パパと一緒にベビーキッズビクス」「パパの子育てフリートーク（語り場？)」「父子家庭パパ

のトークサロン」

いずれも，日常生活において，無意識のうちに自分のなかに持っている子育てに関する性別に対する偏った見方や思い込みへの気づきを促すきっかけを提供すること」で「きづく」ことが，「家族で学べるワークショップや，親子一緒に楽しめるイベントなど，多様な家族の在り方や夫婦や地域で助け合って子育てをすることの楽しさと大切さへの認識と理解を深める場と機会を提供する」ことで「深める」ことが，「SNSの活用や，子育て中の方が必ず参加する行事にて配布するなど，事業や情報にアクセスしていない層に届ける仕掛けを工夫する」ことで「ひろがる」ことが企図されている。これらの「きづく」「深める」「ひろがる」から「男性の育児参加と女性の活躍促進へ」向けたアクション「考え方を変える！生き方・働き方を変える！」ことが学習参加者に期待されているのである。

しかし，この学習は上記のような問題にとどまるものではない，深刻な社会問題であるDV（家庭内暴力）を取り上げているセンターもある（**図5-1**参照）。

女性のみを対象とした気づきのための意識高揚（CR）の学習グループを設けるセンターもある。この問題を扱う際には，高齢者差別や人種・民族差別，性的指向との重なりについても意識しておく必要がある。また，都市部から地方都市，農山漁村に行くにつれて，女性差別や性別役割分業観が強くなるという傾向もある（国立婦人教育会館 2001：226-227）。

このように一方で，私たちは男女共同参画社会の実現に向けた学習支援を行いつつも，他方で，「LGBTQ+」と言われる「性的少数者」（sexual minority）の存在を忘れてはならない。また，恋愛を望まない方，パートナーが同性である方，子どもを望まない方，子どもを持つことが難し

平成２３年度 デュオ の講座

DVについて知る

～私たちにもできる支援とは～

配偶者・パートナー・恋人といった親しい関係で起きる、暴力（DV）について学びます。DVに対する知識を高めることは、自分自身の力を高めることにもつながります。また、身近な人からの相談を受けた時の対応や、自分がDVを受けた時に、ひとりで抱え込まずに相談窓口などへつながることの大切さについても学びます。

いずれも金曜日・午前１０時～正午

日　時	内　容	講　師
①１１／１８	DVを知る ～吹田市におけるDVの実態について～	男女共同参画センター所長
②１１／２５	DVとその影響 ～私たちにもできる支援とは～	宮本由起代さん （大阪心のサポートセンター代表）
③１２／２	学んだこと、感じたことを分かち合おう ～ふりかえりとリボン授与式～	小谷眞子さん （子・己育ち相談リリーフ主宰）

<定　員>　４０人（多数の場合は市内に在住、在勤、在学の方を優先して抽選）
<費　用>　無料
<保　育>　１歳から就学前の幼児２４人（多数の場合抽選・おやつ代として150円が必要）
<手話通訳>　あり
<申込締切>　１１月７日（月）必着

<会　場・問合せ先> 吹田市立男女共同参画センター・デュオ
吹田市出口町２番１号
TEL ０６－６３８８－１４５１
<申込FAX番号> ０６－６３８５－５４１１（２４時間受付）
<問合せ受付時間> 午前９時～午後５時３０分（月曜・祝日は休館）

＊ 申込方法などの詳細につきましては、裏面をご覧ください。

携帯メールからの
お申し込みはこちら！

duo-koza@city.suita.osaka.jp

主催　吹田市

出所：吹田市男女共同参画センター・デュオのチラシ。

図 5-1　男女共同参画センターでの講座例

い方もいる。したがって，多様な生き方，パートナーシップ，家族の形態があることを認めて，標準的な人間像や家族像を前提としない多様な学習プログラムを企画・実施することが必要となってくるのである。

5. 多文化共生社会に向けた学習支援

2018年11月2日，日本政府は，出入国管理法の改正案を閣議決定した。これは，これまで医師や弁護士などの「高度な専門職人材」に限ってきた外国人の就労資格を単純労働にも広げる政策転換である。特殊技能を有する外国人労働者A（在留期間は最長5年間）と，熟練した技能が求められる外国人労働者B（在留期間は更新制で配偶者，子どもも帯同可）の2種類の外国人労働者が規定された。そして，2019年4月からこれらの外国人労働者の日本への移住が始まったのである。

ホスト国である日本に居住している私たちには，「多文化共生に向けたまちづくり」に関する学習が期待されている。私たちには，外国人と地域でともに生きていくために，何を学ばなければならないかが問われている。外国人を対象とした「ヘイトスピーチ」や「ヘイトクライム」のような自民族中心主義で「内向き」な人間にならないようにしたいものである。

ここでもっとも重大な問題は，日本には多文化共生社会を構築するうえで依拠すべき法律がないことである。日本では総務省がこの分野での施策をリードしている。総務省は，2005年6月に「多文化共生の推進に関する研究会」を設置し，2006年3月に「多文化共生の推進に関する研究会報告書」を取りまとめた。そして，同報告書を踏まえ，2006年3月に「地域における多文化共生推進プラン」が策定された。

同プランでは，①コミュニケーション支援（地域における情報の多言語化，日本語及び日本社会に関する学習支援），②生活支援（居住，教育，労働環境，医療・保健・福祉，防災等），③多文化共生の地域づくり（地域社会に対する意識啓発，外国人住民の自立と社会参画），④推進体制の整備について言及されている。

その後，「多文化共生事例集作成ワーキンググループ」が設置され，2017年には，『多文化共生事例集～多文化共生推進プランから10年 共に拓く地域の未来～』が発行された。ここには，①コミュニケーション支援，②生活支援，③多文化共生の地域づくり，④地域活性化やグローバル化への挑戦に関する事例が挙がっている。ここでは，川崎市が全国に先駆けて「川崎市多文化共生社会推進指針」を策定したことが特筆される。

総務省は2020年8月に「多文化共生の推進に関する研究会報告書～地域における多文化共生の更なる推進に向けて～」を発表した。これによると，2019年現在，日本の外国人住民は293万3137人に上り，日本の総人口に占める割合は2.32%である。在留外国人の国籍・地域別内訳では，中国（87.8万人，29.9%），韓国・朝鮮（47.4万人，16.2%），ベトナム（41.2万人，14.0%），フィリピン（28.3万人，9.6%），ブラジル（21.2万人，7.2%）の順に多い。また，近年では，多文化共生の推進に係る指針・計画策定の動きがあり，2020年4月現在，都道府県と指定都市では100%，市（指定都市を除く）・区では795団体中571団体（72%），町・村では941団体中100団体（11%）が策定している。

コミュニケーション支援で課題となっているのは，現在，多言語情報の提供が十分ではないことであり，通訳を育成するとともに，外国人住民の支援に取り組むNPO等や外国人の自助組織等と連携の上，多言語による情報提供を推進することである。また，日本語教育の推進において課題となっているのは，日本語教室を開設する市区町村は786団体にとどまり，22万人にのぼる外国人住民が，日本語教室の開設されていない市区町村（1,110 団体）に居住していることである。文化庁では,「生活者としての外国人」の日本語学習機会を確保し，全国各地に日本語教育が行き渡ることを目指して「地域日本語教育の総合的な体制づくり推進事業」により，都道府県・政令指定都市が関係機関等と有機的に連携しつつ行う総合的な体制づくりを支援している。

これまで日本社会においては，ともすると，日本人が「支援する側」,外国人が「支援される側」という固定化された関係が作られがちであった。しかし，こうした関係をときほぐしていく時代に私たちは生きている。今や，外国人は「支援される側」としてのみとらえるのではなく,自立した市民として「支援する側」にもなりうるのである。こうした視点から，外国人が講座企画に参画する「多文化共生」講座で，私たち日本人も外国人から異なる文化を学ぶ必要があろう。この領域においては,これまで往々に,日本人が学ぶ学習プログラムは,外国の食べ物（food),衣装（fashion)，お祭り（festival）の 3F に終始しがちであった。それは小中学校の子どもたちを対象とした国際理解教育の入門レベルではよいかもしれないが，成人向けの学習プログラムとしては物足りない。

ここで考えておかなければならないことは，私たち日本人（あるいは日本に住んでいる人）が，異なる文化的背景を有した人々と共に生きていくためには，意識的な学習による「認識の変容」と「行動の変容」が必要になってくるということである。人々が何も学ばずに自然に任せておくことはできないのである。ここで参考になるのが，第３章で触れたメジロー（J. Mezirow）の理論である。メジローの「変容的学習」(transformative learning）の理論によると，私たちは幼少期から自らの経験を解釈するための枠組みを用いて，無批判にその経験を意味づけている。これは「意味のパースペクティブ」(meaning perspective）と呼ばれる認識の構造である。これはのちに，準拠枠と呼ばれ，精神の習慣（habit of mind）と観点（point of view）の二つの側面を有する。前者は，全般的かつ広範で方向づけの作用を持つような傾向性・パターンをさし，後者は，自分や世界について個別的な解釈を形成する特定の期待，信念，判断，態度等の集合体である。

こうした私たちの認識の変容をもたらす可能性を有した学習プログラムの開発が求められるのである。そうした観点からみると，とりわけ男女共同参画に向けた学習と，多文化共生に向けた学習において，とくに認識の変容をもたらす学習プログラムの開発が急務であると言えよう。そして，そうした学習が行われた事後に，その学習をふりかえる（reflect）することも必要になってこよう。たんに学習プログラムを企画・実施するだけでなく，そのあとのフォローをしていくことも学習支援者の役割として含めておく必要があろう。

その学習をふりかえる実践の支援は，パーソナルかつグループによるふりかえりの手法として精緻化されていくことが生涯学習支援の研究課題になりうる。むろんこの問題は，学習による認識の変容にとどまるものではない。それによってめざす社会をどう作り上げていくのかという問題意識を抜きにした変容的学習ではすまされないことを知っておく必要があろう。それは，とかく学習者個人の認識の変容にとどまりがちなメジローの理論に，社会学的な補助線を引いて考察していくことをも意味するのである。

以上，前章と本章で取り上げた5つの範疇の学習者への学習支援については，筆者が2019年10月に出席したユネスコ第4回「学習都市に関する国際会議」（International Conference on Learning Cities）で，包摂（inclusion）が主たるテーマとなっていたことと関わっている。

同会議では，傷つきやすい集団（vulnerable group）として，「危機に立つ若者」，「難民と移住者」，「デジタル機器から排除された人々」，「障害を有する人々」「(権利を) 剥奪された近隣地域の住民」「高齢者や収監された人々など」が挙げられていた。そして，「同一人物が，異なる排除によって重層的に影響をうける可能性がある。その人は，移民で，若者で，障害を有し，デジタル機器から排除されているかもしれない」(赤尾 2020：8) ことが事例として挙げられていた。生涯学習支援に際しては，学習から排除される各要因の重層性・複合性を理解しておく必要がある。さらに付け加えられるべきは，こうした包摂のなかで何が起こっているのか―どの要因が強く働き，どの要因が弱く働いているのか，その力関係―まで明らかにしていく必要があろう。ここではまさに，学習支援における「包摂の内実」が問われているのである。

(注) ここで言うリテラシーとは，従来の「読み書き計算力」を超えた力を指している。これについては。岩槻 2016 第2章を参照のこと。

参考文献

青少年関連

・赤尾勝己「公民館における子ども参画による講座形成の試み」日本社会教育学会編『子ども・若者と社会教育』日本の社会教育第46集（東洋館出版社，2002年）
・岩槻知也編著『社会的困難を生きる若者と学習支援―リテラシーを育む基礎教育の保障に向けて―』（明石書店，2016年）
・上杉孝實，小木美代子監修，立柳聡，姥貝荘一編著『未来を拓く子どもの社会教育』（学文社，2009年）
・堅田香緒里「「子どもの貧困」再考―「教育」を中心とする『子どもの貧困対策』のゆくえ―」佐々木宏，鳥山まどか編著『教える・学ぶ―教育に何ができるか―』シリーズ子どもの貧困③（明石書店，2019年）
・桜井啓太「生活保護世帯の子どもへの教育支援―教育 Learn ＋福祉 welfare ＝ラ

ーンフェア Learnfare」佐々木宏，鳥山まどか編著，前掲書。
・田中治彦編著『子ども・若者の居場所の構想』（学陽書房，2001 年）
・宮武正明『子どもの貧困—貧困の連鎖と学習支援』（みらい，2014 年）
・松木洋人『子育て支援の社会学』（新泉社，2013 年）

男女共同参画関連

・岩崎久美子，中野洋恵編著『私らしい生き方を求めて—女性と生涯学習—』（玉川大学出版部，2002 年）
・国立婦人教育会館　女性学・ジェンダー研究会編著『女性学教育・学習ハンドブック—ジェンダー・フリーな社会をめざして—［新版］』（補訂）（有斐閣，2001 年）
・菅原亜都子「ジェンダー視点をもった社会教育士への期待」全国社会教育職員養成研究連絡協議会 2020 年度研究大会資料（2020 年 5 月 16 日）
・髙橋満，槇石多希子編著『ジェンダーと成人教育』（創風社，2005 年）
・村田晶子『「おとなの女」の自己教育思想—国立市公民館女性問題学習・保育室活動を中心に—』（社会評論社，2021 年）
・山澤和子『女性の学びと意識変容』（学文社，2015 年）

多文化共生関連

・赤尾勝己「コロンビア・メデジン市におけるユネスコ第 4 回学習都市に関する国際会議—『包摂』というテーマについて考える—」『社会教育』第 883 号（一般財団法人日本青年館，2020 年 1 月）
・岩崎正吾編著『多文化・多民族共生時代の世界の生涯学習』（学文社，2018 年）
・柏木智子，武井哲郎編著『『貧困・外国人世帯の子どもへの包括的支援—地域・学校・行政の挑戦—』（晃洋書房，2020 年）
・野元弘幸「フレイレ的教育学の視点」青木直子，尾崎明人，土岐哲編『日本語教育学を学ぶ人のために』（世界思想社，2001 年）
・渡辺幸倫編著『多文化社会の社会教育—公民館・図書館・博物館がつくる「安心の居場所」—』（明石書店，2019 年）
・常葉・布施美穂「変容的学習—メジローの理論をめぐって—」赤尾勝己編『生涯学習理論を学ぶ人のために』（世界思想社，2004 年）
・J. メジロー著，金澤睦，三輪建二監訳『おとなの学びと変容—変容的学習とは何か—』（鳳書房，2012 年）

6 学習プログラム編成の理論

赤尾　勝己

《目標＆ポイント》 本章では，アメリカのプログラム計画理論の展開に沿って，プログラム編成をプログラム計画（program planning）という言葉で表すことにする。まず，日本とアメリカにおける1970年代以降のプログラム計画理論（program planning theory）のあゆみを概観してみたい。次に，ノールズによる学習者のニーズ至上主義という考え方のあとで，どのような学習プログラム計画理論が展開されていったのかを概観して，学習者参加型の講座プログラム編成例を紹介する。

《キーワード》 利害関係者の力関係，「このプログラムを行う私の理由は何か」,「プログラムを作ることは世界を作ること」, 市民参加型学習プログラム，ストーリーとしての学習プログラム，変容可能性に開かれた学習プログラム

1. 日本における社会教育プログラム編成理論

社会教育界では，学習プログラムを当該市町村の「中・長期事業計画」（複数年次事業計画),「年間事業計画」（単年度事業計画）の下位に，個別事業計画として位置づけるオーソドックスな考え方がある。その例として，松裏義亮は，大前提として，社会教育の学級や講座は「独立してあるべきではなく，社会教育の全体計画のなかに位置づけられるべきことは，自ら明らかであろう」（松裏：184）と述べる。ここでは学級に着目して述べられているが，その運営に際して①全体計画への位置づけの段階，②開設準備の段階，③学級運営の段階，④反省評価の段階の4つを考えている。（松裏：187）

学級の開設準備の段階において，松裏は，その開設までの準備を担う役割を準備委員会等に移すことを提案する。その役割として，①学習のねらいと学習課題の設定，②開設期間や時間，場所等の決定，③対象の決定と受講者の募集，④講師・助言者名簿の作成，⑤学習組織の編成，⑥経費についての企画，⑦開会当日のプログラムの作成と運営の7点が挙げられている。(松裏：190-191)

2000年代に入ってからは，坂口緑が，学習プログラムを，自治体の社会教育計画あるいは生涯学習推進計画のなかに位置づけられる第3の計画としてとらえている。つまり，第1が中・長期計画であり，第2が年間事業計画（単年度事業計画）であり，第3が個別事業計画（学習プログラム）である。したがって，学習プログラムの主体が誰であれ，社会教育計画に含まれる学習プログラムは，「中・長期計画や年間事業計画と，個別の学習内容や方法，形態が一貫した方針のもとに立案されなければならない。」(坂口2004：103）と言う。このような一貫性を，坂口は「プランニングとプログラミングの整合性」と呼んでいる。

その学習プログラム立案には次の3つの準備作業が必要とされる。第1に，プログラムを実施する自治体の地域特性を把握することである。これは市区町村の地勢，地理的条件や地域住民の生活状況の特徴，さらに学校や社会教育関連施設の種別や数などの教育文化的環境およびその特徴を列挙することにより可能となるものである。第2に，学習者の学習ニーズの把握である。このためには，社会調査や事例研究，過去の統計資料や日常的，経験的に蓄積された各種統計の活用などが考えられる。第3に，すでに行われている事業の現状と課題を把握する手続きが求められる。現在行われている関連事業を列挙して，それらの現状の問題点や課題を分析することで，次年度の計画につなげていくことができるのである。(坂口2004：105-106）これは，学習プログラムが，自治体全体の計画の下位に位置づくものとしての整合性を重視したシステマティックなプログラム計画理論だと言ってもよい。

こうした社会教育プログラム計画論で，まとまった業績を残したのが岡本包治である。岡本は，学習計画（学習プログラム）を作成することが，実際の学習活動を固定化するという先入観にとらわれることがあるが，それは組みかえられて当然なのであり，そのことと無計画であることとは異なると述べたうえで，「学習プログラムは，それを作成する集団がどんな課題に取り組むのかをはっきりさせるという課題性（問題意識性）が前提となる。そしてまた，その課題についてどんな方向で取り組むのかという方向性もはっきりしておかねばならない。学習プログラムづくりとは，単なる日程づくりや表現技術の工夫の問題ではない。それは課題性と方向性に満ちた行為である。」（岡本 1979：207）と述べ，課題と方向性が決まればそれでよいわけではなく，「多くの課題のなかから，このプログラムにおいては，この課題をとりあげ，この課題は残念ながらとりあげるのを断念しようという選択作用が不可欠のものとなる」と述べる。学習プログラムづくりとは，そうした「課題性と方向性に満ちた行為の選択である」（岡本 1979：208 頁）と言う。そして，学習内容選択の基準として，①効果性，②効率性，③適時性，④緊急性，⑤重要性，⑥要求性の6つが挙げられている。しかし，これらの諸基準は具体的な学習プログラムの内容の決定作業のなかでは，緊急性と適時性のように，相互に矛盾した基準として機能する場合もあるのである。（岡本 1979：208）

この岡本の指摘は，学習プログラムを作成していく際の本質を言い当てている。学習プログラムの作成が，たんなる技術的な作業ではなく，プログラムを作る複数の人たちのなかで何を重要とみなすか，何を緊急とみなすかによって意見を交換する協議性を有していることがわかる。

2. アメリカにおける成人教育プログラム計画理論

アメリカにおける成人教育では，プログラム計画理論のあゆみを概観すると，プログラムを計画することは技術的な営みであるという視点から，プログラムを計画することは政治的・倫理的な営みであるという視点へ移動していることが窺われる。

アメリカの成人教育の世界で絶大な人気を誇ったのが，ノールズ（M. Knowles）であった。彼は，成人教育学（andragogy）を広めた第一人者である。彼は,「アンドラゴジーにおいて,プログラム計画の出発点は,つねに成人の関心にある。・・・実際に，成人教育者がもっとも高度な技能を発揮するのは，成人が自らのニーズを発見し，それらを満たすことに関心を示すようになるのを支援する技能によってであろう」（ノールズ 2002：96）と論じる。

ノールズにあっては，プログラム計画は，成人の学習ニーズ評価から始まり，それらのニーズを学習プログラムの目標に変換する手続きをとることになる。ノールズは，プログラム責任者の機能には次の５つのレベルがあると論じている。

①その組織の環境にふさわしい成人学習のための個人的・組織的・社会的ニーズの診断（診断的機能）
②成人教育プログラムの効果的な開発と実施のための組織構造の形成と運営（組織的機能）
③診断されたニーズに見合った目標の設定とこの目標を達成するための活動プログラムの計画（計画的機能）
④プログラムの効果的な実施のための必要な手続きの作成と運営（運営的機能）

⑤活動プログラムの効果の評価（評価的機能）

そして，成人教育者の使命として，①人々のニーズ，②組織のニーズ，③社会のニーズという 3 つのニーズを充足していくことを挙げている（ノールズ 2002：13-28）

ノールズの理論が「ニーズ至上主義」と言われるゆえんである。これに対して，クラントン（P. Cranton）は次のような批判をしている。「学習者が表明しているニーズを満たしていくような自己決定的な方法では，学習者が今抱いている前提を乗り越えていく機会は得られないだろう。学習者が表明しているニーズは，その人の価値観や信念，期待，前提に基づいている。表明された学習者のニーズだけ満たそうとする教育者は，学習者にそのニーズの土台となっている前提を問い直させようとはしないのである。」（クラントン 1999，204）

次に，カファレラ（R. Caffarella）は，ノールズの技術的なプログラム計画理論の考え方を受け継ぎながら，そこにプログラム計画者と学習者の間の相互作用が必要であるという「相互作用プログラム計画理論」（interactive program planning theory）を打ち出した。彼女は，「プログラムの計画は，直線的でもステップ・バイ・ステップの過程でもない。」「一人の計画者でプログラムができることはめったにない。」「計画の特殊な状況の諸要求に応える柔軟性が必要とされる。」「プログラムは，時間的経過のなかで形を変えていくものである。」（Caffarella 1994：17-19）と論じた。

そして，相互作用プログラム計画について次の 11 の構成要素を挙げている。

①計画過程の基礎を確立する。

②プログラムについていくつかのアイデアを確認する。

③プログラムのいくつかのアイデアを分類し優先順位をつける。
④プログラムの目的を開発する。
⑤学習の展開を準備する。
⑥評価の計画を定式化する。
⑦構成，日程，人員の必要を決定する。
⑧予算と市場調査の計画を準備する。
⑨教授計画を構想する。
⑩施設と行事の現場を調整する。
⑪そのプログラムの価値を伝える。

プログラム計画者は状況に合わせて，上記11の構成要素のすべて，またはいくつかを選択して使ってよいとカファレラは述べている。

ノールズ，カファレラに対して，セルベロとウィルソン（R. Cervero & A. Wilson）は，「プログラムを計画することは，社会的な行為であって，技術的な行為ではない。「プログラムを計画することは世界を作ること」（program planning is making the world）である。プログラム計画に携わる人は，自ら望むどんなプログラムでも作ることのできる自由な主体ではなく，社会的・政治的な文脈の中にいる」（Cervero & Wilson 1994：118）と論じている。

彼らは，ノールズの「合理的な計画」（rational planning）への挑戦という観点を提起した。そして，プログラムを計画する際に，そのプログラムの利害関係者の力関係と利害を協議することが必要であると論じている。

こうしたプログラム計画理論は，ピアース（S.Pearse）やソーク（T. Sork）らに引き継がれて今日に至っている。ピアースは，プログラム作成者の意思決定過程について，ノールズの考え方とは異なり，まずプログラムのアイデアを複数の人々から出してもらい，最初の評価をしたあとで,「このプログラムを行う私の理由は何か」(What is my reason for doing this program?) という問いが，中心に置かれるべきであると論じる。そのうえで，ニーズ評価を行う必要について検討し，必要があれば実施し，それを行った結果ニーズが少ないと判断されれば，そのプログラムの実施を中止するというプロセスを提案している。

また，ソークは，プログラム計画には，6つの基本的要素があると考えている。それは,「正当化と焦点化された計画」「意図の明確化」「教授計画の準備」「運営計画の準備」「累積的な評価計画の開発」「文脈と学習者コミュニティの分析」である (Sork2000：180)。そして，プログラム計画には，技術的領域，社会・政治的領域，倫理的領域の3領域があると論じている (Sork2000：185)。これはカファレラとセルベロ＆ウィルソンの間をとった理論である。プログラム計画者には，ピアースが言うように「そのプログラムを行う私の理由は何か」という問いに対する答えを明確にしておくことが必要であろう。

セルベロらはノールズの学習ニーズ至上主義からの脱却を唱え,「プログラムを作ることは世界を作ること」という，学習プログラムを作成する主体の人間観，社会観，世界観に重心を置いた理論を提示した。これはノールズのニーズ至上主義から脱した魅力的な理論を提示したと言えよう。しかし，ここで注意しなければならないのは，プログラム作成者が独善に陥って自分の世界を，学習者に押しつけることにもなりかねないことである。プログラムの内容をめぐるある種の一面性から免れることはできない。学習者のニーズをまったく無視するわけにはいかないのである。したがって，ここでなんらかの修正が必要になってくるのである。

上記のように，アメリカの成人教育界では，分野を超えた汎用性の高いプログラム計画の考え方が，界を超えて使われている。また，アメリカでは，学習目的の違いを問わずに，一般的なプログラム計画理論が一人歩きしている観がある。そこでは，理論と実践の乖離という問題に直面していることも確かである。しかしそれでも，本章で取り上げたカファレラやセルベロ＆ウィルソンの理論から，私たちが学ぶ意義は少なくないと言えよう。

3. 学習プログラムの作り方

今日，日本の多くの生涯学習関連施設では，次の10点に沿って講座実施までの流れを作っているようである。

①講座企画
　内容・目的・対象・予算（収入と支出）・広報計画・受付方法
②実施決裁・予算確保
③広報宣伝
④募集開始・受付
⑤事前準備
⑥参加者名簿作成・受講料徴収・会場設営
⑦実施
⑧会場撤収
⑨収支決算・今後への反省
⑩報告

ここでは，上記の流れについて留意すべき点を挙げてみたい。

対象者

参加者の年齢を区切らない場合と，年齢を区切る場合がある。後者の場合，年齢差別にならないように配慮すべきである。また，参加者の性別を区切らない場合と，性別を区切る場合がある。後者の場合，性別役

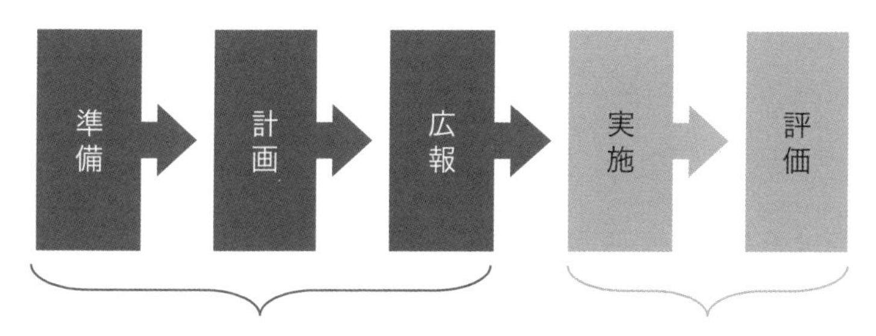

図 6-1　学習プログラムの準備から実施：評価まで

割分業を固定化するのではなく，それを解決するための学習プログラムをめざすようにしたい。（例：男性料理教室）

会場・設備

その会場には何人ぐらいの人が収容できるのか，どんな視聴覚機器を使うか，参加体験型学習の手法を使う場合，そのスペースがあるか。机と椅子をどう配置するかなどを考慮する。感染症対策の観点からも配慮する。野外のフィールドワークの場合は，事前に，日時，集合時間，場所，交通手段を明確にして周知する。

日時の設定と時間配分・人数

講座が開催される曜日・時間帯をどう設定するかも，学習プログラムが成功するかどうかに関わる重要な要素である。仕事をもっている人たちのために土・日あるいは平日の夜に開講したほうがよいか，施設の稼働率にも配慮しつつ決定する。また，各回の講座の時間，1コマを何分とするか，それは60分か，90分か，120分か，次章で述べる学習方法との関連で決まってくる。さらに，1クラスの学習者を何名ぐらいとするか，講座の期間をどのくらいの長さとするか，何回の講座とするか，それは1回か，3回か，5回か，10回か，その内容と方法，学習参加者の様子，予算の制約なども考慮しながら決定していくことになる。

講師の選定

講師を誰にするかについては，常日頃からジャーナリスティックなセンスを磨いて，今この社会で何が問題となっているのか，どんな本が読まれているのか，常にアンテナを張っておくことが肝要である。また，他の学習施設と講師情報の交換をしておくとよい。講師として来てもらいたい人には，できるかぎり事前に Zoom 等で会って，打ち合わせをすべきである。その際に，企画者として，講座の目的，対象となる学習参加者，予想される学習成果などを明確にしておく必要がある。著書のある講師であれば，少なくとも，事前にその著書を読んでおくとよいであろう。ここでは，企画者の社会関係資本すなわち「誰を知っているか」が重要なのである。

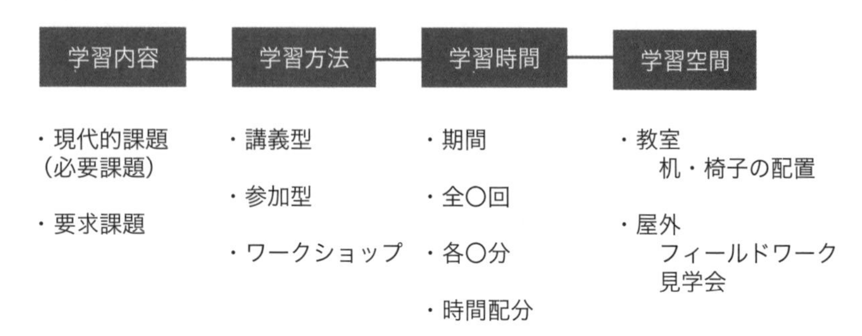

図 6-2　学習内容・方法・時間・空間の連関性

4. 市民参加型学習プログラムの開発

赤尾勝己（2009）は，上記の日本とアメリカにおけるプログラム計画理論の変遷をまとめたうえで，2000 年代初頭に日本で流行した，公民館等の生涯学習関連施設において，施設職員とボランティアの市民企画委員との間の協議によって学習プログラムを作る「市民企画講座」のケースについてのフィールドワークを行い，その意義と研究課題を明らかにした。そこで明らかにされたことは，市民公募による講座プログラムの企画は必ずしもうまくいかないことである。市民企画委員には，企画しようとするテーマに関する一定の知識（文化資本）と講師人脈（社会関係資本）が必要であり，市民であれば誰でもプログラムを編成できるわけではないのである。

そうであっても，市民企画委員から，職員が思いつかない講座プログラムのアイデアが出されたり，講師候補者を紹介して頂いたりする魅力がある。このようにして，組織される市民企画講座会議は，職員を入れて8名以内が望ましい。10名を超えると一堂に会した協議が困難になってくる。協議する内容は次の7項目である。

①学習目標（講座対象者を含む）
②学習内容
③学習方法
④回数・講師の選定
⑤日時・場所
⑥予算（講師謝礼を含む）
⑦広報

⑥については，公金に関する事項なので職員が上司と相談のうえで決めることになる。

公募型から関係者型へ，協議型から提案型への移行

公募型の市民企画講座は，企画会議にどんな人が集まるかがわからず，議論が紛糾して時間と日数がかかり，学習プログラムを作ることに困難が伴うことがわかってきた。そこで，近年では，公募型に代えて，普段から施設に出入りしている市民に職員が声をかけて市民企画委員になっていただき，学習プログラムの企画会議で意見を出していただく方向へと変化しつつある。その場合でも，企画会議のテーブルに着くのは10

名以内にした方がよいであろう。

ここで指摘されるのは，市民企画委員への謝礼の問題である。これは，各市町村教育委員会の予算規模との関連で決まってくるのであり，全国一律というわけにはいかない。多くの市民企画委員は無償ボランティアである。しかし，一例として，伊丹市公民館事業推進委員会では，社会教育団体，公民館活動および社会教育に深い理解がある市民公募委員（以下，事業推進委員）から 30 人以内をもって組織されており，各世代を対象にした講座の企画，生涯学習グループの育成および支援に関する事項などを検討している。特に，講座の企画に関しては，テーマの大枠が決まれば，あとの細部は，職員と事業推進委員で各グループないしペアに分かれて，講座を企画する方式を採っている。そして，この会議に１回出席するごとに事業推進委員には 1,000 円が支払われている。これが事業推進委員にとってのインセンティブとなっている。

こうした講座企画会議そのものが，「実践共同体」（community of practice）であり，そこでどれだけ現代的課題に即した企画力のある市民を集められるかが鍵であろう。また，関係者型であっても，任期を設けて，長年にわたって市民企画委員を固定化させないほうがよいであろう。企画内容の新陳代謝を図るために，職員が新たな市民企画委員を見出していく努力が必要であろう。

ストーリーとしてのプログラム

あらゆる講座プログラムにはストーリーが必要である。どんな内容をどんな順序で学習参加者に提示していくかが鍵である。起承転結，導入部，展開部，まとめといった順序がある。さらには，時間の経過による配列，易しい内容から難しい内容への配列，構成部分を並べる配列，抽象概念を最初に持ってきて，そのあとに数回，具体概念を置くといった配列もある。

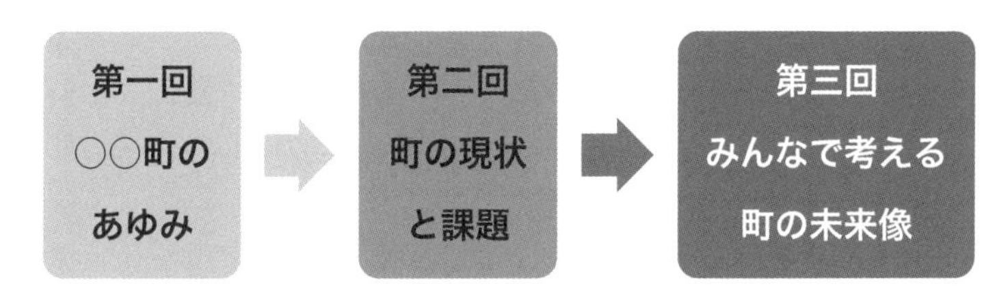

図 6-3　時間的系列による配列

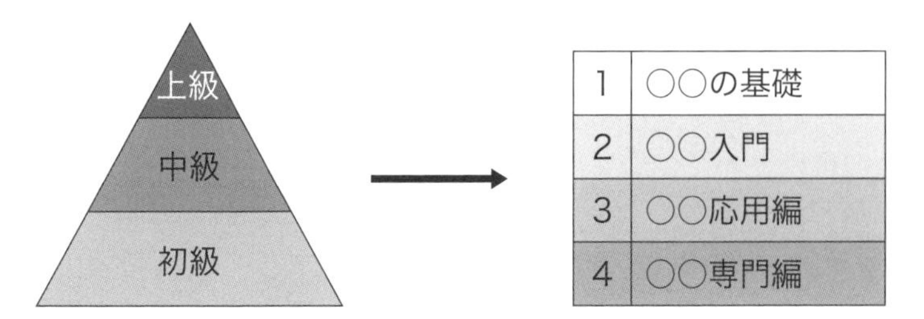

図 6-4　階層的系列による配列

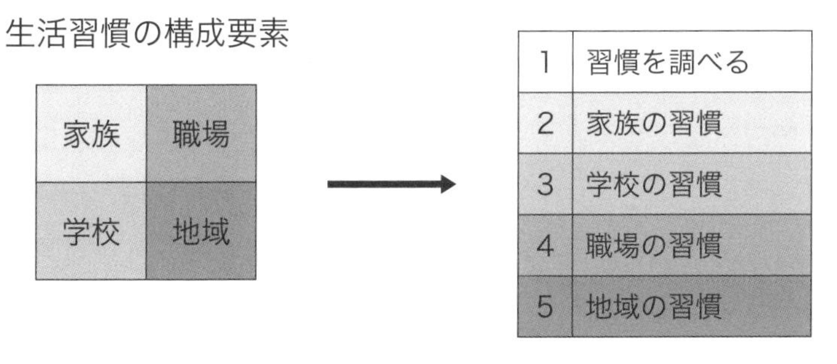

図 6-5　要素の構成に基づく配列

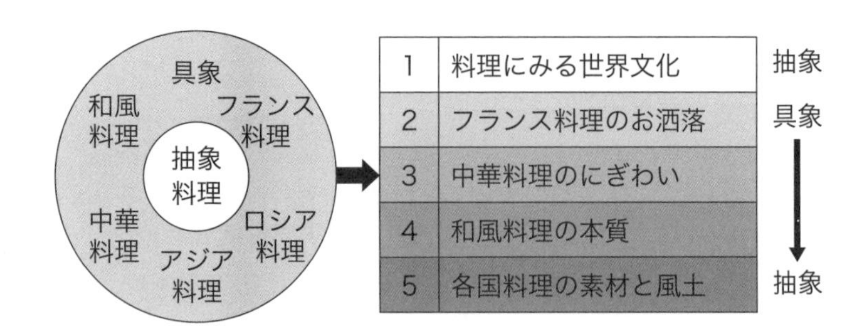

図 6-6 抽象－具象の概念関係による配列 （図 6-3 ～ 6 立田 2003：127）

講座プログラムのネーミングにも注意を払いたいものである。現代的課題の内容はとかく固いネーミングになりやすい。例えば，「高齢社会を考える」「高齢女性の健康」とするよりは，「やがてあなたもおじいちゃん」「やがてあなたもおばあちゃん」とした方が，受け取る側にとって身近に感じられるかもしれない。講座プログラムも一つの作品である。書籍と同様に魅力的な大テーマを考えていただきたい。

5. 学習プログラム実施中の動きに注目

学習プログラムを実施していく過程でも，そのプログラムが学習参加者にとってしっくりきているかを観察する必要がある。講座の進行は講師任せにしてはならない。これを「形成的評価」という。講師は企画者の意図通りの内容で講義を進行しているか。もしもそうなっていない場合は注意が必要である(注1)。また，講師の話が学習参加者にうまく伝わっているか，賛成されているが，反対されているか，学習支援者は観察を行う。

つまり，どんなに入念に作成されたプログラムであったとしても，常にそれは学習参加者と講師の間に生じる葛藤によって，変容に開かれているとみるべきであろう。学習支援者は，必ず講座が行われている会場に入って，進行を見守っておく必要がある。講師と学習参加者との関係が，時間の経過とともにどのように変化しているかメモをとりながら，その時間の学習が深められたかどうか観察をする。講師の話がおわり，質疑応答の時間での双方のやりとりを聴きながら，講座を計画した側の意図が受講者にうまく伝わっているかどうか，講師の意図と学習参加者の問題意識が食い違っていないかどうかをチェックする。

極端な場合，受講者の側から講座内容について不満が表明されることもあろう(注2)。そうした時に，学習参加者の問題意識を組み込みながら，軌道修正していくことを検討することになるかもしれない。ただし，講座を企画した側からどうしても譲れない線があれば，それは維持していくことになろう。その場合，次回の講座の冒頭で，参加者にフィードバックを行う。企画の趣旨が参加者に伝わるようにする必要がある。その結果，自由参加の場合，途中で受講者が減るかもしれない。それは覚悟しておく必要があろう。ここでは，プログラムを企画・運営していく側

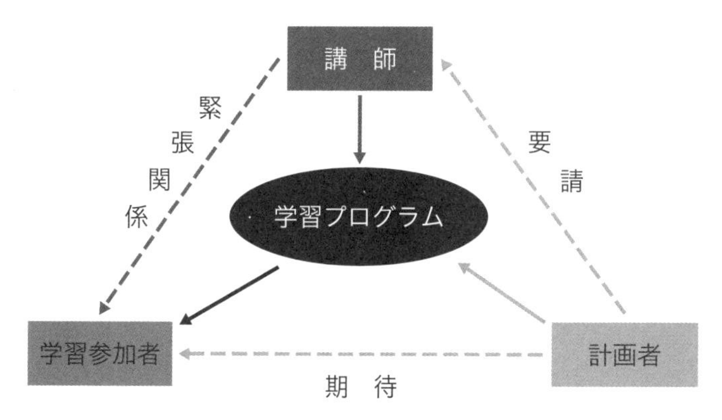

図 6-7　変容可能性に開かれた学習プログラム

と，講師と学習参加者の三者の間での緊張対立関係が露呈してくるのである。

（図 6-7）は，学習支援者・講師・講座参加者の三角形のなかに，学習プログラムがあることを示している。

6. 最終評価―事後アンケートの実施―

学習プログラムの実施がすべて終わると，学習参加者にアンケート調査を行い，新たな学習プログラムを企画するうえでの改善に役立てる。そこでは，どの回の講師の話がよかったか，その理由は何か。どの回の講師の話がよくなかったか，その理由は何かを尋ねる。そのうえで，これから講座で取り上げてほしい内容があれば書いていただくのである。

アンケートの例として，次のようなものを盛り込んでみてはいかがであろうか。

①この講座で，特に興味・関心をもてたのは，第何回目のどんな内容ですか。
②その理由をお聞かせください。
③講座の日時や回数はこれでよかったでしょうか。
④各回の講師についてこれでよかったでしょうか。
⑤今後の講座にどんな内容のものを希望しますか。
⑥その他，お気づきのことがありましたらお聞かせください。

社会教育など，学校外での非定型教育と対応した学習は，学習参加者へのテストなどによる学力の評価にはなじまない。日本でも，一部で，学習者の学習成果を単位化していこうという動きがあるが，これは慎重であるべきであろう。社会教育の学習は，学校教育のように学力を問えないからである。したがって，評価は学習者の自己評価，ふりかえりが中心とならざるをえないのである。そして，アンケートを通して，今後のよりよいプログラム計画に役立つ資料を提供するという位置づけが望ましい。学習参加者がその回の講義を聴いてどのように認識の変容に至ったのかについてふりかえりをすることが期待されている。このことについては，今後の事例研究の積み重ねを見守る必要があろう。

（注1）

筆者のフィールドワークによると，ある市の公民館の，「今みつめよう地球環境の未来」というテーマで，複数回の講座のある回を担当した講師の問題意識と企画者の問題意識にズレが生じた。担当講師は，次のように冒頭で発言をした。「この講座を依頼された時，環境問題の取り組みにおいて日本は遅れており，ヨーロッパでは進んでいるという話をしてほしいと依頼されたが，私はそうは思っていません。」そして，この講師は，環境問題の解決のためには，人々の意識よりも環境を保全する社会システム―法制度―をつくることの方が大切であるという観点から当日の講義をした。企画者は，事前にもっと綿密にこの講師との間の意思疎通を図るべきであったと述べていた。（赤尾 2009:220-222）。

（注2）

筆者のフィールドワークによると，ある市の男女共同参画推進センターで，「ひきこもりの現在」というテーマで，2回シリーズの講座を実施した際に，学習参加者の中に，今自分の家でひきこもっている息子や孫を抱えている方が複数人いらっしゃった。企画者は，ひきこもりの約8割が男性であり，彼らが「男らしさ」の重圧に押しつぶされているという事実を明らかにして，ひきこもりがジェンダー問題であることを提示したいと考えていた。ところが，講義の最後の質問コーナーで，学習参加者からその「対策」を問われた講師が「わかりません」と答えた。すると，複数の学習参加者から「私たちが聴きたいのはそこなんですよ！」という声が上がった。企画者が提示しようとしたジェンダー問題は，どこかに押しやられてしまった観があった。企画者は，その次の回の冒頭で，この講座の目的は「ひきこもりの解決策」を考えることではなく，ひきこもりがジェンダーと結びついた問題であることを理解していただくことであると明言した（赤尾 2009：185）。

参考文献

・赤尾勝己『生涯学習社会の可能性―市民参加による現代的課題の講座づくり―』（ミネルヴァ書房，2009年）
・岡本包治「学習プログラムの立案」辻功，岸本幸次郎編『社会教育の方法』（第一法規出版，1979年）
・岡本包治『生涯学習活動のプログラム』（(財)全日本社会教育連合会，1998年）
・坂口緑「学習プログラム策定の原理と論理」鈴木眞理，清國祐二編著『社会教育計画の基礎』（学文社，2004年）
・立田慶裕「学習課題設定の原理」鈴木眞理，永井健夫編著『生涯学習社会の学習論』（学文社，2003年）
・松裏義亮「各種事業の企画と展開」岡本包治，山本恒夫編著『社会教育計画』（第一法規出版，1975年）
・「学びのクリエイターになる！」実行委員会『学びのクリエイターになる！』一般財団法人日本青年館「社会教育」編集部，（2018年）。
・M.ノールズ著，堀薫夫，三輪建二監訳『成人教育の現代的実践―ペダゴジーからアンドラゴジーへ』（鳳書房，2002年）
・P.クラントン著，入江直子，豊田千代子，三輪建二訳『おとなの学びを拓く』（鳳書房，1999年）
・R.S. Caffarela, Planning Programs for Adult Learners: A practical guide for educators, trainers, and staff developers, Jossy-Bass,（1994）
・R.M. Cervero & A. L. Wilson, Planning Responsibly for Adult Education: A guide to negotiating power and interests, Jossey-Bass（1994）
・S.D. Pearce, Needs Assessment: constructing tacit knowledge from practice, International Journal of Lifelong Education, Vol.14,No.5（1995）
・T.J. Sork, Planning Educational Programs, In A.L. Wilson, E. R. Hayes eds., Handbook of Adult and Continuing Education, New Edition, Jossey-Bass,（2000）

7 参加型学習の実践とファシリテーションの技法

赤尾　勝己

《目標＆ポイント》 本章では，まず，参加型学習にはどのような形態があるのかを概視しつつ，ファシリテーターの役割と心構えで大切なことを把握する。そのうえで，参加型学習の典型であるワークショップにおいて，ファシリテーターにはどのような困難が待ち受けているのか，先行研究をもとに論じてみたい。

《キーワード》 ワークショップ，アイスブレイク，意識覚醒（CR），ファシリテーター―の人間観，社会観，世界観，ワークショップの危機

1．参加型学習の領域

本章では，参加型学習とファシリテーションの技法について，見ていく。また，そこにどんな意義と課題があるかを把握することを目的とする。その際に，理論だけでなく，別の場所で実演したものを録画したものも紹介したい。ここでは，参加型学習への批評も必要である。参加型学習におけるアクティビティ（活動）が，真に学習を支援するようになっているかについて，詳細に観察する必要があるからである。「アクティビティのためのアクティビティ」になっていないか，点検する必要がある。「意味のないアクティビティ」になっているケースもあるからである。

また，参加型学習は，あくまでも疑似的な学習であることに留意したい。それは，最初から限界を有しているのである。参加者一人ひとりが主体的な学習に至るうえでの最初の一歩という位置づけである。参加型学習をけっして万能視してはならない。

そのうえで，堀公俊はファシリテーションの応用分野について，次のような図を示している（堀 2018：43）。（図 7-1）

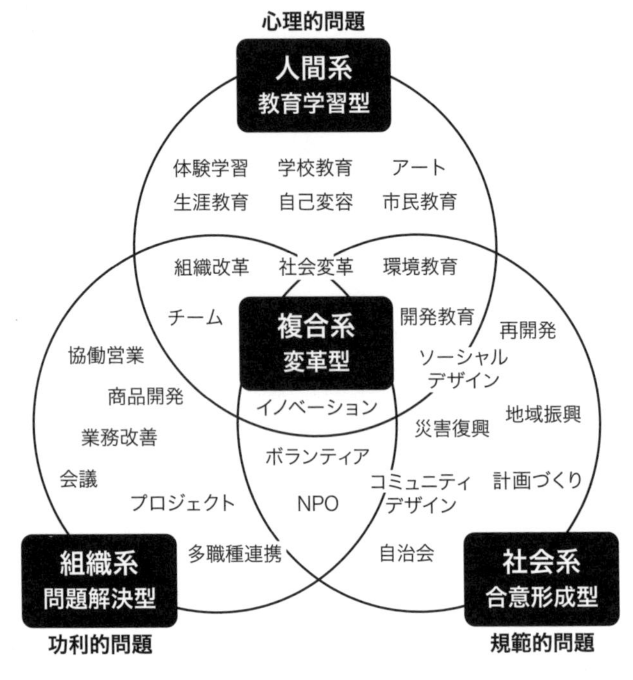

図 7-1　ファシリテーションの応用分野

まず第 1 は，組織が抱える問題の解決をめざす組織系ファシリテーションである。商品開発や業務改善などの経営学と関わりの深い功利的な問題解決をめざす領域である。第 2 は，コミュニティ（地域社会）や社会の問題を扱う社会系ファシリテーションである。コミュニティ・デザインや災害復興など，政治学や社会学と関わりの深い規範的な問題について民主的な合意形成のプロセスを大切にする領域である。第 3 は，人々の学びや成長に関わる人間系ファシリテーションである。本書で多くの紙幅を割いている社会教育（生涯学習）や学校教育での学習に関わる教育学や心理学と関わりの深い領域である。そして，これらの3領域が交わる複合系ファシリテーションがある。人，組織，社会の問題が複雑に絡んでいる学際的な領域でもある，環境教育や開発教育となじみの深い変革型のファシリテーションが求められる。むろん，これらの4類型はあくまでも便宜的なものである（堀 2018：42-44)。

複数の人間が集まりそうした学びや活動を生み出す場を，「工房」を意味するワークショップと呼ぶ。そのワークショップを仕切るのが「促進者」を意味するファシリテーター（facilitator）である。

ワークショップは，アイスブレイキング（参加者の自己紹介やゲーム等で参加者に心を開いてもらうこと）から始まり，自由討議，ストーミング，資料の読み取り，講義など多くのアクティビティを複数組み合わせて進めていく。矢口徹也は，主要なアクティビティとして，ラウンドテーブル（円卓会議)，バズセッション（ぶんぶん討議)，ブレーンストーミング（無礼講討議)，フォーラム（大衆討議)，シンポジウム・フォーラム（講演式討議)，パネルフォーラム（陪審式討議)，ロールプレイング（役割劇)，ディベート，アサーティブ・トレーニング，フィルム・フォーラムを挙げて紹介している（矢口 1998：79-87)。

2. ファシリテーターの役割と心構え

ファシリテーターとは，参加型学習に参加している人たちの議論やアクションを「促進する」(facilitate）人を意味する。ファシリテーターの役割として6つのポイントを挙げてみよう。

①「雰囲気づくり」を大切にする。

参加者が対話しやすい, 行動しやすいように「雰囲気づくり」をする。

②「働きかけ」をする。

参加者が，発言しやすいように，行動しやすいように「働きかけ」をする。

③「気づき」を引き出す。

参加者が，対話や行動の過程や結果で得る意見や「気づき」を引き出していく。

④「気づき」を共有する。

人権などのテーマについて，参加者一人ひとりの，ちがう意見や価値観を理解するようにし，結論づけるのではなく，それらのちがいによる「気づき」をみんなで共有するようにする。そして，ファシリテーター自身も参加者とともに学ぶ。

⑤学習環境を整えていく。

参加型学習では，参加者の発言や行動によって，学習シーンはさまざまに変わっていく。その場その場の状況に応じて，ファシリテーターは，テーマに沿った学習環境を整えていく役割をする。

⑥実践へ動機づけを促す。

人権の課題について気づきから実践へ動機づけを促す。

（大阪府・企画 2002：4-5 頁）

さらに，ワークショップを進めるファシリテーターの心がまえについて，次の 7 点を挙げてみよう。

①参加者が，おたがいに親しみやすいように，「雰囲気づくり」をする（アイスブレーク）。

②参加者の一人ひとりへの目配りと気配りをする。

③参加者の対話やロールプレイなどの，はじめや途中での「指示」を明確にする。

④参加者の発言をさえぎらない。

⑤参加者の発言や対話，アクションがスムーズに進められるように促す。

⑥ある1つの方向へ誘導しない。
⑦セッションごとの時間配分に気を配る。
（大阪府・企画 2002：8頁一部改変・省略）

3. 問われるワークショップの目的

中野民夫によれば，ワークショップとは，「講義など一方的な知識伝達のスタイルではなく，参加者が自ら参加・体験し，グループの相互作用のなかで何かを学びあったり創り出したりする，双方向的な学びと創造のスタイル」（中野民夫 2003：40）を指す。ここでは，ワークショップの技法を中心にして取り上げたいが，その前に考えるべき重要なことがある。それはワークショップがどんな目的のために使われるのかということである。今日，生涯学習支援の方法が，その目的や内容などの文脈を離れて論じられ使われる傾向がある。

学習支援方法は，教授実践の1つを構成している。したがって，よき目的のために使われることが期待されるのである。例えば，働いている人を非人間的な労働環境のなかで労働者を長時間働かせている会社で，社員を対象とした生産性を上げるための研修を，ワークショップ形式で行ったとしたら，それは社会的に許容されるであろうか。それは本来の趣旨から逸脱していくことになるのではないだろうか。

ワークショップのなかには認識の広がりを得られない，むしろ既存の社会秩序への順化・適応のための幅の狭いものもある。ファシリテーターによって参加者を服従させるためのワークショップでさえありえる。そこを厳しく見ておく必要があろう。だから，ワークショップを観察しながら，またワークショップに参加しながら，ワークショップのなかで何が起こっているのか，目を凝らして分析する視点をもちたいものである。

これと関連して，フェミニズムワークショップで意識覚醒（Consciousness Raising: CR）の実践を積み重ねてきた田上時子は，「よりよいファシリテーターになるためにスキルを学ぶことは必要ですが，それよりも大切なことは，自分の視点を定めること」であると論じている。例えば，男女平等をめざすワークショップを行うファシリテーターの場合，それはアンチ・フェミニストであってはならないことになる。その理由は，「男女平等の理念が支持できなかったり，女性のあるがままを受け容れることができないファシリテーターでは，グループの意識覚醒を助けることができない」からである。意識覚醒は，「私たちが長い間にわたって教え込まえ，刷り込まれた社会的な偏見や固定観念を，1つ1つ取り除く作業でもある」からである。（田上 2004：64-65）

このような田上の視点は，きわめて重要であり参考になる。ファシリテーターとって，スキルそのものよりもそれを支える思想の方が重要なのである。ファシリテーターのスキルの背景に，どのような人間観，社会観，世界観があるかが重要なのである。このことは，これからファシリテーターになっていこうとする人たちに，特に強調しておく必要があろう。

どんな目的のために学習の促進をするのか。それは，きわめて倫理的・規範的な色彩を帯びることになろう。より平等で民主的な社会，人間関係をめざしてのファシリテーションでなければならないのである。非倫理的な目的，例えば人々を差別・抑圧するための学習の促進はあってはならないのである。

4. ワークショップにおける力関係

本書の第1章で，支援する側と支援される側との間には，力関係が存在することを述べたが，このことは，ワークショップという状況であっても免れることはできない（森 2006：176）。ファシリテーターは，できるかぎり対等な関係を作って学習を促進しようとするが，それでも権力がまったく介在しないことにはならない。ミクロな権力関係の分析がなされる必要があろう。多くのワークショップのマニュアル本には，こうした視点が不在である。

そこで，ワークショップを社会学的視点から分析することが必要となってくることがわかる。中野民夫は，このことについて次のように述べている。

「もう少しだけこだわっておきたい問題がある。「ファシリテーターに権威や権力はあるのか」という問題だ。上下関係を極力廃し，対等な関係の中で，共に学び旅しようというのが，ファシリテーターである。しかし，場を設定し，プログラムを用意し，様々なインストラクションで次のアクティビティへの取り組みを指示しながら場を展開していくファシリテーターは，実は大きな特権や力を持っている。私は，このことはきちんと自覚しておいた方がいいと思っている。安易に，ファシリテーターも参加者も対等，平等，皆同じと混同しないほうがいい。」（中野 2003：184-185）

実に的確な指摘ではないだろうか。案外，ふだんワークショップの世界にいる人たちは，「ワークショップの自明性」に埋没していて，こうしたことを忘れがちなのではないだろうか。

他方で，ワークショップを，「学びほぐし」としてとらえる考え方もある（苅宿，佐伯，高木 2012）。長い年月にわたり学校教育での授業を通して，子どもたちが知らず知らずに身につけてきた「凝りをほぐす」という役割を，ワークショップに与えているのである。この立場に立つと，ワークショップを通して基本的な知識を身につけるということは，第一義的ではない。むしろ，子どもたちが協働していく過程で，相互の関係性を変えていくことに主眼が置かれてくるのである。

佐伯胖らのワークショップ研究においては，ワークショップの参加者のこれまでの被教育体験のコリの「学びほぐし」と捉えている。それはよいことであるが，そこには，そうしたファシリテーターと参加者の間の力関係をとらえる視点が希薄である。

ワークショップを批判的に考察していくうえで，フーコー（M. Foucault）の権力理論が参考になろう。フーコーは，社会のなかで遍在化した権力を問題としたのである。ファシリテーターは，学校の教室における教師ほどの権力をもたないかもしれない。しかし，ワークショップにおける議論が，横道に逸れないように，適宜，介入を行わざるをえない。一見，非権力的に見えるファシリテーターでも，ある局面では，微細な権力を行使するのである。だからこそ，ワークショップは，最終的に「無事に終えることができる」のである。気をつけてほしいのは，ファシリテーターが強権を発動して，自らが担当しているワークショップに参加しているメンバーの意見の集約を，最後になってひっくり返すようなことはしないようにしていただきたいことである。

5．ワークショップが抱える困難

安斎勇樹と青木翔子は，ワークショップの実践者のファシリテーションにどんな困難を感じているのかについての調査研究を行っている（安斎・青木 2018）。これによると，ワークショップを実践するファシリテーターにとって，事前の企画段階におけるプログラムデザインと，当日の運営段階におけるファシリテーションが重要な技能である。前者のプログラムデザインは，趣旨説明やアイスブレイクで構成される「導入」，話題提供や意見交換で構成される「知る活動」，個人やグループでアイデアや作品を制作する「創る活動」，発表とふりかえりからなる「まとめ」

の４段階から構成される。これらをより細分化すると，①開始前，②イントロダクション，③アイスブレイク，④サブ活動，⑤メイン活動，⑥発表，⑦ふりかえり，⑧終了後といた８つのフェーズからなる。後者のファシリテーションでは，プログラムに沿って進行をしながら当日の状況に応じて指示を変更したり，参加者に問いかけや助言といった学習を促進するための働きかけを行う。

この調査研究では，企業内教育，学校教育，商品開発，まちづくり，アートといった分野での三種類の実践者（初心者，中堅，熟達者）への質問紙調査とインタビュー調査を実施した。その結果明らかになったことは，全体として，⑤「メイン活動」と⑦「ふりかえり」のフェーズで困難さが感じられた。それは特に初心者において顕著であった。インタビュー調査で，興味深い点は，学校教育でワークショップをやる際に，参加者の活動の主体性と，目標としての学習の達成度が必ずしも一致しないという点である。生徒たちはグループで盛り上がるが，最後に書いて提出してもらう成果が今１つであるという現象である。学校の教員であれば，よく経験することではないだろうか。

また，まちづくりワークショップで，まったく異なるバックグランドの人達が集まった時のスタート時に困難を感じる実践者がいることである。商品開発の場合も，専門や価値観の異なる参加者同士の話し合いはそれ自体に葛藤があり，それをファシリテートすることに困難が伴うということも読み取れた。これはワークショップに参加している一人ひとり属する社会的な界が異なることから由来しているのである。

さらに，こうしたワークショップの内容や分野以外に考えなければならないことは，企業内人材育成のように参加が強制されているのか，それとも，まちづくりのような自由意思で参加しているのかによって，参加者の温度が異なってくることである。

上記のことに筆者が付け加えたいことは，ワークショップで各グループに分かれてグループワークの話し合いを行う際に，そのグループ内でコミュニケーション能力（コミュ力）の違いによる，力関係が生じてしまい，コミュ力のある人がそのグループ内で支配的な立場になってしまうことである。これは，そのグループに参加している各人の身体化された文化資本，とりわけ「言語資本」による力関係である。それは，各人がそのグループに参加するまでの幼少期からその時点に至るまでの社会的軌跡によって形成される力関係でもある。理想的には，各グループ内にいる人が対等な関係で言葉を交換することが望ましいのであるが，こうした力関係の発生は不可避な事態として容認するしかないであろう。そのうえでファシリテーターは，こうした力関係の是正に向けて「話せない人」が話すことができるように仕向けていく必要があろう。

筆者も職務上，これまでに大学で何度か学生を対象としたワークショップを参観してきたが，グループワークの時間に一言も発せずにその時間をやり過ごす参加者がいたことは否めない。そうした人に対して，「何か話しなさい」とは言えないのである。それとは逆に，みんな楽しく話しているにも関わらず，何のためのワークショップなのかわからないワークショップも散見される。終わった後に何を学んだのか記憶に残らない，ただ周りの人と楽しく語り合っただけのワークショップもある。読者の皆さんがワークショップを体験したならば，常に今日，自分が体験したワークショップで何を学ぶことができて，どんな良い点とよくない点があったかを，ふりかえってみていただきたい。それが自らファシリテーターとしての役割を果たす際の糧となっていくのではないだろうか。

6. ワークショップの危機

ワークショップの実践においては，ファシリテーターの優位性が維持できなくなることもあるかもしれない。その時には，なんらかの手立てを講じなければならなくなるであろう。そうしないと，ワークショップは成立しなくなるからである。ワークショップにおいては，ファシリテーターと参加者との「関係性」が問われてくる。ワークショップを自らが実施するに際して，そこに誰が参加するかわからない「出たとこ勝負」というわけにはいかないのである。事前に参加者のある程度の属性を明らかにしておく必要があろう。

このことに関して，マケインとトビーは，次のような「難しい参加者」への対処について述べている。混乱を引き起こす参加者の行動として，「私語をする」「話し過ぎる」「ディスカッションを独占する」「苦情を言う」「クラスや組織について否定的な態度を取る」「空想にふけって気もそぞろ状態」「ファシリテーターを質問攻めにする」「コンテンツやテクニックについてファシリテーターに挑戦する」「何でも知っているというタイプの参加者」「場違いなときに冗談を言ったりおどけたことをする」「他の仕事をしたり，新聞を読んだり，携帯電話で話したりする」「不適切な発言をする（性差別，人種差別など）」「静かにしていて，発言しない」「グループでの会話から外れている」「議論を逸脱している」「ポイントが外れている」（マケイン，トビー 2015：163-165）。

なぜこのような現象が起きるのであろうか。まず，考えられることは，このワークショップが自由参加なのか，参加が義務づけられたワークショップであるかの違いである。また，このワークショップへの参加費が有料であるのか，無料で参加できるかの違いもあろう。義務での参加，嫌々ながらの参加では，ワークショップに参加しても身が入らないであろう。自由参加で自分の意志で参加したのであれば，身が入るであろう。そして，高い参加費を支払ったワークショップならば，その料金に見合った内容でなければ，参加者は不満を感じることになるであろう。また，ワークショップにおいて，ファシリテーターのやろうとしていることと，学習参加者のニーズが整合していないと，不満を感じる参加者が出てくるであろう。

ここで，ファシリテーターが適切な行動をとらないと，他の参加者にも混乱が及び，ワークショップ自体が成立しなくなることもある。ここでは，どうしても，「ファシリテーター＞学習参加者」という力関係が，ワークショップを成立させる前提条件とならざるをえないのである。

筆者にはワークショップそしてファシリテーションをめぐる特殊日本的な土壌があるようにも見える。それは，他の先進産業国に比べて，相対的に均質な人種的・民族的構成による日本社会では，ワークショップでの学びに一種の予定調和性が約束されているように見えるのは，私だけであろうか。日本におけるワークショップでは，参加者たちがみんな笑顔で「容易に合意に達してしまう土壌」があるのではないだろうか。ワークショップに関する比較教育文化的な研究が必要とされているようにみえる。先に，マケインとトビーが難しい参加者への対処の仕方について述べていたが，ワークショップ内における葛藤や，ファシリテーターと学習参加者の間の対立などが，日本の先行研究ではほとんど見えてこないことが，そうした事態を示している。民族的にも人種的にも多様なメンバーによるワークショップを，もしも日本人のファシリテーターが一人で担当したらどうなるであろうか。そこにはかなりの困難が予想されるのではないだろうか。私たちはワークショップの成功例に意識を向けがちであるが，失敗例からも学ぶことが多くあるようにみえる。

7. ワークショップの技法の共有化

最後に，本章の内容に関する根本的な問題として，私たちはファシリテーションの技法を他の人にどうやったら伝達できるのかという問題に直面することになろう。スキルや技法を伝えることは容易ではない。それは基本的に，文化資本の第1形態である人間のハビトゥスの形成・変容と関わってくるからである。これは他者には代替不可能である。ファシリテーターを務める人が，どんな社会的階層に生まれ育ち，どんな学歴を有し，どんなことを学び，どんな職業を経験してきたのか。あるいは，人種や民族，性的指向といった社会的要因によって形成されてきたハビトゥスが関わってくるのである。この問題は，実は教育方法・技術論をめぐる教育学の根本問題でもある。ファシリテーションの技法やスキルを伝えられた人が，それらのたんなる模倣ではなく自ら独自に編成していく類のものではないだろうか。そうしたことを前提として，私たちは日々の実践のなかで，自らのファシリテーションの技法を磨いていく必要があるのであろう。

ワークショップを実践しているファシリテーターが，互いに自らの実践を語り合い，その実践をふりかえりながら，ファシリテーターとしての力量形成につなげていくためのネットワークを構築していくことは有益であろう。全国社会教育職員養成研究連絡協議会が母体となって2020年 7月に創設された一般社団法人日本社会教育士会もその1つのアソシエーションである。

さらに，第5章の学習プログラムの編成でも触れたことであるが，このファシリテーションによって利益を得るのは誰なのか？といった「ファシリテーションの立場性」を問うことも必要であろう。そして，「このファシリテーションをおこなう私の理由は何か」という問いが，ファシリテーションの中心に位置づくことを忘れてはならない。

私たちの日常において，ほとんど無自覚的に実践されているファシリテーションも，こうした観点から見直してみると，それまでとは違った様相を呈することになるかもしれない。

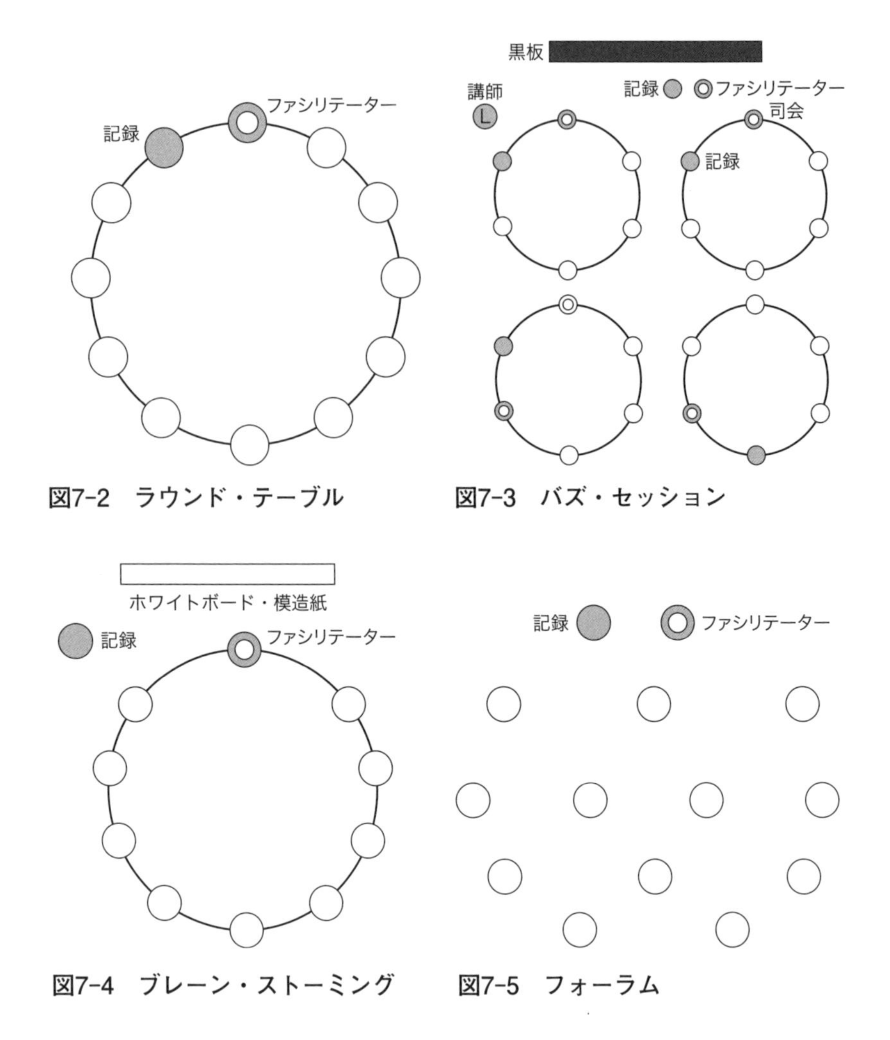

図7-2　ラウンド・テーブル

図7-3　バズ・セッション

図7-4　ブレーン・ストーミング

図7-5　フォーラム

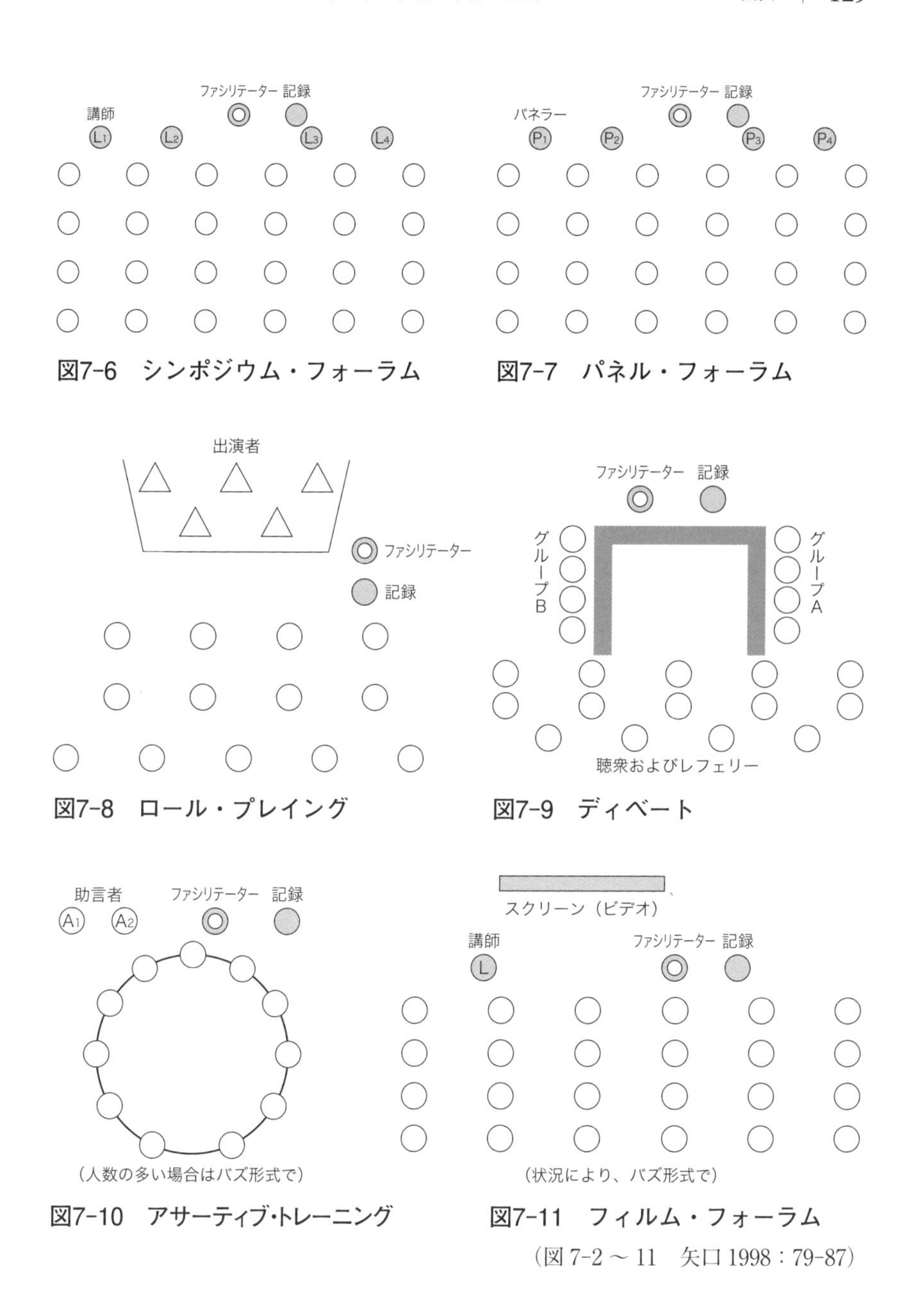

図7-6　シンポジウム・フォーラム

図7-7　パネル・フォーラム

図7-8　ロール・プレイング

図7-9　ディベート

図7-10　アサーティブ・トレーニング

図7-11　フィルム・フォーラム

（図7-2～11　矢口1998：79-87）

参考文献

・安斎勇樹，青木翔子「ワークショップ実践者のファシリテーションにおける困難さの認識」（日本教育工学会論文誌 Vol.42, No.3　2018 年）
・苅宿俊文，佐伯胖，高木光太郎編『まなびを学ぶ』ワークショップと学び 1（東京大学出版会，2012 年）
・苅宿俊文，佐伯胖，高木光太郎編『場づくりとしてのまなび』ワークショップと学び 2（東京大学出版会，2012 年）
・苅宿俊文，佐伯胖，高木光太郎編『まなびほぐしのデザイン』ワークショップと学び 3（東京大学出版会，2012 年）
・田上時子『CR（意識覚醒）グループ―ガイドラインとファシリテーターの役割―』（第 2 版）（家族社，2004 年）
・中野民夫『ファシリテーション革命―参加型の場づくりの技法―』（岩波書店，2003 年）
・中野民夫『学び合う場のつくり方―本当の学びへのファシリテーション―』（岩波書店，2017 年）
・堀公俊『ファシリテーション入門 < 第 2 版 >』（日本経済新聞出版社，2018 年）
・広瀬隆人，澤田実，林義樹，小野美津子『生涯学習支援のための参加型学習のすすめ方―「参加」から「参画」へ―』（ぎょうせい，2000 年）
・森実「参加型学習」赤尾勝己編集『生涯学習社会の諸相』現代のエスプリ No.466（至文堂，2006 年）
・矢口徹也「学習方法としてのグループ」赤尾勝己，山本慶裕編著『学びのデザイン―生涯学習方法論―』（玉川大学出版部，1998 年）
・山内祐平，森玲奈，安斎勇樹『ワークショップデザイン論―創ることで学ぶ―』（慶應義塾大学出版会，2013 年）
・M. フーコー著，小林康夫，石田英敬，松浦寿輝編『権力・監禁』フーコー・コレクション 4（筑摩書房，2006 年）
・D. マケイン，D.D. トビー著，香取一昭訳『ラーニング・ファシリテーションの基本』（ヒューマンバリュー，2015 年）
・大阪府・企画，ファシリテーター養成ビデオ制作委員会 / ヒューライツ大阪・制作『参加型学習ビデオ・シリーズⅡ　人権～ファシリテーターへの第一歩～』（VHS ビデオ解説書，2002 年）

8　生涯学習行政と施設における学習支援

赤尾　勝己

《目標＆ポイント》 本章では，大阪市の「生涯学習推進計画」を事例として生涯学習行政における生涯学習支援のあり方について検討する。また，大阪市内の生涯学習関連施設職員へのインタビューも入れて，支援の実際と課題について考える。
《キーワード》 生涯学習推進計画，市民力，生涯学習ルーム，生涯学習推進員，総合行政的な観点，学習都市，社会教育施設間連携

1．生涯学習支援をめぐる行政と市民の距離

第6章の学習プログラムの編成で触れたように，ローカルレベルの各自治体においては，「総合計画」～「教育計画」～「生涯学習計画」（または社会教育計画）の連動性があると言われている。近年では，教育委員会だけでなく首長部局にも，生涯学習支援はまたがっており，総合行政的な視点も必要になっている。これはユネスコ生涯学習研究所が推進している「学習都市」の構想とも関わってこよう。

しかし，そもそも地方自治体は，なぜ人々の生涯学習を支援しようとしているのであろうか。そうした生涯学習の支援に対して，人々はどのように考えているのであろうか。これが本章を貫く基本的な問題意識である。人々は，必ずしも，行政の生涯学習支援に内包されている思惑をそのまま受け取っているわけではない。そこに公的な生涯学習支援をめぐる根本的な葛藤が存在しているのである。

これまで行政による生涯学習支援をめぐる先行研究では，こうした点

が十分に問われることなく，行政による生涯学習支援と，市民による生涯学習の実践が予定調和的に捉えられる傾向があったように見える。本章ではよりリアルな状況をふまえたアプローチを採ることにしたい。

行政は，これまで生涯学習行政において，「必要課題」や「現代的課題」，あるいは「持続可能な開発のための教育（ESD）」，「持続可能な開発目標（SDGs）」を，市民に学んでもらいたいという観点から，生涯学習の公的支援を試みてきた。しかし，実際に，市民が学ぼうとしている，あるいは学んでいる内容は，趣味やスポーツ等の「要求課題」と呼ばれるものである。これはきわめて自然な現象である。行政としては，なんとか必要課題や現代的課題を市民に学んでもらおうと，参加型の学習支援を行ってきた。それは，本書の第１章で述べたとおり，行政が行う生涯学習支援は，公のお金つまり税金を使ってなされるからである。趣味やスポーツやおけいこ事といった私的な学習を，行政が公のお金を使って支援するわけにはいかないという事情がある。これについては，地方自治体によっては，「市民オンブズパーソン」のように，税金の適切な使い方について厳しく監視する団体があることは周知の事実である。

先述したワークショップやファシリテーターも，必要課題や現代的課題などの固い学習内容を柔らかな方法で学ぶことができるようにしようという文脈で推進されてきた。しかし，市民はそうした行政の論理にしたがって学習するわけではない。自分（たち）の好きな内容を好きな方法で学びたい，そしてできれば，そうした学習を支援してもらいたいのである。

それでは，大阪市での調査から，市民がどのような内容について学んでいるのか，そしてそれをどのように活用しているのか，その実態について紹介したい。

2. ローカル・レベル〜大阪市「市政に関する市民意識」についての世論調査報告書（2018年度）から

この調査の目的は，主として男女共同参画と生涯学習について，市民のニーズを尋ねて，その情報を分析して施策・事業に反映するとともに，施策・事業の効果を検証するというPDCAサイクルの推進をしていくことであるとされた。調査対象は，大阪市に居住している18歳以上の大阪市民で，標本数は2500，回収標本数は1115で，回収率は44.6％であった。調査期間は，2018年12月14日から2019年1月9日までである。

まず，「あなたは，現在，またはこの1年間のうちに一定期間継続した生涯学習活動をしたことがありますか。次の中からあてはまるものをすべて選び，その番号に○印をつけてください。」という問いがなされた。その結果は，「していない」が54.1％で最も多く，以下，「健康づくり，スポーツ，レクリエーション」16.9％，「趣味，けいこ事」13.5％，「市民生活に関すること」7.7％，「一般教養」7.4％，「資格取得のための学習」6.6％，「無回答」5.9％，「仕事や就職にいかせる内容」5.1％，「学校の正規課程での学習」4.7％，「社会問題に関すること」4.5％，「パソコンやインターネットに関すること」4.4％，「ボランティア等に必要な知識や技能」2.9％，「大阪や地域に関すること」2.4％，「その他」1.2％，の順であった（大阪市 2019：59-60）。これを見ると，「健康づくり，スポーツ，レクリエーション」と「趣味，けいこ事」が上位にあり，これらに「市民生活に関すること」が続いている。現代的課題に関する「社会問題に関すること」や「パソコンやインターネットに関すること」，「ボランティア等に必要な知識や技能」は低位である。

次に，「あなたは学習した成果をどのように活用していますか。次の中からあてはまるものをすべて選び，その番号に○印をつけてください。」

という問いがなされた。その結果は次の通りである。「自身の人生を豊かにする」54.9%,「健康を維持する」42.8%,「仕事や就職に役立てる」34.1%,「家庭生活や日常生活で活用する」32.7%,「資格を取得する」14.1%,「ボランティア活動や地域活動で活用する」9.4%,「他人への学習等への指導を行う」6.7%,「その他」2.0%,「どのように活用していいかわからない」1.8%,「活用したいとは思わない」1.8%,「無回答」0.9%であった。上位4位(「自身の人生を豊かにする」,「健康を維持する」,「仕事や就職に役立てる」,「家庭生活や日常生活で活用する」)までと,それ以下で大きな段差が見られる。生涯学習行政が期待している「ボランティア活動や地域活動で活用する」と「他人への学習等への指導を行う」は10%以下である(大阪市 2019:62)。

3. 市町村における生涯学習支援施策

国レベル～都道府県レベル～市町村レベルの生涯学習支援施策には明らかに連関性と齟齬がある。日本国内の生涯学習政策・行政の内容は,ユネスコのそれとの間に断絶がある。市町村のなかには「生涯学習推進計画」が作成されているところがある。そこには生涯学習支援のあり方が規定されているが,どのように構想されているのであろうか。

市町村で策定されている「生涯学習推進計画」を読むと,どの自治体でもその計画のなかに生涯学習支援の方策が述べられている。それは大きく「人的支援」「学習情報支援」「学習相談支援」「場の支援」「学習費用の支援」の5つから構成されている。自治体によっては,さらに「施設間連携による学習支援」を加えているところもある。以下,これら6点について見てみよう。

第1の「人的支援」とは,学習したい市民のための指導者の育成である。市民のなかからボランティアの生涯学習指導者の育成を行ったり,市民講師の養成や生涯学習インストラクターの登録バンクを設ける場合もある。

第２の「学習情報支援」とは，市内にどんな学習機会があるのかを住民に知らせることである。かつては，ポスターやチラシなどの紙媒体が中心であったが，今日では「生涯学習情報誌」よりも，インターネットのホームページに情報支援が利用されているようである。

第３の「学習相談支援」は第２の「学習情報支援」とセットになっている。学習情報を目にした市民が，その内容についてよりくわしく知りたいと問い合わせた時に，生涯学習関連施設の職員が答えることである。

第４の「場の支援」とは，市内にどんな学びの場所があるかを市民に知らせることである。

さらに，市民のニーズに基づいて新たな内容の学びの場を設けることもある。

第５の「学習費用の支援」としては，学習施設を使って市民向けの学習の場を設けることを希望する市民に対して施設の使用料金を減免したり，学習プログラムの運営に係る経費を補助する制度がある。

第６の学習関連施設の連携例としては，第２の学習情報支援のなかに，公民館（生涯学習センター），図書館，博物館での学びに関わる講座情報や蔵書資料情報，展示情報を一括して配信するシステムも一部の自治体で構築されつつある。また，大阪市で行われているような学校図書館と公共図書館の連携や，博物館が公民館や学校で出前展示をしたり，図書館の蔵書の一部を博物館の企画展の開催中，館内で来館者に展示に関する書籍を閲覧できるようにする場合もある。

4. 大阪市における「生涯学習」の考え方
～大阪市「生涯学習大阪計画」より～

ここでは一例として，大阪市において「生涯学習」がどのように定義されているのか，大阪市における生涯学習計画から見てみたい。第1次生涯学習大阪計画（1992年）には次のような定義がある。

「生涯学習」とは，「基本的人権，自由，民主主義，ノーマライゼーション等の人間尊重の考え方を基本として，一人ひとりが人生のあらゆる段階や場面において，出来る限り自己実現をめざし，自己に適した手段・方法を選んで，自ら進んで行う自己教育活動であるとともに，学習者がその成果を社会に広げ，よりよい社会への変革を担っていくことができるための学習」とする。

全国的にみても非常に格調の高い生涯学習の定義である。多くの自治体で作成されている生涯学習推進計画では，人々が学びたい時に学びたい内容を学べるように，プログラムを整備することで市民の自己実現を支援することが書かれている。だが，これは往々に趣味や狭い教養に内容が限定されがちである。しかし，大阪市では，自己実現と社会変革という2つのベクトルを同時に実現することを，生涯学習推進の目的としているのである。これは1982年12月と1987年6月に，大阪市を訪れて講演したE.ジェルピの「生涯教育」の考え方が反映されている。ジェルピは，かつてユネスコの生涯教育部長を務め，生涯教育によってより民主的な社会を構築するというラディカルな思想を表明した人物である（ジェルピ 1983）。

一方，大阪市に隣接している吹田市の生涯学習推進計画では，生涯学習が次のように定義されている。

「生涯学習は，市民一人ひとりが，それぞれに適した手段・方法で，主体的に生涯のあらゆる時期を通じて行うさまざまな学習をいい，それを通じて豊かで生きがいのある充実した生活の創造をめざすものです。そして，その前提には，一人ひとりの生活・人生を尊重するという考え方が大切にされています。・・・他者とともに人生をより楽しく豊かに生きる学習までもが含まれ，それはある意味で自己実現の過程であるともいえるのです。」ここには，きわめて私事的な自己実現の側面が強調されていることがわかる。

つまり，大阪市では，吹田市と異なり，市民が学んだ内容をもとにして，自ら住んでいる場所をより住みやすいように変えていく社会の変革につながる行動までを生涯学習の目標に含んでいる点が出色である。

多くの自治体では，約 10 年ごとに生涯学習推進計画を見直して改定している。大阪市の第 2 次生涯学習大阪計画（2006 年）には，次のような言及がなされている。

「「生涯学習」とは，「市民一人ひとりが身近な問題について主体的に考え，ともに解決に当たるという自律し連帯する力である『市民力』を獲得するための学習」とされている。ここで提示された「市民力」という言葉はきわめて重要であろう。その定義は次の通りである。

「自分たちでものごとを決め，社会的な課題に対してはともに解決に当たるという市民一人ひとりの，自律し連帯する力」である。

さらに，第 3 次生涯学習大阪計画（2017 年）では，生涯学習の考え方に「市民同士が交流を図り協働する中で，連携による新たな学習や価値を創造していく取組」が加えられている。そして，「市民力」について，次のように拡張された定義がなされている。

「自分たちでものごとを決め，社会的な課題に対してはともに解決に当たるという市民一人ひとりの，自律し連帯する力，さらには，市民同士が交流を図り協働する中で，連携による新たな学習や価値を創造していく力」。ここには，現代的課題について学んだ市民が自分たちで問題を解決していくことが期待されている。さまざまな都市問題を抱える大阪市の事情が反映されていることがわかる。

5. ミクロ・レベル ～大阪市立生涯学習センターのケースから～

ここで，確認しておきたいことは，「一人ひとりの学習は，そもそも施設という枠に収まるような性質のものではないし，社会における人々の学習行動を俯瞰的に眺めてみても，施設が関与する部分は決して大きくはないことである。生涯学習の支援という観点から施設を考えるにあたってはまず，人々の自由で自主的な学習活動の存在が前提になること」（守井 2003：59）を確認しておく必要があろう。

そこで，大阪市を例に，生涯学習関連施設では，どのように生涯学習の支援を行っているのか，講座の企画・運営，学習相談，広報等について，職員への聞き取り調査を踏まえて，学習支援の方策を紹介したい。

大阪市立生涯学習センターは，市民の生涯にわたる学習活動を支援し，生涯学習の振興を図ることにより，市民の文化と教養を高め，市民の生活向上に寄与することを目的として設置されており，大阪市の中核施設である総合生涯学習センターと，現代的・社会的課題に関する学習機会の提供を担う拠点施設である阿倍野および難波市民学習センターの 3 施設が一体となり，区や地域の支援を含む全市的な生涯学習の推進を担っている。

生涯学習センターは，指定管理者として（一財）大阪教育文化振興財団とサントリーパブリシティサービス（株）（SPS）で構成される共同事業体で管理・運営を担っている。2020 年度は，先に示した大阪市生涯学習推進計画「生涯学習大阪計画」に則って，次の基本方針と目標を掲げ実施されている。

【基本方針】

「生涯を通じて，互いにつながり支えあい，ともに育つ持続可能な豊かな地域社会づくりに貢献します」

【基本目標】

●基本目標1＜市民力を「育む」―学びを生み出すきっかけづくり―＞

市民が社会の変化に対応できるよう，また社会や地域との関わりについて考えるきっかけづくりに向けて，主体的に学べる力を育みます。主要事業としては，市民セミナー，出前講座，高齢者対策事業，家庭教育振興事業，成人基礎教育としての識字・日本語事業など

●基本目標2＜市民力を「生かす」―学びを生かす人づくり―＞

豊かな地域社会づくりに向けて，学んだ成果を生かし，地域で自律した市民活動を担う市民の育成を進めます。

主要事業としては，生涯学習推進員養成事業，はぐくみネットコーディネーター等研修，生涯学習まちづくり大学「いちょうカレッジ」，生涯学習インストラクターバンク，親力アップサポーター養成講座など

●基本目標3＜市民力を「つなぐ」―学びで育むつながりづくり―＞

3館が一体となって生涯学習のリソースセンター機能を高め，学びを通じた市民相互の交流や新たな活動や価値を生み出すネットワークづくりを推進します。

主要事業としては，生涯学習情報誌の発行，センターホームページの運用，学習相談，調査研究，NPO市民活動企画助成事業，大学・企業等との連携事業，ネットワークサロン，区や地域で活用できる学習プログラムの開発と提供，教育コミュニティ支援など

市民ボランティア講師

大阪市生涯学習インストラクターバンクでは，2020 年 4 月現在，のべ 475 名の市民ボランティア講師が，まちづくり，手話，語学，美術，工芸，音楽，スポーツ，健康，保険年金問題など約 250 科目で登録されている。利用できるのは，大阪市内に活動拠点を置くグループ・サークル・団体が開催する，営利・宗教・政治活動を目的としない 5 名以上の学習会である。大阪市生涯学習インストラクターは有償ボランティアであり，1 回 2 時間程度で上限 5,000 円までの講師謝礼を支払うことになっている。また生涯学習センターでは，生涯学習インストラクターを活用した教室や講座も行っている。

市民ボランティア講師を希望する人に対して，書類審査を経たうえで，研修を義務づけている自治体もあるが，大阪市では登録希望者を公募して，書類審査に合格した人が研修を受講したのちに，生涯学習インストラクターバンクに登録されることになっている。インストラクターの名簿は，生涯学習センターホームページからも見られるとともに，市内の各学習センターの職員が，市民からの要望に基づいて適宜，講師を紹介している。

しかし，どの自治体でも，市民ボランティア講師はあまり利用されていないようである。それは，会ったことのない，顔の見えない文字による講師の紹介だけでは，学ぶ側が不安になるからである。また，同一分野で登録されている複数の市民ボランティア講師のなかで需要があるのは，特定の講師に偏りがちである。対策としては，施設のホームページ上で，市民ボランティア講師の「自己紹介 PR ビデオ」が見られるようにしておくとよいであろう。大阪市では，2019 年度から，インストラクターバンクを紹介しているホームページに一部動画も掲載し，2020 年度から登録している講師による「ミニ講座」動画の配信を順次始めている。

6. 生涯学習ルーム事業

大阪市では，社会教育施設としての公民館が発達せずに，各小学校の空きスペースを利用した生涯学習ルームが発達してきた。

1989年度より，地域社会における生涯学習活動の拠点として，小学校の特別教室等施設を活用し，身近な場所で自主的な文化・学習活動や交流の場と，多彩な講習・講座等，学習機会の提供を図ることを目的に生涯学習ルームが順次開設された。また，1994年度より，「生涯学習ルーム」を主な拠点として，市民の身近な生涯学習活動を支援する市民ボランティアである「生涯学習推進員制度」が発足した。2004年度には全小学校区で開設され，2007年度から区役所に業務が移管されている。

大阪市における「地域活動協議会」とは，おおむね小学校区を範囲として，地域団体やNPO，企業など地域のまちづくりに関する様々な活動主体が参画し，防犯・防災，子ども・青少年，福祉・健康，環境，文化・スポーツなどさまざまな分野における地域課題の解決やまちづくりに取り組む住民自治組織である。区によっては，生涯学習ルーム事業を地域活動協議会の枠組みのなかで実施するなど，従来の教育委員会の事業として全市的に同じ方法で実施されていた時代とは異なり，区・地域の実情に応じて，その手法もさまざまに変化している。

2019年現在，小学校区285校で生涯学習ルーム事業が実施され，約1,200名の市民ボランティアとしての生涯学習推進員の皆さんが，大阪市長から委嘱されて，地域の生涯学習の担い手として活躍している。

生涯学習推進員の役割

大阪市の生涯学習推進員の役割を一言で言えば，「地域の人々の生涯学習を支援する」コーディネーターである。それは，各小学校の「生涯学習ルームで，こんな学びがあったらいいなぁ」というアイデアを形にしていく人である。教える人（講師）は別にいる。(図 8-1)

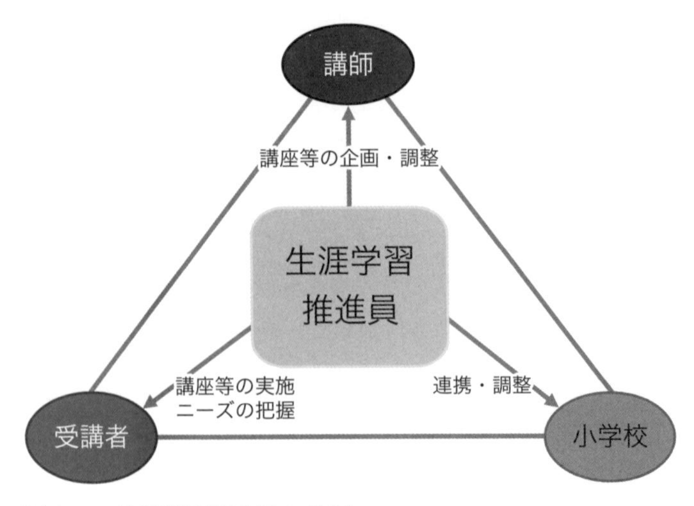

図 8-1　生涯学習推進員の役割

その際に重要なことは，ただ自分のやりたいことだけを講座にしていくだけではなく，他の人たちが，どんな学びの場を求めているのかを察知し，それが実現可能かどうかを考える必要がある。まずは，自分でこんな講座があればいいなと思うものを作りつつ，そのうえで何ができるかが問われてくるのである。

生涯学習推進員は，研修を受けたうえで，大阪市長から「生涯学習推進員」として委嘱されている。そこには自ずと「公的な役割」を演じることが期待されている。

地域の生涯学習を支援する際に，重要なことは，支援者一人ひとりがどんな人間観，社会観，世界観を有しているかということである。生涯学習ルームで学んでいる人がより善く生きていくことを，いかに支援するかという観点を持ちたい。生涯学習支援は，けっして技術的なレベルの話で終わらない。最終的には，推進員の人間味が，その生涯学習ルームの運営に表れてくるからである。

そのうえで，推進員は，講座の年間計画を立てて，どんな先生を講師としてお願いするか。教室の利用において，小学校の管理職（校長・教頭）との協力関係をどう構築して維持していくかを考えていく。また，講座が始まったら，講師の先生と受講生の皆さんたちの関係はどうなっているかに，常に気を配ることになる。その講座を実施して何年か経過したところで，その講座を継続するかどうか判断しなければならないことになる。それに代わる新たな講座をどう立ち上げ運営していくのか，プロデューサー（制作者）プランナー（計画者）ディレクター（指示者）としての役割が求められる。

7. 社会教育三施設の連携による学習支援

公民館，図書館，博物館は，社会教育法の管轄下にあり，「社会教育三施設」と呼ばれている。しかし，同じ社会教育行政の管轄下にありながら，互いに連携して市民に学習の機会を提供することが少ないように見える。そこで，ここでは施設間連携の事例を紹介してみよう。

公民館は，日本における社会教育施設のなかでもっとも数の多い生涯学習支援施設である。ただし，大阪市や京都市内にはない。ここでは，講座や学級といった場で学習プログラムが市民に提供されている。

図書館は，私たち市民が読みたい本を閲覧し貸し出すことのできる施設である。しかしそれ以外にも，市民にさまざまな学習プログラムを提供している。大阪市立中央図書館では，様々な分野で情報提供を行っているが，その一例として，医療・健康情報を提供する試みとして，「病気名などのキーワードから，関連する図書のある棚番号がわかる「医療・

健康の本インデックス」を作成している。また，法務情報の提供として，「判例や法律文献の検索が可能な商用データベースを提供している。その他に，講座の開催（「大阪連続講座」「ビジネス講座『元気塾』」など，闘病記コーナーの設置，地域情報コーナーの設置が実施されている。生涯学習の中核施設として多様な人が集まる仕掛けが期待されている。

博物館は，私たち市民が見たい展示を企画・運営する施設である。しかしそれ以外にも，市民にさまざまな学習プログラムを提供している。

その際に，市民の叡智を活用した「市民企画展示」が行われている館もある。これは，市民企画委員と学芸員が同じテーブルに着いて，市民のアイデアを企画展示に生かしていく手法である。当然ではあるが，ここでは，展示する資料の価値をめぐって専門職である学芸員と素人の市民企画委員との間にバトルが起こることになるが，そうした葛藤を経てきた展示作品には見るべき価値のあるものがある。また博物館で，特別展示の期間中に，展示に関する図書を置いて，来館者が読むことができるようにする場合もある。いわゆる「博図連携」である。

富田林市立中央公民館では，「博物館がやってきた」という講座が提供されていた。いわゆる「公博連携」である。これは，公民館に学芸員が出向いて，特別展示の見どころを紹介する試みである。同公民館では，富田林市立第一中学校の教員による市民向けの授業も開講していた。これは，成人を対象に，今中学校ではどんな内容が生徒に教えられているのかを体験させる試みである。これらは，公民館が近隣施設に「連携を仕掛けていく」「自前主義からの脱却」の好事例である。

これらの社会教育の施設間連携において，見ておくべきことは，必ず連携する施設間には力関係が存在しているということである。公博連携にしても，上記のケースでは，公民館側がイニシアティブを有している。どちらがイニシアティブをとることになるかによって，学習プログラムの内実も変化してくる。一見，連携はスムーズに行っているように見えるかもしれないが，双方の施設の力関係は決して対等ではないのである。そうした観点からの施設間連携についての研究も今後深められていくことが期待されよう。

参考文献

・赤尾勝己「ユネスコ学習都市に関する国際会議の概要と研究課題―第 1 回～第 3 回会議をふりかえって―」『学習社会研究』第 3 号，日本学習社会学会（学事出版，2019 年）
・赤尾勝己「持続可能な開発目標（SDGs）と市民の学習―ユネスコ学習都市・岡山を事例として―」『とよなかビジョン 22』第 23 号（とよなか都市創造研究所，2020 年）
・岡本薫『新訂　行政関係者のための入門・生涯学習政策』（(財）全日本社会教育連合会，2004 年）
・大阪市『平成 30 年度世論調査報告書』（2019 年）
・『生涯学習大阪計画～人間尊重の生涯学習都市・大阪をめざして～（1992 年 2 月～2005 年 12 月)』（1992 年 2 月）
・『生涯学習大阪計画～自律と協働の生涯学習社会をめざして～　大阪市 2006-2015.』（2006 年 1 月）
・『生涯学習大阪計画～ひと・まち・まなびをつなぐ生涯学習～大阪市 2017-2020.』「生涯学習大阪計画」（プロジェクト会議 編集・発行，2017 年 3 月）
・今西幸蔵『協働型社会と地域生涯学習支援』（法律文化社，2018 年）
・岡東壽隆『地域における生涯学習支援システム』（東洋館出版社，1997 年）
・守井典子「生涯学習支援の施設体系」鈴木眞理，守井典子編著『窓外学習の計画・施設論』（学文社，2003 年）
・E. ジェルピ著，前平泰志訳『生涯教育―抑圧と解放の弁証法―』（東京創元社，1983 年）
・E. ジェルピ，海老原治善編『生涯教育のアイデンティティ』（エイデル研究所，1988 年）
・『社会教育おおさか―大阪市社会教育主事会 20 周年記念誌―』（大阪市社会教育主事会，1987 年）

9 イノベーティブな学習支援技法1：社会変革のファシリテーション

吉田　敦也

《目標＆ポイント》 本章では，全米1住みやすい町として世界の注目を集めてきた米国オレゴン州ポートランドを概観する。また40年を超えるまちづくりの主な実践事例を紹介し，ファシリテーションのあり方，なぜ学ぶのか？　何を学ぶのか？　今どんな学習支援が必要なのか？などについて考える。
《キーワード》 自信，信念，誇り，信頼，コミュニティ，住民参加，道路ペインティング，シティリペア，柔軟性，ソーシャルキャピタル，場づくり，変化，プロセスファシリテーション，パブリックキャパシティ

1.「夢」を描いたポートランドの人々

ここではまず，まちづくりのフロンティア「ポートランド」の地勢や人口など基礎的情報を共有する。

◎オレゴン州ポートランド

アメリカにはメイン州とオレゴン州の2つにポートランド があり，ここで紹介するのは後者のオレゴン州のポートランドである。アメリカ合衆国の北西部，ワシントン州シアトルから南に約180マイル（280キロ），カリフォルニア州サンフランシスコから北に約800マイル（1,300キロ）離れた西海岸近くに位置し，オレゴン州内では最大規模の都市として栄えている。北緯45度31分12秒，西経122度40分55秒。日本にあてはめると北海道の稚内とほぼ同じ緯度にある（畢，2017）。

◎**新しい価値を求めて**

ポートランド市の人口は約64万5千人である（2021年現在）。市政の開始以来一貫して増加傾向にあり，人口センサスからは1週間あたりにすると毎週300〜500人の流入があるとされている。国内外から流入してくる移住者の多くは若い働き盛りで子育てする世代である。コロナ禍の影響は当然受けており，人口増にブレーキはかかったが，それでも減少には至っていない（United States Census Bureau, 2019）。

アメリカの大手の引越会社ユナイテッド・バンラインが運んだ荷物の行き先をデータ化して毎年公開している。そのWebサイトによるとオレゴン州には長年にわたり多くの人が引っ越してきている。コロナ禍以前の2019年度について見てみると，アメリカ国内でインバウンドの多い州の第1位はアイダホ州である。第2位がオレゴン州である。オレゴン州のなかではポートランドへの流入が多い。移住者の年齢層をみると最も多いのは65歳以上であり，2番目に多いのが18-34歳代である（United Van Lines, 2020）。

また，1980年から2010年までの30年間を分析した調査研究によると，ポートランドへの移住の理由は「仕事」であり「家庭」である。このことは65歳以上の年齢層にあっても同じである。収入別では裕福な移住者が多い傾向にある（Jurjevich & Schrock, 2012-1; Jurjevich, Schrock & Kang, 2016）。

ちなみにポートランドの平均所得は他地域と比べて約84%にとどまる。また，就職難で失業率も高い。このことからも，ポートランドへ移住する人たちは「あそこに行ったら仕事にありつける」からではなく，夢を実現したり，可能性を求めてやってくることがわかる。また，暮らしを楽しむため，自分らしく生きるために移住してくる人が多いと言ってよさそうである。これらのことからポートランドは「マグネットシティ」あるいは「若者が引退する町」と呼ばれることもある（Jurjevich & Schrock, 2012-2)。

「子育てと仕事」については第12章で詳しく紹介するが，ポートランドは「家族や子育てに適した町」（Best Place to Raise Family）ランキングでも評価が高い。その基準となる項目は以下のようなものである（Livability, 2018）（ただし調査会社ごとに独自なもので定まったものではない)。

・同世代の遊び仲間がたくさんいる
・公立学校が良質である
・子どもの健康によい
・住居費が適切で公共交通が便利
・子ども預けたりする費用
・デーケア，公園，図書館の数
・お菓子屋さんがいっぱいある（ただしこれは子ども目線の基準）

◎背中を押したラーニングコミュニティ

長尾ら（2016）の報告によると，ポートランドに移住した起業家らへのインタビュー調査からは以下の点が評価されていることが明らかとなっている。

（1）ラーニングコミュニティ
（2）デザインコミュニティ
（3）ハッシュタグコミュニティ
（4）サポートアソシエーション

上記のなかで特筆すべきは1番の「ポートランドはラーニング（学習）コミュニティである」という評価であろう。スタートアップを目指す若い移住者らにとっては，ポートランド州立大学やネイバーフッドアソシエーション（近隣組合）による長期的でかつ良質なプログラムとサポートはありがたかったという。

特に，ポートランド州立大学が開催したビジネスアウトリーチプログラム（BOP）の評価は高い。具体的には講習会，ビジネスプロフェッショナルによる支援，プロボノネットワークへのアクセスなどが「学びの場」として提供され，若者世代の起業を後押したという。

ラーニングコミュニティは提供側と受益側の両方ともに「学ぼうとする人の集まり」である。そこに良質のプログラムが豊富にあり，実効性を発揮するための仕掛け（人をつなぐ仕組みや実践の場へのリンク）があるとよい。そのことをポートランドは証明している。

住民や移住者から評価の高いポートランド州立大学の学びプログラムの展開については次の第10章において詳しく紹介する。

２番のデザインコミュニティについては，DIY（Do It Yourself）等なんでも自分で創ってしまう文化への支持を示している（Heying, C. H.(2010)）。特に，ポートランドメーカーズと呼ばれるクリエーターの集積とデザイン力，ビジネスマーケットの形成力などが移住者への魅力となっている（山崎他 , 2017）。

３番のハッシュタグコミュニティとは，インスタグラム，ツイッター，フェイスブックなどSNSを用いた情報発信の際にキーワードやキーフレーズをハッシュタグにするネット上の人の集りのことを言う。ポートランドでは，こうしたハッシュタグをまちづくり戦略やビジネス戦略として使う傾向が強く，アルチザンエコノミーの活性化などに寄与していると移住者らは感じている。

理由はSNSでのハッシュタグ付きの発信はステークホルダーとの「つながり」，交流の促進，新しい価値の共創（コ・クリエーション）を刺激するからである。これについては第14章で詳しく紹介する。

4番のサポートアソシエーションは世界中から集まる起業家への公的機関による支援の手厚さを評価したものである。ポートランドではマインドを持った人，可能性を秘めたチャレンジャー，ドリーマー（幼少期に親とともに不法入国した若者）を「ポートランドの友人」（Friends of Portland）として受け入れ，イノベーターへと育てていく。これもまた創造的で意識の高い人たちをポートランドに集める要因となっている。その根底にある平等の意識についても評価されている。この点については公正性と公平性のことを含め第11章，15章において紹介する。

◎未来に向かう実践力

ポートランドのまちづくりに関する受賞歴の代表的なものは以下のとおりである。

全米1　住みたい街
全米1　環境にやさしい街
全米1　クリエイティブな街
全米1　最も外食目的で出かける価値のある街
全米1　最も出産に適した街
全米1　ビールが美味しい街

グローバルレベル，ナショナルレベルのいずれにあっても，まちづくりに関する数々のランキングでポートランドが1位または上位にリストされている。その回数は途方もない数になっている。ある調査では，住みやすさ（Affordability）42回，経済領域（Economy）9回，教育と健康（Education and health）6回，生活の質（Quality of life）5回，安全（Safety）37回を記録している（Johnson, 1997）。どのようにしたらこのようなチャレンジングな姿勢，あるいは競争力をもてるのか？　そして結果を出せるのか？　その底力はどこに潜んでいるのか？　考察してみたい。

第一は，ポートランドでは，町や自然の豊かさに対する「愛」「誇り」，そのことを基盤にした市民／住民の「自信」「信念」，お互いへの「信頼」が強みになって作用していると考えられる（Abbott, 1997）。「オレゴンの精神」とも表現されるが，我が町を愛してやまないポートランドの人々の気持ちのあり方が「地域力」となっている。その様子を描いたポートランドガイドブックは長年にわたり愛読されている。（Granton, 2006）

もう1つは，ポートランドの人々は不足をマイナスに感じずチャンスと捉えて自分でものづくりする。いわゆるＤＩＹにチャレンジする姿勢が際立っていることが指摘できる。

クラフトビールに代表されるような産品や商品の開発と製造，地域社会の仕組み，学校や社会教育のプログラム，人材育成のシステムまで自作してしまう。それを「自分らしく」やる。その際「人と違う」ことを大切にする。「常におかしくあれ」（Keep Portland Weired）というのがポートランドの非公式モットーになっているほど「ユニークさ」は行動の原動力となっている。そしてそれが「当たり前」（規範）と思っていることが推進力となっている。

3つ目は，方法論がしっかりしていること。①夢を描き，ゴールを明確にした上で，②達成に向けた物語（ストーリーとシナリオ）に沿って，③実際に歩んでいく。いわば正しく前進するスタイルが備わっている。

北欧ではこれらを「フューチャーセンター」「リビングラボ」「イノベーションキャンプ」などといった考え方と方法で形式化して産官学民のコラボレーションのもと展開しているが（吉田，2017; LEF Future Center, 2013, 2019; Rissola, Kune & Martinez, 2017）。ポートランドではこれらが地域社会のなかで自然に実践されている。理由はおそらく家庭教育，地域教育，社会教育，学校教育がしっかり機能しているのだろう。あるいはＣＢＬ（コミュニティを基礎とした学習）やＰＢＬ（場所を基礎とした学習）など先進の実践型学習において共通の柱になっているものと推察できる（Cress, Collier & Reitenauer, 2005; Sobel, 2013; Anderson, 2017）。

以上のことはいずれも新型コロナウイルスと共生するニューノーマルな社会構築にはなくてはならない考え方であり手法であることから注目に値する。このことについて以降の章で紹介していく。

◎ここまでのまとめ

（１）気持ちのあり方，暮らしぶり，地勢は資源であり地域の力となる
（２）必要なものを自らの手で形にできる社会環境は地域を活性化する
（３）学びプログラムの豊富さと実効性の確保がイノベーションを導く

2. 法律を変えた住民活動

続いて，ポートランドの住民活動が地域社会に大きなインパクトを与えた１つの出来事について紹介する。

◎小さな町セルウッドでの出来事

ポートランド市はウイラメット川を挟んで大きく東西に２分されている。東西の地域はまたそれぞれ南北に分かれており，合計４つの区域がポートランド市を構成している。そのなかで南東部の地区，通称サウス・イースト地域にセルウッドという小さな町がある。市の中心部からは約５マイル（約８キロ）離れたところに位置する。

次に紹介するのはこのセルウッドの街角で起こった出来事である。

◎突然の実践「住民による交差点づくり」

いったい何が起こったのか？　時は1996年の春。場所はシャレット通り9番アベニューの交差点。その一角に突然「ティー・ハウス」が設置された。ハウスと言っても直径1mほどの丸テーブルがあるだけ。可愛い日傘のような屋根がついている。廃材を再利用して住民が自作した。

ティー・ハウスには魔法瓶，マグカップ，ティーバッグが常備されており，24時間いつでもお茶が飲めるようになっている。地域の人が顔を合わせ，安心して話し合えて，和やかな時間を過ごす。刺激を与えあい「変わる」きっかけを作ってくれる。そんな「みんなの場所づくり」を目的に行われたコミュニティ主導の実践活動である。

6か月後，住民たちは，次なるアクションを起こした。今度はティー・ハウス前の交差点いっぱいに広がる大きな絵を描いた。「道路ペインティング」と呼ばれるものだが，コミュニティのシンボルとなるユニークで芸術的な絵柄であることから「交差点壁画」とも呼ばれる。

こちらはお祭りの雰囲気で実施された。地面にチョークで下書きした後，地域住民を中心に，子どもから大人まで，通りがかりの人，地域外から来た人，みんなで色塗りした。塗料や刷毛の調達，当日の段取り，広報，ランチの用意など事前準備もみんなで分担した。塗り終わったら絵を囲んで輪になり振り返った。ギターを弾く，歌う，自転車でパレードするなどいろいろな形で完成の喜びを共有した（re:Street, 2021）。

◎アイデアを生み出したのは「学びの旅」

コミュニティメンバーの一人で中心的な役割を果たした建築家のマーク・レイクマン氏（Mark Lakeman）にメールでインタビューした。

レイクマン氏が強調したことは「実践は調査から始まった」ということである。レイクマン氏は地域活動に先立ち，勤めていた大手の建築会社を辞めて7年をかけた学びの旅に出た。西ヨーロッパ，北アフリカ，地中海東部，ニュージーランド，中央アメリカ，アメリカ先住民族など世界を見て周り，そこで何が起こっているのか体験した。出会った人たちから学び，「先見」（インサイト）を共有した。その結果に得た答えの1つが「コミュニティの場づくり」だった。

◎協働を形成する手法

交差点の一角にお茶飲み場を作ったり，道路に絵を描いたりする実践活動がすんなり受け入れられたわけではない。ポートランド市の交通局は当然のように中止を求めてきた。

そんな事態に対して，住民たちが行ったことは「対話」である。十分に時間をかけて住民同士が話し合った。その時，美味しいお茶や食べ物，楽しい体験や作業が効果したとレイクマン氏は言う。

行政への対応については，「データを示す」ことにした。実践の意味や効果を理解してもらうため，自分たちの活動によって地域にどんな変化が生じたのかを検証するアンケート調査を行い，報告書としてまとめた。

驚くことに，住民の大多数は，ティー・ハウスの設置や道路ペインティングによって，①住民同士のコミュニケーションが増えた，②近隣地域での犯罪件数が減少し，安全性が高まった，と回答した。

この調査結果を見たポートランド市の交通局は，2001年9月19日，車両の通行量が1日2,500台以下で近隣住民の承諾（現場から2ブロック世帯の80%）と同意（隣接住宅の100%）が得られるならば，交差点のあり方を改変したり，道路閉鎖してイベントを開催してもよいとする条例をあたらしく制定した。つまり，小さな町の住民による実践活動が法律（市の条例）を変えた。

◎「みんなで使おうよ」広場

こうした結果を導いたセルウッドのシャレット通り9番アベニューの交差点は「シェア・イット・スクエア（みんなで使おうよ広場）」と名付けられた。シャレット通りをもじったもので町内会長のアイデアだそうだ。ティー・ハウスは「ティー・ステーション」と呼ばれるようになった。あえて訳すなら「一服駅」である。

ポートランド市（交通局）の公式WEBサイトには「街路（ストリート）の活用の仕方」というページが追加された。そこでは「道路の活用がもたらす未来への可能性」が示唆され，町中で街路を活用することが推奨されている（Portland Bureau of Transportation, 2021; City of Portland, 2017）。

交差点や街路の活用の効果はポートランド以外の地域や国でも評価が高く，道路ペインティングの実践や住民運動は世界各地へ広がっている。

◎まとめ

（1）実践活動（アウトプット）は事前調査（インプット）から始まる
（2）実践は誰でもが参加できる簡単で楽しい作業から始めるのが良い
（3）住民や地域の変化を指標に実践の効果を測定評価することが重要

3.「地球の住人」として実践

◎シティリペアプロジェクト

シェア・イット・スクエアでのコミュニティ活動は，まちづくりや政策形成への住民参加に大きなインパクトを与えた。その現れの1つとして同年（1996年），この活動を母体にした非営利活動組織（ＮＰＯ）「シティ・リペア・プロジェクト」が立ち上がることになった。レイクマン氏はこの展開をカタリスト効果と呼んでいる。

ＮＰＯとして活動を始めたシティリペアが掲げる使命は「公平，つながり，創造的な場の再生を通じた，活力があり，公正で，持続するコミュニティの育成」である（City Repair Project, 2021）。

シティリペアでは，主役はあくまで当事者の住民という立場をとる。そして，一人ひとりが中心になり自分の意志と判断で物事を決めていくことを尊重している。これらを基本に，大きなテーマとして場づくり（プレイスメイキング）の活動を展開している。関連して，コミュニティデザイン，地域活動の助言，実践のサポートと連携，教育プログラムの開発と提供，講習会の開催，資金集めの補助などを行っている。

また，人と自然との接続，共存，資源の保全と再生利用，パーマカルチャーなどの考え方を基礎においている。そのため地球に過剰な負荷をかけない生態学的景観づくり，ナチュラルビルディングなどに取り組んでいる。関連して，農地トラスト，ハウスレス支援なども行っている。

シティリペアの歴史，活動事例，場づくり，分析評価法などの基本は書籍「シティリペアのプレイス・メイキング（場づくり）ガイドブック」（City Repair's Placemaking Guidebook）が参考になる（City Repair Project, 2006）。最新の情報はWEBサイトを参照するとよい。

シティリペアがコミュニティ活動を展開する際の基本手法は以下のとおりである。

◎実践手順の基本

①会話の開始（簡単で，深みのある会話）（Start Conversation）
②輪をひろげよう（Widen the Circle）
③連携しよう（パートナーシップの構築）（Build Partnership）
④可能性を探ろう（Explore Possibilities）

⑤ビジョンをつくろう（Develop Vision）
⑥クリエイトする（Create）
⑦世話役をすること（Steward Your Place）

◎住民活動の組織化／機関化

ＮＰＯシティリペアの誕生と活動によって示された社会へのメッセージは，市民／住民が起こした小さな活動をソーシャルキャピタル（社会関係資本）として社会全体で育てることの重要性である。

アクティビストでポートランド州立大学特任教授のスティーブ・ジョンソン博士の研究によると，地域におけるＮＰＯの数，市政や地域集会への住民参加の割合はソーシャルキャピタルとして地域の持続と成長を左右する。言い換えれば，住民の一人ひとりの活動や実践がつながりをもち，ＮＰＯや住民運動として組織化され機関化していくことで，効力を高め，町を変えていく力を増す。人口増加などにも影響を及ぼす。

機関化とは，理事会や委員会を設置して機能させていくことであるが，官民のパートナーシップを構築して発言力を持つ組織や団体となっていく出発点となる。ジョンソン博士によると，ポートランドはソーシャルキャピタルの大きさと多様さで他地域を圧倒している（ジョンソン，2006）。

◎行政の柔軟性と学び取る文化

シティリペアの教えのもう１つは，行政の柔軟性である。ポートランド市の住民活動や実践に対する行政の柔軟性をもった対応はシティリペアのようなＮＰＯを生み出す大きな要因となっている。それがソーシャルキャピタルとなり町の活性化と繁栄にプラスに作用している。

社会学者パットナムによると，ポートランドの各種住民団体の運動するスキル，粘り強さ，影響力を与える範囲の大きさには目を見張るものがある。一方で，それを受け入れる行政の「対応し，適応し，進化する能力」の高さは特筆に値するとしている（岡部，2009）。

つまりは「ポートランドの行政が自ら発展させた学び取る文化」と「住民のまちづくりへの積極的な参加」の融合がポートランドの今日を創っている。そしてそれが世界中が注目する「都市成長モデル」の1つとなっている。

◎変化をつくる学習／プロセスをファシリテーションする教育

例として，シェア・イット・スクエアで行われた住民による一連の実践活動を手短に振り返るなら，誰でもできる簡単で楽しい作業体験の共有が住民らの交流とコミュニケーションを活性化させ，地域の物語を綴った。

一方で，そこには道路や交差点をコミュニティスペースとして利用することから，「公共」の持つ意味と現状を問い直すという根っこがあった。

これら2つのことから考えられる教育／学習の今日的テーマは「根本に接近する」ための環境づくりということになる。同時に，解決に関わる意志を示し，役割を担っていくための変化のファシリテーションである（章末コラム参照）。

◎あらためてコミュニティとは

さらにもう1つ，シティリペアの教えは「コミュニティ」への眼差しである。シティリペアには世界中から若者が集まる。インターンも受け入れている。毎年5月末から6月にかけて行われる「村づくり集合」フェスティバルでの各種プログラム（その1つが交差点ペインティング）

にはボランティア，共感者，体験したい人，視察者などが地域の内外から駆けつける。もちろん中心は住民であるが，その場に居合わせてみると，実際の住人をはるかに超えた大きな人の輪が形成されていることを知る。言い換えれば，地理的制約をもたない「コミュニティ」が地域住民の活動を契機に形成されている。そこでは知識，技能，経験の交換が活発に起こり，可能性は多種多様に広がっていく（City Repair (2019)）。

◎勇気を出そう

レイクマン氏と筆者は友人でポートランドへ旅行するたびに訪問して話題を共有する。そこで，2015年9月25日，徳島大学の地域創生センターが国立大学初のフューチャーセンターA.B Aをオープンした時，招待して記念式典でのキーノートレクチャーをしてもらった。レイクマン氏の初来日ともなったメモリアルな式典には国務大臣，徳島県知事，徳島市長，徳島大学長などが列席して基調講演「不可能を超えて」に聞き入った。彼はその最後をこう締め括くった（徳島大学，2015）。

「勇気を出そう」Be Brave!

◎まとめ

（1）実践活動は目的を掲げ組織化することでより確かなものになる
（2）組織化された市民活動はソーシャルキャピタルとして効果する
（3）行政の柔軟性と学び取る文化の育成は町の持続と成長を助ける

コラム1：「シビック・キャパシティ」

シビック・キャパシティ（Civic Capacity）とは，民主的な社会を維持，強化していく上で必要とされる個人及びコミュニティの持つ信念，知識，技能を総括した「力」を指す（Williams, Shinn, Nishishiba, 2002）。シビック・キャパシティのある個人とはコミュニティの意思決定の場に参加し，コミュニティに貢献する活動を起こす力量や技量を持った人々であり，シビック・キャパシティのあるコミュニティはコミュニティを形成する個人や団体を動員してコミュニティの直面する問題解決を図り，状況を改善する力を持つ。シビック・キャパシティのあるコミュニティを形成するためにはシビック・キャパシティを持つ個人の養成が不可欠で有るため，社会教育の重要性が指摘される（Barker, Allen, Robinson, Sulimani, Vanderveen, 2011）。学問的知識と現場での経験を結び付け，問題解決力をつけるコミュニティ・ベースド・ラーニング（CBL）（本書第10章参照）はシビック・キャパシティの養成に有効であると言われる（Cress, Collier, & Reitenauer, 2013）。また，シビック・キャパシティのあるコミュニティでは様々な関係者や関係団体が協働および共創できる環境が重要で，多くの人々を巻き込み，コミュニティを率いていく「協働型リーダシップ」，またクリエーティブな人々のネットワークを構築し，信頼関係を築く事で物事を前に進めていく「連結型リーダーシップ」が重要となる。（本書第13章参照）。

本文参考文献，引用文献

・Abbott, C. (1997) The Portland Region: Where City and Suburbs Talk to Each Other—and Often Agree. Retrieved February 20, 2021, from https://pdxscholar.library.pdx.edu/usp_fac/53/

・Anderson, S. K. (2017) Bringing School to Life. Place-Based Education across the Curriculum. Rowman & Littlefield Pub Inc

・City of Portland (2017) PBOT LIVABLE STREETS STRATEGY - Best Practices Report. Retrieved February 20, 2021, from https://www.portlandoregon.gov/transportation/article/633118

・City Repair Project (2006) City Repair's Placemaking Guidebook - Creative Community Building in the Public Right of Way - 2nd Edition,

・City Repair (2019) The Village Builder Hands-On Guide to the 16th Annual Village Builder Convergence (Friday June 3 - Sunday June 12, City Repair Project.

・City Repair Project (2021) Who We Are. Retrieved February 20, 2021, from https://cityrepair.org/

・Cress, C.M., Collier, P.J. and Reitenauer, V.L. (2005) Learning Through Serving: A Student Guidebook For Service-learning Across The Disciplines, Stylus Pub Llc。吉川 幸，前田 芳男（監修，翻訳）市民参画とサービス・ラーニング，2020, 岡山大学出版会

・Granton, S. (2006) Zinester's Guide to Portland: A Low/No Budget Guide to Living In and Visiting Portland, OR, Fifth Edition, Microcosm Publishing

・Heying, C. H. (2010) Brew to Bikes: Portland's Artisan Economy, Portland State University. Retrieved February 20, 2021, from https://pdxscholar.library.pdx.edu/usp_fac/52/

・Johnson, D., (2018) Here's Where Portland Ranks In Study Of Best Big Cities. Retrieved February 20, 2021, from https://patch.com/oregon/portland/here-s-where-portland-ranks-study-best-big-cities

・Jurjevich, J. R. and Schrock, G. (2012-1) Is Portland Really the Place Where Young People Go To Retire? Migration Patterns of Portland' s Young and

College-Educated, 1980-2010. Retrieved February 20, 2021, from https://pdxscholar.library.pdx.edu/prc_pub/5/

- Jurjevich, J. R. and Schrock, G. (2012-2) Is Portland Really the Place Where Young People Go To Retire? Analyzing Labor Market Outcomes for Portland's Young and College-Educated. Retrieved February 20, 2021, from https://pdxscholar.library.pdx.edu/prc_pub/18/
- Jurjevich, J. R., Schrock, G. and Kang, J. (2016) Talent on the Move: Migration Patterns of the Young and College-Educated in Pre and Post-Recession. Retrieved February 20, 2021, from https://pdxscholar.library.pdx.edu/prc_pub/33/
- The LEF Future Center (2013) LEF A breakthrough in itself, Rijkwsaterstaat, Ministry of Infrastructure and Water Management Retrieved February 20, 2021, from https://na.eventscloud.com/file_uploads/078e85c7e560827fa4dcaa9db75d631a_LEFfuturecenter-Abreaktroughinitself2013_tcm21-39435.pdf
- The LEF Future Center (2019) Body of Practice, Rijkwsaterstaat, Ministry of Infrastructure and Water Management Retrieved February 20, 2021, from https://puc.overheid.nl/rijkswaterstaat/doc/PUC_162852_31/
- Livability (2018) 2018 10 Best Places to Raise a Family - Journal Communication, Inc. Retrieved February 20, 2021, from https://livability.com/top-10/families/10-best-places-to-raise-a-family/2018
- Portland Bureau of Transportation (2021) Portland in the Streets Retrieved February 20, 2021, from https://www.portlandoregon.gov/transportation/66077
- re:Streets (2021) Case Studies: Share-It-Square & Sunnyside Piazza Retrieved February 20, 2021, from https://www.restreets.org/case-studies/share-it-square-sunnyside-piazza
- Rissola, G., Kune, H., and Martinez, P. (2017) The Innovation Camp Methodology Handbook, Publications Office of the European Commission. Retrieved February 20, 2021, from https://ec.europa.eu/jrc/en/publication/innovation-camps-methodology-handbook-realising-potential-entrepreneurial-discovery-process
- Sobel, D. (2013) Place-Based Education. Connecting Classrooms and Communities. (2nd Edtion) Orion Society, Massachusetts.

・United States Census Bureau (2019) U.S. Census Bureau QuickFacts: Portland city, Oregon. Retrieved February 20, 2021, from https://www.census.gov/
・United Van Lines (2020) United Van Lines' National Migration Study Reveals Where and Why Americans Moved in 2020. Retrieved February 20, 2021, from https://www.unitedvanlines.com/newsroom/movers-study-2020

・岡部一明 (2009) 市民団体としての自治体, 御茶ノ水書房
・スティーブ・ジョンソン (2006) 基調講演「ポートランド市における市民参加のしくみ」, 龍谷大学大学院 NPO・地方行政研究コース「地域リーダーシップ研究」「先進的地域政策研究」2006 年度の公開講演, シンポジウム Retrieved February 20, 2021, from https://www.ryukoku.ac.jp/gs_npo/letter/images/letter04_09.pdf
・徳島大学 (2015) 徳島大学フューチャーセンター・オープニングセレモニーを開催しました。 Retrieved February 20, 2021, from https://www.tokushima-u.ac.jp/docs/2015092800078/
・長尾雅信, 徳山美津恵, 若林宏保 (2016) 起業促進にむけた地域ブランド・コミュニティの諸相―オレゴン州ポートランド市のケース―, Japan Market Academy Conference Proceedings Vol.5 78-91. Retrieved February 20, 2021, from https://www.j-mac.or.jp/oral/fdwn.php?os_id=27
・畢 滔滔 (びい たおたお) (2017) なんの変哲もない取り立てて魅力もない地方都市 それがポートランドだった:「みんなが住みたい町」をつくった市民の選択, 白桃書房
・山崎満広, ジョン・ジェイ, 南トーマス哲也, 田村なを子, 富田ケン, マーク・ステル, リック・タロジー (2017) ポートランド・メイカーズ クリエイティブコミュニティのつくり方, 学芸出版
・吉田敦也 (2017) 参加共創型オープンイノベーションの場となるフューチャーセンター：地域に根ざした大学の役割, 環境情報科学 46 巻, 4 号, pp.47-52

コラム・参考文献

・Cress, C. M., Collier, P. J., & Reitenauer, V. L. (2013). Learning through serving: A student guidebook for service-learning and civic engagement across academic disciplines and cultural communities. Stylus Publishing, LLC..

・Derek W. M. Barker, Angela D. Allen, Alexandra Robinson, Foday Sulimani, Zach Vanderveen, Dana M. Walker, Research on Civic Capacity: An Analysis of Kettering Literature and Related Scholarship, Kettering Foundation Working Paper 2011-01, Dayton, OH, March 2011.

・Williams, D., Shinn, C., Nishishiba, M., & Morgan, D. (2002). Toward an understanding of Civic Capacity: An anatomy of community issues that matter to students. Journal of Public Affairs, 6(1). 241-264.

10 イノベーティブな学習支援技法2：学びを引き出す仕掛け

西芝　雅美・飯迫　八千代

《目標＆ポイント》 本章では，社会貢献型人材育成に効果的なプログラムの実践と教授法について考える。事例として，ポートランド州立大学のコミュニティ・ベースド・ラーニング（CBL），学び直しやキャリア支援のプログラム，ビジター向けのプログラム，日本人向け「まちづくり人材育成プログラム JaLoGoMa」等を紹介する。

《キーワード》 ポートランド州立大学（PSU），コミュニティ・ベースド・ラーニング（CBL），パートナーシップ，ユニバーシティ・スタディーズ，専門職大学院，都市型大学，キャリア支援，公共サービス研究実践センター（CPS），ファースト・ストップ・ポートランド（FSP），まちづくり人材育成プログラム（JaLoGoMa）

はじめに

本書にて事例として取り上げるポートランド州立大学（PSU）は 1990 年代の初頭に，「知識をもって市に貢献せよ（Let Knowledge Serve the City）」をモットーとして採択し，今日もこのモットーに準拠した教育活動・研究活動を展開している。「地域に根ざした」大学を目指し，学習プログラムを提供し，住民主体の自治を推進し，行政を含む社会の改革に主体的に関わる人材育成のためイノベーティブな学習支援技法を取り入れ，全米でもその取組は評価されている。本章では PSU で提供されている，自分を輝かせ新しい未来へ踏み出す勇気をつくる学びを引き出す教授法とプログラムを紹介し，地域へのまなざしと知識の応用力を育てるためのアプローチを検証する。

1. 社会貢献のできる人材を育てるための大学教育（西芝）

PSU がイノベーティブな学習支援技法として早くから採用しているのがコミュニティ・ベースド・ラーニング（CBL）である。この教授法は大学がコミュニティと積極的に関わり，コミュニティの課題解決プロセスに関わるなかで学習を確立することを目指すものである。このアプローチは一般的には「サービス・ラーニング」という呼称で日本の教育界でも知られているのだが，PSU では意図的にサービス・ラーニングとは言わず，コミュニティ・ベースド・ラーニング（CBL）と言っている。これは「サービス・ラーニング」の「サービス」という言葉が，「サービスの提供者」が「サービスの受領者」に対して慈善事業を施すといったニュアンスがあり，結果として大学がコミュニティに対し慈善事業を施すといった，力の格差を示唆するのではという懸念（Deans, 2000）に応え，大学がコミュニティと互恵的かつ平等なパートナーシップ関係のなかで学習活動を築いているという点を強調する意味合いも含め，コミュニティ・ベースド・ラーニング（CBL）といっている。また，CBL のなかでの「コミュニティ」も地縁ベースの「地域」に限らず，広い意味でさまざまなコミュニティが有ることを前提としている。例えば「黒人コミュニティ」「民間企業コミュニティ」と言ったように，バックグラウンドや関心事，さらには活動内容が共通するグループをコミュニティと捉え，さまざまなコミュニティに大学が関わることを奨励している。

PSU のコミュニティ・ベースド・ラーニングの定義は次の通りである。「学問的な内容に対する学生の理解力と応用力を高めるために，系統だって学生が地域社会問題に取り組む講座。例として，CBL の機会が授業の一環として組み込まれている講座，フィールド体験学習（実習［プラクティカム］や実務研修［インターンシップ］を含む)，キャップストーン，およびその他のコミュニティ・エンゲージメント・プロジェクトおよび研究プロジェクトなどが該当する」(Portland State University, 2021)。CBLの目標は，学生がそれぞれの学問分野における知識をコミュニティの課題解決に活用することで，より社会に貢献できる人材となることにあり，学生はそれぞれの学問分野における知識を深める一方で，コミュニティの課題解決に取り組むなかでチームワークや市民・住民としての義務を体得し，大学で学んだ知識や技能を実践の場でどう活かすかを学んでいく。

大学教育のなかでCBLといったアプローチをカリキュラムに取り入れるという取組は決して珍しいことではないのだが，PSUが全米でもコミュニティ・ベースド・ラーニング（CBL）をイノベーティブな教授法として採用している先駆者として知られるようになったのは，（1）一般教養・学部教育のなかにCBLを組み込み，PSUで学部教育を受ける学生がすべて何等かの形でCBLを体験する体制をとったこと，（2）都市型大学として専門職教育と大学院教育に力を入れ，都市圏コミュニティと連携した教育と研究活動を推進し，（3）教員の実績評価のなかにコミュニティとの関わりを入れ，CBLやコミュニティの課題に取り組む研究活動も積極的に評価対象としたことにある。

PSUでは1994年にユニバーシティ・スタディーズという4年制の一般教養課程コースを設立した。このコースでは1年次と2年次の学生はCBLを取り入れた学際的なテーマベースの授業を受講し，3年次では2年次に選んだテーマのなかの1つを掘り下げ，CBLを取り入れた授業をさまざまな学部から受講する。4年次の学生は，コミュニティでのプロジェクトに関わることで，学びの集大成を図るキャップストーンという授業を取ることが必須となっている。

(University Studies, Portland State University 2021)

こうした革新的なユニバーシティ・スタディーズのカリキュラムはPSUの都市型大学としての使命を推進し，学習を学生やコミュニティのニーズに結びつけることを目的として構築されている。(Reardon & Ramaley, 1996)。

PSUが社会貢献のできる人材を育てるための教育を提供するうえで重要な役割を果たしているのが行政，都市計画，経営などの分野での専門職大学院（Professional School）である。こうした専門職大学院での修士課程では履修生がそれぞれの分野で学術的な理論を学ぶだけでなく，現場での実務にすぐに役立つ知識や技能を身に着けることが出来るよう，授業のなかで現場での問題解決を図るプロジェクトなどを手掛け，卒業課題も学術的な論文ではなく，コミュニティのプロジェクトを実施する。行政学修士（MPA）では学生それぞれが行政やNPOにコンタクトを取り，プロジェクトを決め，3か月から6か月の期間でそのプロジェクトを完了する。例としてはNPOからの依頼で戦略計画を策定したり，行政からの依頼で住民ニーズ把握のためのアンケート調査の実施といったプロジェクトなどがある。都市計画修士（MURP）では毎年大学がコミュニティからのプロジェクト提案依頼を募り，そのなかから4～5のプロジェクトが選ばれ，2年次のMURPの学生が1年間4～5名のチームで教員の指導の下，プロジェクトを完成する。例としてはコミュニティカレッジの送迎シャトルのアクセスを改善するための計画策定，土地利用計画策定の際の住民参加促進のための計画策定等がある。経営修士（MBA）も都市計画修士（MURP）と同様，チームで地元企業に6か月間のコンサルティングサービスを行い大学院で習得した経営の知識を現場での問題解決に活用する。

これらの専門職大学院の履修生の多くはすでに社会人として仕事をし

た経験があり，大学院へはキャリアを高めることが目的で来ている。仕事をしながら履修する学生のため授業は16時以降にも提供されている。(行政学部の大学院の授業はすべて16時以降)。行政学部には職務歴が10年以上ある社会人対象のエグゼクティブMPAもあり，授業は週末土曜日全日に行われている。

またPSUではCBLを教員が授業に積極的に取り入れることを推進するために教員の業績評価の基準の3本柱が（1）研究実績，（2）教育実績，（3）コミュニティ活動　となっている（Office of Academic Affairs, Portland State University, 2021)。教員がそれぞれの専門知識をコミュニティの問題解決のために活用し，研究活動と教育活動のなかでコミュニティとの連携を図ることが実績として認められることで教員は自身が研究活動を通じて社会貢献を行うだけでなく，社会貢献を推進する人材育成に焦点を当てた授業を展開することが出来る仕組みがPSUにはあると言える。

2. 学び直しやキャリア支援のためのプログラム（西芝）

PSUでは学部や大学院で提供されている学位取得につながる教育事業以外に，学位取得を目的としない，キャリア支援や学び直しを目指す社会人のための社会人教育の機会も多面的に提供している。PSUのハットフィールド行政大学院のなかにある公共サービス研究実践センター(Center for Public Service, 略称CPS)(注1)では行政やNPO関係者を対象としたさまざまな社会人教育プログラムを提供している。CPSは「理論，研究，実践の統合を図り，行政やNPOなど公共機関と民主的ガバナンスの正当性と有効性を高める」ことをミッションとし，研修・教育事業，応用研究・コンサルテイング事業，出版事業などを展開している。すべての事業において大学の教職員及び研究者が行政やNPO実務者とパートナーシップを組み，現場での問題解決の場で役に立つ知識・技能の普及とリーダーシップの養成を図っている（Center for Public Service, Portland State University, 2021a）。行政やNPO実務者との協働で事業を実施するアプローチを，コプロダクション（Co-production）と呼んでおり，大学関係者と実務者が対等の立場で事業に取り組み，互いが持つ強みを活用し，事業を行うことで両者がメリットを享受できるようなアプローチを心掛けている。このアプローチは大学関係者がエキスパートとして実務者に対し知識を提供し教育を施す，あるいは大学関係者が学術的知識を持つ専門家として実務者に物事のやり方を示唆する，といったよくある大学と実務者との間の上下意識を極力排除し，また実務者が事業の依頼者（クライアント）として，請負業者（コントラクター）である大学関係者に事業内容を指示するといった力関係も排除し，あくまで両者が対等のパートナーとして，教育事業や研究事業を作り上げていくという理念が根底にある。

学び直しやキャリア支援のための研修・教育プログラムもコプロダクションのアプローチで作られているため，パートナー組織は受講対象者のニーズによって，プログラムの内容や構成も違い，さまざまな形態のプログラムが提供されている。本章では数あるCPSの社会人向けの研修・教育プログラムのなかから典型的なアプローチを2つのプログラムの事例を使って紹介する。

自然保全関連幹部研修セミナー（The Executive Seminar Program for Natural Resources, 略称 ESP）は米国農務省林野局（US Forest Service）の元林業技術者（Forester）であったテッド・シュレプファー氏（Ted Schlapfer）や，元イェール大学の学群長のジョン・ゴードン氏（John Gordon）等が，1976年にスタートしたプログラムである。プログラム創設当初は米国農務省林野局がパートナー組織でプログラムの内容も林野局からの参加者のニーズに対応するよう構成されていた。プログラムは次第に林野局以外の連邦政府や州政府の自然保全関係業務に携わる省庁部局，民間の林業関連企業そしてアメリカ先住民部族政府などからの参加者も募るようになった。

プログラムは毎年秋にスタートし，参加者は 1 年間に 4 回のセミナーに参加する。プログラムの目的は自然保全といった多角的な要素が複雑に絡む政策課題に取り組む幹部職員のリーダーシップ力やマネジメント力を高めることにある。最初の 3 回のセミナーは，事例分析を中心に構成されており，各事例の現場に秋，冬，春にそれぞれ 1 週間滞在型の合宿形式で事例の関係者などから講義を受け，デイスカッションを通じて事例の理解を深める。最後の 4 回目のセミナーは，PSU のキャンパスでの 2 日間のセッションで 1 年の学習を振り返り，事例から学んだリーダーシップ原理や政策提言の手法などを PSU の教員の指導の下総括する。

毎年異なった事例を取り上げているので，このプログラムで創設以来取り上げた事例は 150 以上に及ぶ。具体的にはイェローストーン国立公園での狼の再導入への取組の事例を学びにワイオミング州のイェローストーン国立公園を訪問，遡上魚類の保護のためのダム取り壊しへの取組の事例を学びにオレゴン州のエルククリークダムを訪問，アメリカ先住民のネズピアス族の自然保護政策を学びにアイダホ州のラプワイを訪問といった形式である。事例の選択に当たっては 3 回のセミナーでそれぞれ異なった分野での自然保全への取組を取り上げるよう心掛けられている。例えば初回の事例は水域保全，2 回目は森林保全，そして 3 回目は動物保全と言った形で自然保全の課題を多角的に検討するように構成されている。またすべての事例は「現在進行中」のもので，現場を訪問し，課題に取り組む現場の人達の生の声を進行形で聴き，ともに課題解決の方策を考えるなかで学びを得ていく，というアプローチである。

プログラムの年間テーマと事例の選択はPSUの教職員とESPプログラムの諮問委員会のメンバーの協働で行われる。諮問委員会のメンバーは米国北西部の自然保全関連の関係者で毎年参加者を送っている行政やその他の組織の代表者からなる。この諮問委員会は隔年プログラムの学習成果目標を見直し，PSUの教職員と具体的で時流に沿った現場のニーズを共有する事でプログラムの継続的な最新化を図っている。

セミナーとセミナーの間に時間的間隔を置き，さまざまな地域の現場を訪問し，多様な課題を検討するというこのESPプログラムの構成は幹部レベルの実務者がセミナーで学んだことを日常の業務のなかで反芻し，応用を図り，新たな気づきを更にセミナーの場で参加者と共有することでさらに学びを引き出していくことが意図されている。

ESPプログラムは多様な組織パートナーからなる諮問委員会との協働でプログラムを作り上げている例であるが，次に紹介するのはポートランド市役所という特定の組織をパートナーとし，ポートランド市役所のニーズに合わせてカスタマイズされたプログラムの例である。

2005年8月にポートランド市役所はポートランド市役所の管理職の「文化力及び管理力養成のための研修プログラム」の開発と実施を行うことができる業者の公募を発表した（City of Portland, RFP BHR006）。CPSは著者を含めた3名のプロジェクトチームを構成し，この公募に応募した。応募の第1審査には4つのモジュールからなる総計24時間の研修プログラムの詳細カリキュラムと提案者のバックグラウンドを提出し，CPSチームの提案書は第1審査をパスし，第2審査の面接に進んだ。第2審査の面接はプロジェクトチームに市役所職員が幾つか質問をした後，研修プログラムの一部をデモンストレーションする，というものであった。

CPSチームは第1審査，第2審査に合格し，ポートランド市役所から

「文化力及び管理力養成のための研修プログラム」の開発と実施を受託することとなった。受託の条件として市役所は，当初の白人女性2名，日本人女性1名（著者）で構成されているCPSチームの多様性を増やすことが要請されたため，元広域政府メトロの議員でPSUで地域との連携を図る部署で働く黒人男性と，心理学部の教授でマイノリテイのアイデンティティの研究を専門とする黒人男性の2名をチームに加え，総計5名のチームで研修プログラムの開発と実施を行うこととなった。

ポートランド市役所の依頼内容のなかには研修プログラムの開発と実施に加えて，（1）市役所職員で今後このプログラムを内部で行う際の職員研修講師の養成，そして（2）職員講師が長期的に利用できる研修プログラムのマニュアルの作成が条件づけられていた。CPSチームは研修マニュアルの作成に当たってはポートランド市役所の人事部でこの研修プログラムの担当となった職員5名と頻繁に会合を持ち，彼らの意見を取り込み，協働で研修のカリキュラムを作り，マニュアルを作成した。同時に市役所内ではこのプログラムの継続性を図るため，職員講師のボランテイアを公募し，41名の市役所職員の応募があった。CPSチームは職員講師に応募してきた人達に対し3日間の講師養成研修を行い，平行してポートランド市役所職員チームと共に市役所管理職員約1,050名に対しどのように研修プログラムを展開するかを検討し，スケジュールの組み立てを進めた。

研修実施の第1ラウンドは「パイロットテスト期間」という位置づけで，2006年1月から5月まで実施された。この期間は市役所職員講師の養成を図るため，それぞれのセッションはCPSチームのメンバー1名と市役所職員1～3名が必ずチームで研修を実施した。当初41名いた市役所職員講師は「パイロットテスト期間」終了時にはその半数の15名程度に減少した。

CPS チームとポートランド市役所人事部チームの協働で作られたこの「文化力及び管理力養成のための研修プログラム」のカリキュラムはそれぞれ4時間で構成されている6つのモジュールからなり，受講者はすべてのモジュール（総計24時間）の研修を取ることが義務づけられていた。2006年1月から5月までの「パイロットテスト期間」中に61セッション（244時間）実施された。その間に受講した管理職員の数は約250名でポートランド市長や担当部局の長を務めるコミッショナー（議員）も研修を受講した。

6つのモジュールの内容は下記の通りである。

1. 多様性推進と文化力概説（Orientation to Diversity Development and Cultural Competency）
2. 多文化を受容する職場をどう作り上げるか（Creating a Multicultural Workforce）
3. 多文化の職場マネジメント：コミュニケーション力，コーチング，職務評価（Managing Diverse Workgroups - Communication Skills, Coaching, and Performance Management）
4. 多文化の職場マネジメント：偏見が職場でどう作用するかを理解する—昇進と職員保持（Managing Diverse Workgroups - Understanding Individual and Group Biases in the Workplace: Impacts on Promotion and Retention）
5. 多文化の職場マネジメント：包摂的なチームを作るために（Managing Diverse Workgroups - Team Building and Promoting Inclusiveness on Diverse Work Teams）
6. 包摂的な職場環境をどう作り維持するか（Creating and Maintaining an Inclusive Work Environment）

「パイロットテスト期間」終了後，CPS チームとポートランド市役所人事部チーム及びボランテイア職員講師の全員でプログラムを振り返り，カリキュラムの手直しを行った。当初は「パイロットテスト期間」終了後はすべての研修はボランテイア職員講師のみで行う予定であったが，見直しの結果，CPS講師の継続的な関与が望ましいという結論になり，CPS講師は2007年12月末まで研修に関わり，チームリーダーであった著者はその後2008年中も適宜，市役所の要請に応じボランテイア職員講師のコーチングやプログラムの見直しなどにも関与しつづけた。2008年以降，人事部担当者などの入れ替わりもあり，「文化力と管理力養成のための研修プログラム」のカリキュラムの大幅な見直しがなされ，総計24時間のプログラムは長すぎるということで4時間のプログラムとなった。今は人事部の提供する研修プログラムの1つに組み込まれた形で継続している。

以上，本節ではPSUが公共サービス研究実践センター（CPS）といったメカニズムを使って社会人の学び直しやキャリア支援のプログラムを提供しているかを説明した。

3. 地域の扉を開くポートランド州立大学のビジター向けプログラムファースト・ストップ・ポートランド（飯迫）

ポートランド州立大学では2009年に都市及び公共問題政策カレッジ（College of Urban and Public Affairs 以下CUPA）内にファースト・ストップ・ポートランド（First Stop Portland 以下FSP）という部署を設置し，アメリカ国内や海外からポートランドの持続可能なまちづくりの事例を学びたい訪問者をスタディツアーの形式で受け入れている。サステナビリティに関する交通計画，アーバンデザイン，自転車や歩行者にやさしいまちづくり，自然と融合されたネイバーフッド，ローカルファーストビジネスなどをテーマに全米一住みやすいまちとして知られるポートランドのさまざまな事例を市外からのビジターと共有してきた。プログラム参加者は歩いたり，公共交通などを利用したり，時には自転車にのってポートランドのまちを住民や行政はもちろんのこと，ローカルビジネスやNPOの視点も含めて体験する。日程は参加者の希望に合わせて半日から数日間まで選べるスタディツアー形式となっている。2019年の10周年時点では，約3,200名の訪問者が米国を含め約33の国々からFSPを利用してポートランドを訪れた。1位は米国で約745名，2位は日本で642名，3位は中国で571名となっている。（**図10-1**）参加者が選んだトップ3のトピックは，1位：グリーンシティの作り方（We Build Green Cities），2位：公共交通指向型都市開発（Transit Oriented Development=TOD），3位：持続可能なインフラづくり（Sustainable Infrastructure）となっている。先述の通り，日本からの参加者は米国の他都市からの参加者に続き2位という多さで，ポートランドが日本の

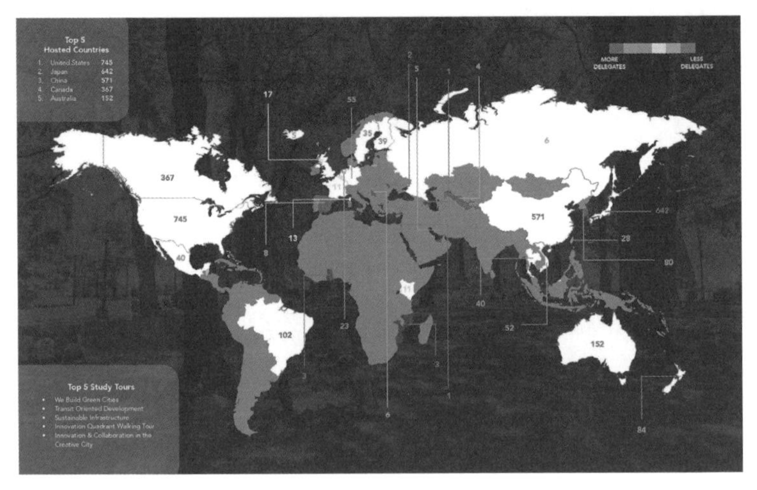

図10-1　訪問国の統計とスタディツアー上位5位（2019年時点）

雑誌やテレビなどで紹介されるようになってから，持続可能なまちづくりの事例を学びにFSPへの依頼が殺到した。ポートランド州立大学は，日本からの留学生も多く，ポートランド市，そしてオレゴン州も親日派なため，カリフォルニアやシアトルなどにはない持続可能な事例を安心して学べる場という理由でも，FSPのスタディツアーは，日本人の間で人気を博していると思われる。

大学にこのような地域の事例紹介を行うスタディツアーを提供する部署が設置されているのは米国でも珍しく，同じような機関はないと言っても過言ではない（Ericson et al., 2019）。では，そもそもなぜポートランド州立大学内にこのような部署を設置するようになったのか。FSPが創設された当時，ポートランド市役所やメトロ広域政府など行政機関に多くの国や地域からポートランドの持続可能なアーバン都市の事例を学びたいと依頼が増え続けてきていたため，CUPA長のもとに大学として受け皿を作ってほしいとの相談が持ち込まれた。行政職員は，通常の仕事以外にこのような依頼をコーディネートする時間が負担になっていたようである。CUPAにはポートランド都市問題研究所（Institute of Portland Metropolitan Studies）があり，ポートランドの持続可能な都市計画や政策に精通した教授や職員，学生がいることを強みに，FSPはこの研究所の一部としてスタートすることとなった。特に，持続可能なまちづくりで注目を浴び始めて依頼が殺到してきたポートランド市役所，トライメット（TriMet）やメトロ広域政府側は，ポートランド州立大学のFSPが訪問者の受け皿になり，その依頼をコーディネートしてもらう代わりにFSPの運営資金の一部を出し，職員をそれぞれの専門分野によって講師として提供するというメカニズムが出来上がった。一方，FSPは運営理事会を立ち上げ，理事が寄付を出し合ったり，資金集めの協力をするといった運営の仕組みが作られた。理事会は資金調達の他，FSP の戦略計画策定に関わり，活動の方向性やターゲットを絞り，ポートランドのまちづくり等のベストプラクティスの情報共有等を行った。

政治的，経済的に中立な立場の大学が，このようなスタディツアーを組み，市役所や広域政府，NPO，ビジネス，そして住民の事例を提供し，参加者が現地の専門家に直接インタビューをする機会を設け，互いに最新事例を共有し課題解決のための意見交換を共にファシリテーションすることによって，受け入れ側組織の事務的作業が激減するうえに，大学が主体的に学びの創設者となることのメリットはとても大きい。更に，FSP は大学の機関であるので，学生を親善大使やボランティアとして動員することで，学生にとっても有意義な学びの場を提供することになり，大学の持つ知識をまちに貢献できる機会を提供することができた。FSP 創立当初のディレクターのナンシー・ヘールス氏（Nancy Hales）は，先述の PSU のユニバーシティ・スタデイーズのキャップストーンで FSP のスタディツアー（**写真 10-1**）を学びの題材にするといった仕組みを作ったりもした。こうした機会を通じ，学生はスタディツアーの裏方として，事務作業やコーディネーションのプロセスを学び，スタディツアーを運営するスタッフとしてのスキルを身につけ，貢献することが出来た。2009 年から協力し続けている FSP の元理事長，ジョン・キャロル（John Carrol）氏によると，民間の目線からも若い学生がスタディツアーに携わり，実際に地域で行っている事例を教室の外で直接見て対話ができる機会に触れることは重要で，学生にとっても達成感がある，と語っていた（John Carroll, personal communication August 15th, 2019）。FSP のスタディツアーは PSU のモットーでもある「知識を持って市に貢献せよ」（Let Knowledge Serve the City）を育ませるメカニズムともなっているのである。

写真 10-1　FSPのスタディツアー

しかしやはり，FSPにも課題はある。持続可能な資金を確保し，最新のまちづくりのベストプラクティスの情報を盛り込んだプログラムを提供し続けるのは安易なことではない。今後もFSPのミッションに沿った「都市の持続可能性の実践を世界中のまちに促進させる」活動を継続的に行うためには，振り返りを絶え間なくしながら今後の見通しを立てた戦略的な長期プランが必要となる。実際に，2017年にFSPへの参加者がピークに達してからは降下傾向で，人材の入れ替わりもあった。FSPが従来持っていたネットワークを再構築し，且つFSPの運営予算を十分に確保することも難しくなっている。特に，世界的なコロナ禍に見舞われた2020年は参加者を現地で受け入れてスタディツアーを行うことが困難な状況となった。オンラインでのセッションをいくつか行い，これまでの主要なパートナーと共にさまざまなネットワーキングイベントを行ったが，やはり実際にポートランドのまちを見て歩き，実感してもらわなければオンラインでは理解しずらい部分がある（**写真 10-2**）。もちろん，オンラインだからこそできることも見えてきた。世界中の人々と気楽に繋がれるのは，オンラインのよいところでもある。コロナ禍中に，日本といくつかのネットワーキングイベントや学生の学びを促進するために米国の障害者法をテーマにしたホテルのバリアフリーについて意見を交わすこともできた。簡単なプレゼンテーションや意見交換，そしてネットワーキングはオンラインでも質の高いものを提供できる。今後はオンラインと現場でのスタデイーツアーの両方を活用し，ポートランドが未来に向かって試行錯誤している都市の持続可能性の第 2 章をさまざまな人たちを繋ぎながら代弁できる場づくりを FSP は続けていくであろう。これまで提供し続けてきた，グリーンシティの作り方，公共交通指向型都市開発や，持続可能なインフラづくりなどは，すでにポートランドの基礎にあるので，今後さらに加速するテクノロジーを屈指した公正なまちのあり方を中心にポートランドの持続可能な都市のあり方に

写真 10-2　ポートランドのまちの見て歩き

ついてFSPは大学が「地域の扉」を開き続けるためのビジョン追求することとなる。

4. アメリカから日本の社会変容にインパクトを与えることをめざすJaLoGoMaプログラム（西芝）

前節で紹介した公共サービス研究実践センター（CPS）の社会人教育は米国内に限らず，国際的にもプログラムを展開している。そのなかの1つが，著者が2004年から提供してきた日本人を対象とした「まちづくり人材育成プログラム」（Japanese Local Governance and Management（JaLoGoMa）Program）である（Center for Public Service, Portland State University, 2021a）。このプログラムが現在の形態になるまでに大きく分けて3つの段階を経てきている（図10-2）。

第一段階は2004年から2008年までの5年間実施された東京財団主催，早稲田大学公共経営大学院及びポートランド州立大学公共サービス研究実践センター（CPS）主管による「市区町村職員国内外研修プログラム」である。このプログラムは東京財団が当時の地方分権推進の流れのなかで，全国の市区町村職員の能力やスキルの向上に貢献することを目的とし，地方自治体の現場で直接役に立つような新しい視点を国内外での学習の機会を通じて提供するという趣旨で創設された。当時の東京財団奨学事業部担当理事のエレン益子氏のリーダーシップのもと，東京財団，

図10-2　まちづくり人材育成プログラムの3つの段階

早稲田大学公共経営大学院，ポートランド州立大学公共サービス研究実践センター（CPS）の三者が，協働でプログラムのデザイン及び実施にあたった。

参加者は東京財団が全国の市区町村から市長推薦をうけた中堅職員を募り，面接審査で選ばれた約10名から12名が毎年参加。プログラムの構成は4月にスタートアップのセッションがあり，その後参加者は7月までは早稲田大学公共経営大学院の授業を2コマ受講する。7月中旬から9月初旬まで約7週間，参加者はポートランドにてCPSがカスタマイズして作ったプログラムを受講し，10月に日本で総括研修を東京財団で行う，といった形式である。プログラムのテーマは「プロジェクトマネジメント」で参加者はそれぞれ自分の自治体で実施を目指すプロジェクト案を持ち，CPSでプロジェクトマネジメントの手法を学び，またそれぞれの参加者のプロジェクト内容に参考となるポートランドの事例などを現地で見学，インタビューなどを通じて学んだ。（西芝，イングル，塚本，小林，東京在団，2007）。

2009年に東京財団は「市区町村職員国内外研修プログラム」の5年間の実施評価結果を踏まえ，より多くの自治体職員の研修プログラムへの参加が可能となるよう，「東京財団週末学校」として形態を変えての研修プログラムがスタートした。この第2段階の「東京財団週末学校」では全国の市区町村から20名から30名の職員を選出し，5月から10月の期間中，東京財団のスタッフがアレンジした約10回の講義を東京財団にて受講するといった形式となった。ポートランドでのプログラムは国外調査という位置づけで夏の1週間に短縮され，平行して参加者は日本国内でも事例に基づいて現地訪問し国内調査を行った。

週末学校全体の学習テーマは「住民主体のガバナンス」と設定され，CPSでのカリキュラムも，ポートランド都市圏での住民参加の事例紹介，事例紹介された現場訪問，現地の住民，NPOや行政関係者とのディスカッションといった内容を1週間という短い期間に凝縮し提供することとなった。CPSではプロジェクトチームに元ポートランド市役所職員のダン・ビッチーニ氏（Dan Viccini），住民グループのリーダーのチップス・ジェンガー氏（Chips Jenger）そしてネイバーフッドアソシエーションやビジネスアソシエーションでの活動を展開する住民のランディー・ボネラ氏（Randy Bonella）を加え，ポートランドで進行中の事例を適宜紹介するなかで参加者の「住民主体のガバナンス」への理解を深めるようプログラム作りがなされた（各氏の略歴等は第13章を参照のこと）。

東京財団は2016年をもって「東京財団週末学校」を終了することとなったため，CPSは東京財団とのパートナーシップ無しで，独自にプログラムを提供し続けることとなった。形態は従来通り夏の1週間，ポートランドにて開催。日本語名称を「まちづくり人材育成プログラム」と変え，テーマも焦点をまちづくりに置き「住民主体のまちづくり」とし，コミュニティの関与や住民主体のまちづくりに関心のある人なら地方自治体職員に限らず議員，市民活動家，NPO，民間企業などから誰でも参加できることとした。但し，東京財団の資金援助が無くなったため，プログラム費用は参加者負担となった。プログラム内容も，従来どおりポートランド都市圏での最新の住民主体のまちづくりの事例を紹介し，これらの事例の現場を視察し，関係者とのディスカッションを行い，加えて参加者同士のディスカッションを通してポートランドでの事例が日本でどの様に活用できるか等について検討するといった方式である。

コロナ禍に対応して急遽立ち上げられたオンライン型E-JaLoGoMa* プログラム

＊E-JaLoGoMaのEは電子という意味ではなくExperience Portland while in Japan & Electronicである。

2020年はコロナ禍のため日本からのポートランドへの来訪が出来なかったため，急遽プログラムをオンラインに切り替え提供することとなった。オンラインプログラムには参加者の学びを深めることを目的とした4つのプロセスが導入された（**図10-3**）。

プロセス1．JaLoGoMaのエッセンスを盛り込んだオンライン教材やその他の資料を参加者に配布し参加者は平日独自に学習を行う。
プロセス2．オンライン教材やその他の資料に関する質疑応答やディスカッションをフェイスブック上で行い，ズームを使ってのディスカッションの準備を行う。
プロセス3．日本時間の毎週土曜日の午前中，ズームを使って日本の参加者とポートランドの講師陣をつなぎ，事前学習を踏まえたディスカッションを行う。このズームを使っての講義を3回行う。
プロセス4．最終回の第4回セッションの土曜日は日本やポートランドに在住する過去のプログラム参加者や実務家などを招

【スケジュールイメージ】

8月初旬	平日	8月7日(土)	平日	8月14日(土)	平日	8月21日(土)	平日	8月28日(土)
オンライン教材の提供	事前学習	オンラインセッション（1回目）						
			事前学習	オンラインセッション（2回目）				
					事前学習	オンラインセッション（3回目）		
								ネットワーキング

図10-3　スケジュールのイメージ

待し，参加者とのディスカッションを通じネットワーキングを図る。

2020 年の 8 月に実施されたオンラインプログラム（通称 E-JaLoGoMa）には 60 名の参加者があり好評であったため，2021 年 1 月～2 月には同様の形式でオンラインセッションの数を総計 3 回に減らし，オンラインセッション間の間隔を隔週とし提供した。2021 年のプログラムには 25 名の参加があった（Center for Public Sevice, Portland State University, 2021b）。

こうしていくつかの変遷を経てきた JaLoGoMa プログラムだが，長年プログラム作りを行っていくなかで次の 5 つがプログラム参加者に期待される学習成果として確立してきている。

1．住民主体のまちづくりやガバナンスを行っていくための概念的な枠組みを確立する
2．効果的な市民参加の基本原則を理解する
3．イノベーティブ(革新的)な問題解決方法を見つけ出す
4．パートナーシップとネットワークづくりのために必要なスキルと知識を身につける
5．自分の立ち位置からリーダーシップについて理解し，発揮する

このような学習成果を日本からの参加者がポートランドといった海外の事例を学ぶなかで達成できるようなプログラム作りをするうえで JaLoGoMa プログラムスタッフが常に念頭に置いている概念が 2 つある。

1 つはブルームの教育目標分類（Taxonomy）（Bloom et.al, 1956）を基に筆者が手を加えた「学びのピラミッド」である（**図 10-4**）。このピ

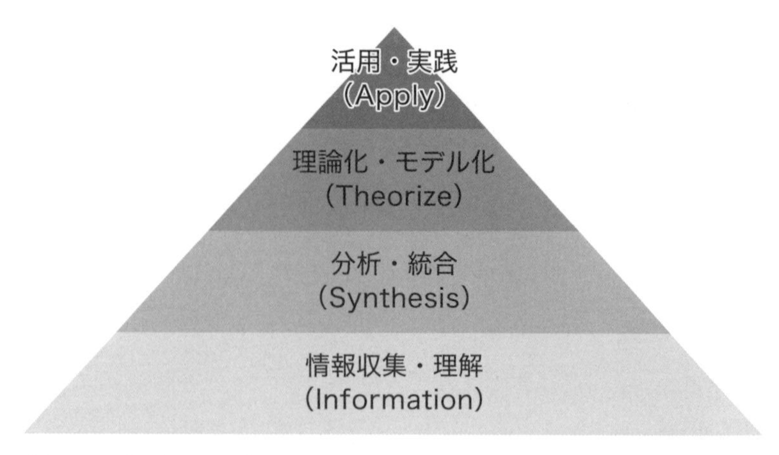

図10-4　学びのピラミッド図

ラミッドに示されている通り，学びのプロセスの最初の基盤となる部分は「情報を収集し，その情報を理解すること」にある。したがってプログラム参加者がビデオ教材や参考文献等でポートランドのまちづくり等についての情報を享受し，理解をするのは，このピラミッドの一番下の最初の段階に相当する。しかし，このピラミッドにも示されている通り，情報収集だけでは学びは成立しないのでより高度の学びを達成するためには，収集した情報を学習者が「分析・統合」し，そこから独自に物事がどう動くのか「理論化・モデル化」し，その理論やモデルを実際に「活用・実践」できるようにすることが，学びのプロセスにおいては重要である。したがって，JaLoGoMa プログラムでは，プログラム期間中に，単に「情報収集・理解」だけでなく，プログラム参加者が情報を「分析・統合」し，「理論化」へのステップに踏み出せるよう心掛け，カリキュラムを組んでいる。ビデオ教材や関係者へのインタビューは「情報収集とその情報の理解」が主な目的だが，講師や参加者同士とのディスカッ

図10-5　まちづくりの氷山モデル

ションをするなかでビデオ教材やインタビュー情報を元に「分析･統合」をし，そして最後の振り返り・まとめのセッションで「理論化・モデル化」を考え，日本に帰ってからの参加者同士や過去のプログラム参加者とのネットワーキングの場で実際に学んだことをどう「活用・実践」できるかを考えるといった流れを理想としている。

プログラム作りをするうえで JaLoGoMa スタッフが重要視しているもう一つの概念は「まちづくりの氷山モデル」である（**図 10-5**）。JaLoGoMa プログラムでは，まちづくりを氷山にたとえて説明している。氷山の一角という表現があるように，氷山は水面上で見えている部分は氷山全体の 1 割程度で残りの 9 割は水面下にあり目には見えていないわけだが，まちづくりも氷山のように目に見える部分と目に見えない部分がある。例えば都市計画，景観デザイン，組織形態などは具体的に目に見える部分であるが，そうした目に見える部分のベースとなっているの

コラム2：コミュニティ・ベースド・ラーニング（CBL）におけるパートナーシップ

コミュニティ・ベースド・ラーニング（CBL）を効果的に展開するためには，コミュニティにパートナーを見つけ，パートナーシップを維持する必要がある。コミュニティ・パートナーを選ぶ際には教員，学生，そしてコミュニティ・パートナーの三者の関心とニーズがうまく噛み合ように配慮することが重要である。教員は授業の学習目標を達成するために有効なCBLの活動内容を考え，現場でボランテイアとして実際の作業に携わることで学習目標が達成できるのか，あるいは，プロジェクトを計画・実施することで達成できるのかを明確にしたうえで，コミュニティ・パートナーにどのようなニーズがあり，学生にどのようなことを期待しているのかを考慮したうえで各授業に適したコミュニティ・パートナー選択する(Cress, Collier, & Reitenauer, 2013)。パートナーシップを長期間に亘って維持し続けるために重要なポイントは次の3点である。

（1）パートナーシップを教員とコミュニティ・パートナーとの関係として捉えるのではなく，大学としてパートナーシップの機能を包括的に把握し，データを収集し，それぞれのパートナーシップに適切なサポートを提供する。

（2）学生，教職員，コミュニティ・パートナーのそれぞれがパートナーシップのなかで重要な役割を果たすという認識を持ち，パートナーシップ構築・強化のプロセスに巻き込む。

（3）パートナーの期待を上回り，満足度を向上させるための努力をする。

(著：西芝雅美)

は，目に見えない，人の意識や力量，価値観，プロセス，考え方，文化背景などである。JaLoGoMaプログラムでは参加者がポートランドのまちづくりを参考にされる際，この氷山モデルを念頭にいれ，目に見える部分だけでなく，目に見えない部分から何か学べるものがないか考えてもらうように心掛けている。

このように2004年からポートランド州立大学公共サービス研究実践センター（CPS）が行ってきたJaLoGoMaプログラムは2021年１月時点での参加者総数は約400名，また中心となってプログラムを提供してきたコアスタッフ以外で毎年プログラムをサポートしてきたバイリンガルスタッフ，学生，ボランテイアの総数も約400名にのぼる。さまざまな形でJaLoGoMaプログラムに関わってきた人々が太平洋をまたいで課題を共有し，プログラムで誕生した強靭なチームワークを活用し，地域間連携を図ることで日本の社会イノベーションを加速し，まちづくり，ひいては社会変容に大きなインパクトを与えていると信じている。

注

（注１）https://www.pdx.edu/center-for-public-service/about

参考文献

・Center for Public Service, Portland State University (2021a)。About. Retrieved February 20, 2021 ‘https://www.pdx.edu/center-for-public-service/about

・Center for Public Service, Portland State University (2021b). Japan Programss. Retrieved February 20, 2021 https://www.pdx.edu/center-for-public-service/japan-programs

- Deans, T. (2000). *Writing partnerships : service-learning in composition.* Urbana, Ill. : National Council of Teachers of English.
- Erickson E., Cramer M., Gates J., Ness L., and Vu T. (2019). *First Stop Portland Strategic Plan Report.* Public Administration 558, Portland State University: unpublished student paper.
- Office of Academic Affairs, Portland State University (2021). Academic personnel, policies, and development. Retrieved February 20, 2021 https://www.pdx.edu/academic-affairs/academic-personnel-policies-and-development
- Portland State University (2021), Community-Based Learning, Retrieved July 18, 2021, 2021 from https://www.pdx.edu/academic-innovation/community-based-learning
- Reardon, Michael F. & Ramaley, J.A. (1996) Building Academic Community While Containing Costs. *Handbook of the Undergraduate Curriculum, American Association of Colleges and Universities.* Jerry G. Gaff and James L. Ratcliff and Associates [Editors] . Jossey-Bass Publishers. San Francisco. Pgs. 513-532.
- University Studies, Portland State University (2021). University Studies. Retrieved February 20, 2021 https://www.pdx.edu/university-studies/
- 西芝雅美，マーカス・イングル，塚本壽雄，小林麻理「東京在団地方行政を変えるプロジェクトマネジメント・ツールキット―自治体職員のための新仕事術」（ぎょうせい，(2007 年).

コラム・参考文献

- Cress, C. M., Collier, P. J., & Reitenauer, V. L. (2013). *Learning through serving: A student guidebook for service-learning and civic engagement across academic disciplines and cultural communities.* Stylus Publishing, LLC..
- エイミー・スプリング「戦略的パートナシップ：ポートランド州立大学におけるパートナーシップ構築方針の変遷」（4 章）白石克孝，村田和代，西芝雅美（編）(2021 発刊予定)（ひつじ書房）
- 「ポートランド州立大学のコミュニティ・ベースド・ラーニングに学ぶ―大学の新しい役割―」白石克孝，村田和代，西芝雅美（編）(2021 発刊予定)（ひつじ書房）

11 イノベーティブな学習支援技法3：まちを育てる住民活動

飯迫　八千代

《目標＆ポイント》 本章では，住みよいまちづくりに成功したポートランド市の事例から，地域の身近な問題の発見と解決の芽を育てる住民活動について学ぶ。また，地域力や持続力に効果する小さな取り組み，多様な実践の集積「ソーシャルキャピタル」に焦点をあて，そこでの学びやメンタリングについて考察する。

《キーワード》 自転車文化，自転車法案，住民諮問委員会，草の根活動，楽しい，サンデイパークウエイ，ブリッジペダル，バイクハブ，ビジョン

1．ポートランドの自転車文化を事例に考察する

ポートランドで生活をしていると自転車でコミュート（通勤）する人々や，自転車関連のイベントが多いことに気づく。ポートランド市は，全米でも自転車にやさしく健康なまちとして知られており，自転車文化はかなり根付いている。この自転車文化を事例に，住民活動やまちの変化を考察していこうと思う。筆者がポートランド市に移り住んだ2006年から比較しても，自転車のインフラや実際に自転車に乗っている人々は確実に増えており，著者自身も自転車が楽しく，ライフスタイルの一部として定着してきた。ポートランドは自転車道のインフラがかなり整っていると言ってもよい。自転車に乗るにあたり，インフラが整っているのといないのとでは断然自転車に乗りたいと思う気持ちが違ってくるであろう。2019年4月の時点で，ポートランド市全域で合計385マイル（616km）も自転車が安心して走れる道路を整備してきている（Bureau of Transportation, City of Portland, 2019)。そして現在も2010年に策定された「自転車計画2030」の目標を日々現実化しようと努力している。2020年6月のPeopleForBikes（ピープル・フォー・バイクス，2020）によると，ポートランド市が全米で最も自転車利用者数が多いという結果が公表された。更には，ポートランド市交通局の統計によると，2000年と2017年を比較した際に2017年には374%の人々が自転車で通勤するようにまでなったと述べている（Bureau of Transportation, City of Portland, 2019)。それほど自転車フレンドリーなまちになったのはどういった住民の活動背景や意図があったのだろうか。

まず，ポートランド市の最初の「自転車計画」が作られたのは1973年に遡り，その計画は住民の自転車道タスクフォース（Bicycle Path Task Force）によるものであった。当時この自転車道タスクフォースがポートランド市のレベルで作られたきっかけは，オレゴン州レベルで最初の「自転車法案」が1971年に可決していたこともあるが，これらを実現させた背景には住民の働きかけがとても大きかった。ポートランド市で最初の「自転車計画」が作られたことによって，現在の交通局自転車プログラム部門が立ち上がり，そして1973年には住民からなる正式な自転車諮問委員会が形成させた（Community Narratives of Portland Oregon, 2021)。現在，この自転車諮問委員会のメンバーは，市議会から指名され全ての自転車関連について市に対して助言を行うこととなっている。そしてポートランドは，全米でも最も古い**住民からなる自転車諮委員会**を設立した市の１つでもある（Bureau of Transportation, City of Portland, 1998)。当時，アメリカではエネルギー危機や原油禁輸措置などが強いられた背景もあり，自転車がただの娯楽だけでなく，代替の交通手段といった認識が政治家のなかでも高まってきていたことも大きいようだ（Community Narratives of Portland Oregon, 2021)。こういった 70 年代初期の動きが，現在のポートランドの自転車文化に多大な影響を与えている。その当時から自転車関連の多様な組織や NPO 団体，ボランティアなどが立ち上がり，約 50 年にもおよぶ多様な住民や組織の働きかけによって，今日のポートランドの自転車文化にたどり着いている。

2. 住民の草の根活動から始まる大きな変化

しかし，ポートランドでも常に右肩上がりに全てが上手くいってきたのではないようだ。例えば，The Street Trust（ザ・ストリート・トラスト）という NPO 団体の例を紹介したいと思う。この NPO 組織は，1990 年に BTA（Bicycle Transportation Alliance 自転車交通連合）という名前で立ち上げられた。この組織が正式に立ち上がったのは，州レベルの自転車法案やポートランドの自転車計画が作られた時から約 20 年も後のことである。その 20 年間，ポートランドでも安全に自転車で走れる道路はかなり限られていたという。その間，さまざまな計画や住民ボランティアによる自転車道のアイディア，活動はあったのだが，予算や計画の延期や自転車道拡張反対意見などによりなかなか前に進まなかったようだ。BTA の創設者レックス・バークホルダー（Rex Burkholder）氏によると，その当時の主要な道路には自転車道はなく，ダウンタウンに通じる橋はどれも安全に渡ることはできなかったという。現在のポートランドの状況から考えると信じがたいが，バスや電車にも自転車を持ち込むことはできなかったという。更には，ポートランド市議会やメトロ（広域政府）にも自転車に打ち込む影響力のある政治家がこの 20 年間はいなかったと語る。

バークホルダー氏は，小さいころから自転車が大好きで，新聞配達をしていたこともある。自転車のメンテナンスをしていなかったことが原因で大きな怪我をし，そこからメンテナンスの大切さも覚えた。そんな自転車好きのバークホルダー氏の子どもが5歳の時，共にポートランドのダウンタウンに行くために掛かっている橋を渡ろうと試みたが，とても安全に渡ることはできなかったと語る。橋を渡ろうとしている途中で，子どもが逆走しているのではと混乱するくらい危険で，車の列が自分たちの後を追っていた。更には，当時は警察も車やオートバイの肩を持つ傾向があり，警察に自転車で橋を渡るなと注意を受けながら並走された苦い経験もあったという。そんな環境のなか，子どもたちが安全に自転車で走れないまちは考えられないと憤りを感じ，草の根でできることを行動に移し始めたという。そしてある日，橋に貼られた「ポートランド周辺自転車連合（Portland Area Bicycle Coalition）」のミーティングの張り紙を見て，参加したそのグループがBTAを立ち上げるきっかけとなったのだ。この自転車好きな少数の住民の集まりが，安全な自転車道を確立させるためのアイディアや戦略を出し合っては，まちのビジョンを語り合ったという。同時期，アメリカはイラク戦争（湾岸戦争）に参戦しており，市民は自動車の運転を強いられていて，その実態を変えたいのなら，まずは自分たちのまちから始めなければと思ったとも語る。その集まる場所は互いの自宅のキッチンや図書館などで，自分たちのアイディアや自転車のことをニュースレターとして書いては，印刷をして郵送をし，こつこつと続けていた。特に，議員や重要な行政職員などには必ず送るようにした。そのうち，ローカルの自転車屋（Bike Gallery）から寄付を募ることが出来，NPOになる手続きなどをしてくれるパートの人を雇うこともできた。そして，BTAとして設立してから最初の大きな運動は，ポートランド市広域の公共交通を運営するトライメット（TriMet）に対し，バスに自転車を持ち込んで乗車できるように働きかけを行ったことだった。約7000人の署名を人が集まるウォーターフロントパークや，図書館の前などで集め，数多くの自治体を味方につけ，トライメットに1年間の試験期間を設けさせることに成功した。トライメットは自転車専用ラックを作り，この試験期間中，通常公共交通を利用しない層を利用者として引き付けることが出来ただけではなく，この規模の公共交通機関の組織として全米でも最初に自転車が利用できる公共交通機関となったのだ。

この働きかけが成功した際の嬉しさは計り知れなかったという。そして，バークホルダー氏は，このような変化が起こる重要な鍵は，草の根活動を絶え間なく続け，その活動を組織化していきながら政治家や重要なステークホルダーにアクションを起こさせるよう訴え続けることが必要だと述べている。大きな望みを持った挑戦的な住民の活動なしでは，課題や挑戦していきたいことは，まちから消えてしまうと語る。実際に，BTAがストリート・トラストになってから，支援運動から別の方向性に向きを変えた時期があり，その結果メンバーの激減や自転車利用率やサポーターが減った。人々が何かをサポートでき，擁護し，誇りをもって行動できるきっかけや環境，場を提供することが社会変革には必ず必要となるとバークホルダー氏は語る（Burkholder, January 19, 2021）。実際に，筆者がポートランドに移住してから気づいたポートランドの自転車文化の魅力は，バークホルダー氏が始めたBTAのような自転車を支持するNPOや自転車関連の組織の数や自転車関連のイベントがとても多く，いろんなことに参加ができる入り口が多数あることだ。そして，ポートランドの自転車文化以外の事例を解きほどいてみても，バークホルダー氏や彼の仲間たちのような少数の住民が草の根活動を始めて，社会変革にまで至ったケースがかなり多い。特に有名な事例で言えば，高速道路を撤廃し，住民の憩いの場となるウォーターフロントを作った事例や，立体駐車場の拡張を撤廃し，住民がくつろげるリビングルームのようなパイオニアスクエアという広場を作った事例も知られている。どの事例を考察しても，最初の発端は少数の住民が集まり，市やまちに訴えるような行動を起こしたことがきっかけである。

3. アクションを起こせる機会・楽しいを創造する

それでは，人がアクションを起こせるような機会や場をもうけるとはどういうことなのか自転車の例で考えてみたい。

例えば，BikePortland（バイクポートランド）というポートランドの自転車関連に関することをジャーナリストとしてレポートをする組織がある。この組織は，2005 年に創立して以来，さまざまな分野で賞を受賞している。そして，この組織と共に自転車の重要性を支援し訴えるには，バイクポートランドの諮問委員会のメンバーになることで可能である。諮問委員会のメンバーとなればどういったメッセージを住民に届けたいか，どういった自転車関連の情報を優先して読者に読んでほしいかなどを考え提案することが出来る。その他，Bikes for Humanity PDX（自転車を人類に）は，古い自転車をメンテナンスし，さまざまな場所に寄付，販売を行っている。この組織は，メンテナンスのクラスもボランティアになりたい住民に開校し，安全で独立したサステイナブルな自転車生活をできるだけ多くの人が送れるよう擁護する NPO である。

更には，筆者の働いているポートランド州立大学にも Bike Hub（バイクハブ）というセンターが備え付けられている。Bike Hub には，自転車専門の大学職員がおり，大学で自転車利用率を上げる働きかけをさまざまな形で行っている。キャンパスのいたるところに空気入れや簡単な修理工具が置かれていて，自転車のちょっとした故障やメンテナンスも手軽にできる環境を作っている。無料の自転車のメンテナンスクラスも女性や初心者，学生や教職員向けにもある。更には，毎年 5 月がアメリカでは「自転車の月」となっており，自転車関連のチャレンジイベントを開催している。Bike Hub が行う自転車チャレンジイベントとは，自転車で通学や通勤距離を競う競技になっており，個人やグループで登録できる。勝利したチームには自転車が賞品として与えられたりなど，参加する意欲をそそる工夫を凝らしている。ウェブサイトやアプリも充実しているため，走行距離を毎日入力し，写真なども添付しながらどの個人やグループが上位にいるかもわかる。もちろん，距離を競うことが目的ではなく，健康促進はもちろんのこと，ポートランド市内のさまざまな自転車道を知り，活用してもらうことを促す目的や，グループで互いに刺激し合うことで，自転車そのものが楽しいと思えるよう仕掛けている。ポートランド州立大学でのバイクチャレンジの月は，自転車のサドルにキャンペーン用のカバーが被せられていて（**写真 11-1**），スクール

写真 11-1　自転車のサドルに被せられたキャンペーン用のカバー

写真 11-2 「自転車の月」のポスター

カラー（モスグリーン）のサドルカバーが鮮やかでとても目立つ。この月が来たんだと見た目ですぐにわかる。更には，Bike Hub の職員やアルバイトをしている学生が無料のコーヒーやドーナツを外で振る舞い，人が集まってカジュアルに話しができる場なども設け，キャンパスに盛り上がりを創っている（**写真 11-2**）。

この月になると，キャンパスに通う学生や教職員の自転車率がかなり増えていることを目の当たりにする。筆者の働いている部署でも，学生や教職員関係なくチャレンジしたい人でチーム名を考え登録し，そういったプロセスも楽しむ。自転車が教職員のオフィスに持ち込まれている（自転車が外では止めきれず）のもこの月の特徴で，自転車チャレンジの月が来たなとわくわくしながら，ミーテイングでは自転車の話で盛り上がる。そういったなかで，オフィス内での絆が深まったり，互いに知らなかった部分を知ることが出来るきっかけともなりさまざまな波及効果があると感じる。

Bridge Pedal は，ポートランドにある橋（ブリッジタウンと言われるほど橋が約 12 本ある）を一部封鎖して自転車が主役になれるよう計画した1996年以来の世界中でも大規模な自転車イベントの１つである。Bridge Pedalは，プロビデンス・ホスピタルという病院が主催者となり，健康を促進するためにもこのイベントはポートランドの自転車文化の伝統として今も続けられている。この，封鎖される橋のなかには，高速道路も含まれており普段自転車では走れない部分も走ることが可能で，その橋のてっぺんではバンド演奏を楽しみながらポートランドが一望できる写真撮影スポットなどがある。その他，ローカルのお店が試食やクーポンを配っていたり，小さい子どもたちでも楽しめるような距離の短い，高低差の少ないルートも用意されている。もちろん，自転車が苦手な人でも参加できるよう歩くルートもある。更には，本格的なバイクライダーたちも競うことができる早朝スタートの時間帯を用意しており，タイムを競うことも可能である（**写真11-3**）。

Bridge Pedalは，2021年で25周年を迎え，今までで約33万4千人の参加があったという。Bridge Pedalが正式に始まったのは1996年で

写真11-3　高速道路の橋の上からの景色

あるが，その2年前にアイディアを思いついたのがリック・バウマン（Rick Bauman）氏である。バウマン氏は，ポートランド市には当時自転車を祝うようなイベントがないと気づき，以前政治家として活動した経験からポートランド市やオレゴン州政府など主要な組織を巻き込み1996年に仮のブリッジ・ペダルを開催する許可をもらうことができた。さらに掘り下げてみると，バウマン氏がこのアイディアを思いついたのは単純に，この高速道路から見える絶景が自動車にだけとは不公平だという考えから，年に1度くらいは自転車でも楽しめる機会を作りたいと思い，さまざまなステークホルダーを巻き込んで高速道路を一部封鎖するというなかなか厳しいハードルを潜り抜けて今日までたどり着くことが出来たと述べていた。バウマン氏は，現在でもボランティアコーディネーションや市役所，警察などとトラブルシュートを行う役割を担っている。イベント中は忙しすぎて最初の走者がゴールにたどり着くところも見ることが出来ないと述べていた。だが，一番高い高速道路に最初の走者がたどり着き，走りすぎる姿をみたときに一番の達成感を感じると語っていた（Sound Cloud, 2018）。

Sunday Parkwaysというイベントは，コロンビアの首都ボゴタからインスピレーションを受け，ポートランドの地域を4～5か所に分け，5月から9月の間に指定された1か所の地域を自転車で走りながら地理を学び，地域を楽しむというイベントである。ポートランド市交通局が2008年から始めたイベントで，現在の最大のスポンサーはカイザー・パーマネンテという病院である。Sunday ParkwaysもBridge Pedalと同様に，健康促進を推奨するだけではなく，その他CO_2の削減や地域の住み易さの推奨なども目指している。Sunday Parkwaysは，ポートランドに存在する自転車ルートがそれぞれの地域で分かれて紹介されているので，自転車で市内を走るにはどこを安全に走行できるのかを学ぶことがとても魅力的である（Bureau of Transportation, City of Portland, 2008）。そして，小さい子どもたちなどの家族層からお年寄り，更には障がい者までもターゲットにしており，アクセスしやすいイベントとして推奨されているので，気軽にこのイベントを楽しむことが出来る。

Bridge PedalやSunday Parkwaysに幾度も参加してみて，自転車で自分の住むまちを一望できたりネイバーフッドを散策できたり，子どもたちが楽しそうに乗っている姿，そして数多くのボランティアの方々が楽しみながらも道案内や給水所のお手伝いをしている姿をみると自然と楽しさが込み上げてくる。こういった自転車のイベントを行うことにより，自転車でまちの様子が分かったり，自転車のルートを自分で確認して乗れるようになったりと，自転車をもっと使って生活ができるオプション（選択肢）も広がると実体験して感じた。子どもたちが参加することによって交通の安全面などを小さいうちから教育することも可能で，こういった楽しめる「しかけ」がちりばめてあるイベントや場を創ることが，住民の新しい発見を創出したり，次につながるアクションのヒントになると感じた。

4. ビジョンの重要性

BTAを創設したバークホルダー氏や，Bridge Pedalを始めたバウマン氏，そして，Sunday Parkwaysやその他のイベント，組織を調べていくと共通点があることに気づいた。それは，ビジョンがとても明確なことだ。バークホルダー氏の「大好きな自転車が安全に走れるようなまちにしたい」，バウマン氏の「車だけでなく，自転車が主役になり祝えるまちをつくりたい」，そして，交通局は「Sunday Parkwaysを通して大気汚染を削減し，活気のある安全なコミュニティづくりを自転車を通して達成する（要約）」など，なぜ自転車関連の活動をしていて，どういったゴールに向かっているのかがとてもクリアであった。そして，筆者にとってはその向かっているゴール，ビジョンがシンプルであることもとても印象的だった。バークホルダー氏は，このビジョンを明確にすることで多くの人を巻き込むことにも成功してきたと語った。どのようなビジョンを持っているのかを明確に，そして相手が興味をそそるようなコミュニケーションの仕方をし，そしてそのビジョンをどのようにして達成するのかをクリアにすることで人々を元気づけ，動機づけることが出来るという。もちろん，「どう（How）」するのかも重要ではあるが，How のみを語っても人はインスパイアされない。つまり刺激されず考えや行動を変化させないという（Burkholder, January 19, 2021）。そして，ビジョンがあることでどこに向かっているのかが明確だからこそ，さまざまな活動やイベントに参加しても楽しく，学ぶメッセージが自分のなかでも腑に落ち，次へのステージへと繋がっていくのではないかと思う。更には，彼らのビジョンは自分だけの枠に収まるのではなく，自分以外の人，そして社会に良い影響を与えることが出来るという目標も含まれている。もちろん，「自分」がやりたいというパッションからスタートした活動かもしれないが，それが他の人にも，そしてまちや社会にも良い影響となるからこそ，そのビジョンを大切に伝えていく努力を重ねているのだと考える。

5. ポートランドの挑戦は続いている

もちろん，こんなに自転車文化が進んでいると思われるポートランドだが，課題はまだまだある。現在は，自転車道が特に足りていないポートランドの東側の地域に 2021 年にいくつかの工事が始まる予定である。これも，できるだけ多くの住民に自転車が移動手段の１つとして選択できるよう，交通局が公正なサービスの提供に力を入れているからである。

コラム 3：ポートランドにおける住民参画の歴史

住民参画が活発な事で知られるポートランドだが，60 年代以前はまちづくり計画の策定等で住民の意見が問われることはあまり無かった。60 年代後半から 70 年代の前半，行政主導の再開発事業に住民が反対の声を挙げ，住民側の立場の議員が議会の趨勢を握り，住民参画の機運が盛り上がった（Abbot, 1983）。70 年代の初頭に総合病院や高速道路の建設などの再開発計画が住民反対運動で暗礁に乗り上げた反省から，計画策定プロセスに住民を巻き込む事の重要性が認識されるようになった。その結果 1974 年に住民と行政の意思疎通を図るための組織としてネイバーフッドアソシエーション（NA）が正式に発足した（Leistner, 2013）。80 年代には NA が一部の利益団体の傀儡と化している等の批判が出て，存続の危機に面したが，1984 年に市長に当選したバッド・クラーク氏が NA を支援したことで住民参画活動への機運がまた高まった。90 年代から 2000 年代の初頭には NA 間の対立などの問題が生じ，NA 制度の改革が図られた。2005 年に市長に就任したトム・ポッター氏は住民参画活動の予算を増やし，さまざまなプログラムを展開した。またこの時期，少数民族や移民，難民といった従来住民活動に参画してこなかったマイノリティの住民を巻き込む重要性への認識が高まり始めた。その結果，地縁組織である NA だけでなく，民族ベースの NPO なども動員して住民参画の活動の幅を広げる努力がなされ，現在，ポートランド市の一連の戦略計画策定などにおいては NA や NPO など多角的なメカニズムを活用し住民参画が奨励されている（Leistner, 2013）。（著：西芝雅美）

ポートランドの市街地から離れると，やはり交通の便があまりよくない。車のスピードも速く設定してある道路があり，自転車や歩行者が安心して移動できる道路が整っていない。公共交通もまだまだ改善が必要である。そして，そういった地域に住んでいる住人の収入なども平均的に低いことが分かっており，特に有色人種や移民の住人が目立つ。ポートランド市交通局もまずは，多言語（スペイン語，アラビア語，ネパール語，ロシア語，ソマリ語，ビルマ語）での自転車地図や安全のしおりを作成し，配布するよう小さなステップから始めている。そして，ナイキやリフトといったビジネスとも協力をし，Biketown（バイクタウン）という無人レンタル自転車の拡張もすでに始まっている。バークホルダー氏も，今後のポートランドの課題は公正な視野で包摂的なサービスの提供や住民を巻き込む努力をしていくことであり，今後もよいまちを育てるカギになってくると語っていた。

本文・参考文献リスト

Biketown. Biketown Expands Service Area in North, NE and SE Portland.
https://www.biketownpdx.com/blog/system-expansion

BikePortland. https://bikeportland.org/

City of Portland, Bureau of Transportation (1998). Bicycle Master Plan.
https://www.portlandoregon.gov/transportation/article/369990

City of Portland, Bureau of Transportation (2008). Portland Sunday Parkways: Manual and Final Report.
https://www.portlandoregon.gov/transportation/article/227023

City of Portland, Bureau of Transportation (2010). Portland Bicycle Plan For 2030.
https://www.portlandoregon.gov/transportation/article/699453

City of Portland, Bureau of Transportation (2019). Bicycles in Portland Fact Sheet.

https://www.portlandoregon.gov/transportation/article/407660

City of Portland, Bureau of Transportation (2021). Portland Sunday Parkways.
https://www.portland.gov/sunday-parkways

Community Narratives of Portland Oregon (2021). The Bicycle Movement in Portland Oregon 1970s-2000.
https://communitynarrativesportlandoregon.com/?p=41

PeopleForBikes (2020). 2020 City Ratings: Ridership.
https://www.peopleforbikes.org/news/2020-city-ratings-ridership

Providence Bridge Pedal.
https://www.providence.org/lp/bridge-pedal

Providence Health & Services, Oregon and Southwest Washington. Bridge Pedal takes a historic ride.
https://oregon.providence.org/forms-and-information/1/bridge-pedal-takes-a-historic-ride/

Sound Cloud (2018). The Portland 50 Rick Bauman.
https://soundcloud.com/kinkfm/portland50rickbauman

U.S. News & World Report. (2018, December). *These Are the 10 Fittest Cities in America.* U.S. News & World Report.
https://www.usnews.com/news/cities/slideshows/the-10-fittest-cities-in-the-us.

コラム・参考文献

・Abbott, C. (1983). *Portland: Planning Politics, and Growth in a Twentieth-Century City* Lincoln, NE: University of Nebraska Pres.

・Leistner, P. R. (2013). *"The Dynamics of Creating Strong Democracy in Portland, Oregon - 1974 to 2013".* Doctoral dissertation, Portland State University, http://doi.org/10.15760/etd.1520

12 イノベーティブな学習支援技法4：幸福で健康な暮らしの創造

飯迫　八千代

《目標＆ポイント》 本章では，子育てをしながら仕事をする観点から，ポートランドの生活とそこでの行動様式，日々の暮らしをどう充実させ，幸福感や満足感をいかに高めるかについて現在2人の子供を育てながら働いている筆者の実体験を基に，発見と気づきのある暮らしへのアプローチを考える。
《キーワード》 働く，子育て，職場環境，20分圏内のまちづくり，多様性，ハード面・ソフト面の視点

1．職場環境の重要性

人生の約3分の1は職場で過ごすという現代では，職場の環境は雇用者，被雇用者の両方にとって仕事がしやすく，成功に導ける重要な要素である（Naber, 2007)。子育てしながら働く親にとっても，職場の理解がなければ仕事との両立を図ることはとても困難である。ポートランド州立大学（以下PSU）では，学生の約25%が子どもを持つ親や子どもの養育責任者であり，大学教員や職員を合わせるとその割合は更に高いものとなる（Facts, Portland State University, 2021)。その為，子どもを持つ学生や教職員が利用できるリソースセンター（Resource Center for Students with Children）が備え付けられており，幅広いサービスや情報を提供している。このリソースセンターは学生を中心に妊娠中の相談や，育児の相談，緊急教育ローンプログラム，そしてオンラインで子どもと一緒に参加できる工芸イベントなど幅広いサービスを提供している。大学内にはいくつかの託児所があり，学生や教職員のニーズによっ

てさまざまなオプション（選択肢）から選ぶことが可能で，授業中や仕事中に子どもを安心して預けることができる。また，13もの授乳室や約10箇所の子ども同伴で使える会議室（おもちゃなどが揃っている）がキャンパス内の建物にあり，学生や教職員であるID番号を提示すればその部屋を利用することが可能である。筆者も，1人目の子どもを出産し，約4か月で復帰をした際は，大学内の託児所に子どもを預け，大学内の授乳室や子ども同伴で使える会議室でミーティングや作業をしたことが幾度もある。筆者は，オフィスを複数の同僚と共有しているので，授乳室があることでプライバシーが守られ，安心して子どもと時間を過ごすことができた。そして，ファミリーリソースルームにはパソコンも完備されているので学内にいながらリモートで仕事の作業をすることが可能で，子どもも安心して遊びながら親を待つことが出来る（**写真12-1**）。

その他，PSUでは年に1度「子どもをキャンパスに連れてこよう（Bring Your Kids to Campus Day）」という日がある。この日はキャンパスのいたるところで教職員や学生の子どもたちを目にし，キャンパスのあちこちで子ども達が参加できる遊び場ができる。例えば，体育館では運動ができるゲーム場や，その他の建物ではお絵かきができる場所，化学やコンピューターを学べる場所，更には，子どもたちがもらって喜びそうなおもちゃや本などが入ったカバンセットをもらうことができたりなど，さまざまな工夫が凝らされている。学生や教職員は，授業や仕事の合間を縫って子どもたちと多様なアクティビティを一緒に楽しむことができ，子どもたちも親の職場を見学しながら大学のキャンパスを楽しむことが可能である。このような大学のリソースや施設は，筆者が働き始めた10年前と比べると今ははるかに充実してきている。特に，授乳室やファミリーリソースルームなどはここ1-2年で拡張してきた（**写真12-2**）。こういった施設の整備は，学生や教職員が大学での勉強や仕事

写真 12-1　大学内の一部のファミリーリソースルーム

写真 12-2　授乳室の様子

に少しでも専念し，成功できるように大学側が柔軟性をもって対応している証だと言える。

2. パブリックサービス研究・実践センター（CPS）メソッド

子育てしながら仕事がしやすい環境を作り上げて行くうえでは，ハード面だけでなく，ソフト面での配慮も重要である。筆者の働くパブリックサービス研究・実践センター（CPS）では，複数の教職員が子育てをしながら仕事をしている。筆者は，これまでに2回大学の産休制度を利用させてもらい，それぞれ約4か月ほど育児に専念できるように調整をしてもらった（産休・育休をとるのは女性職員だけでなく男性職員もとっており，性別に関係なく同様なサポートがある）。その2回とも，上司や同僚から十分なサポートを受けたことを鮮明に覚えている。現時点（2021年）で，フルタイムで正規に雇われている職員は7名おり，内5名が子育てをしながら仕事をしているので，周りの理解が高い。仕事の橋渡しのプラン策定や，産休や子育て休暇中のサポートを共に模索してくれたり，それぞれの子育ての経験からの視点を共有してくれたり，具体的に子育てをしながら仕事をすることのリアリティを職員の同僚から学ぶことが出来た。加えて，教員や学生スタッフも産休中に仕事を手分けして担当し，できない場合のプランなどもオープンにコミュニケーションする場などを設けてくれた。

もちろん出産や子育てというのは計画通りに行くことの方が稀である。筆者も実際には，約2週間早く子どもが産まれてくることになり，予定より早い急遽の産休となった際も臨機応変にチームでさまざまなことをカバーしてくれた。その際には，チーム全員がアクセスできるオンライン上のツールを使い，筆者の担当しているプログラムの運営の詳細が，何がどこまで進んでいるのか，誰が次を補足していくのか等を確認しながら進めてくれた。振り返ると，一部始終がとても前向きで問題解決がチームでできるような体制を取ろうとしていることが理解できる。もちろん，さまざまな部分で大変になることは出てくるが，そこにフォーカスを置くのではなく，チームとして前進できるように考え，具体的なプランをできる限り用意していくことで，産休に入る側も安心してしばらく留守にすることができた。現在でも，子どもが病気になったり，親として子どもに時間を割かなくてならないことが頻繁にある。そういった時も，ファミリー重視でサポートする姿勢は変わらない。筆者も急に職場を出ないといけない状況や，大学のファミリーリソースルームに子どもを連れて作業を移すということが幾度もあった。それも臨機応変に対応し，筆者のみリモート参加になったり，ファミリーリソースルームにて作業を一緒にしたりと対応してくれたことも数多くあった。

このように職場が理解を持ち，柔軟な対応をしてくれる環境は，子育てしながら働く親にとっては大変ありがたく，仕事をする励みにも繋がる。筆者も実際にこの経験があることによって，他の同僚が産休や育児休暇を取る際に前向きにサポートできるマインドを持つことが出来ただけでなく，具体的な手助けをする体制も持てた。更には，CPS にはこういったセンター全体の運営を見るオペレーションマネジャーがいる。そのポジションにどういった人が就くかによっても子育てしながら働くという視点を積極的に反映してくれるかどうかにも繋がると感じる。実際に過去 10 年間で 2 名このポジションに就いたスタッフと共に仕事をしてきているが，二人とも自ら子育ての経験があり，その視点を上手くセンターを運営する際にも考慮してくれている。更に特徴的なことは，一人ひとりの成功（サクセス）をできるだけチームでサポートしていける体制や環境をつくろうと努力をし続けていることである。それは，子どもがいてもいなくても，個人のニーズに対してできるだけのサポートを提供するという前向きな姿勢につながる。もちろん，センターとして結果を残すためにどういう体制が良いのかも考え，サポートするなかでどういったことが職場とそこで働く職員の両者にとって一番良い着地点なのかをオープンなコミュニケーションで考えていくという姿勢がCPSメソッドなのかもしれない。

更には，筆者の職場では仕事のパフォーマンスを振り返り，評価する機会も設けられている。評価の基準は大学の人事課から義務付けられているが，CPSでは360°リフレクションと言っており，1年間で達成したいゴールを設定し，それがどういう形で達成できたか，できなかったのか，そしてそれが更にうまくいくためにセンターはどういったサポートができるのかという話し合いの時間を設けている。1年前に設定した個人のゴールがどうだったのかを，まず文書に起こす作業をし，オペレーションマネジャーや上司との振り返りがあり，意見を交換できる。この場があることで，毎年の方向性や今後のキャリアの相談やどういったサポートが可能かを模索することができる。これがあるのとないのとでは差が大きい。CPSは，この360°リフレクションを人事課が課している決まり事以上に時間をかけて真剣に行っている。よって，子育てしながら仕事をしていても，自分なりのゴールを見据えることが可能であり，子育てしながらでも年間自分が達成できたことや，今後挑戦していきたい分野を広げることができる。こういったサポートがあることによって，仕事と子育てが両立できる達成感というものが大分違ってくると考える。

3. 生活者目線で考える，20分圏内のまちと子育て

それでは，子育てをする生活者目線で考えたとき，ポートランドのどういった都市計画が実際に子育てする世代にとって心地よいのかを考察

したいと思う。ポートランド市は,「20 分圏内のまちづくり」を目指してきた。このアプローチを,90 年代前半から取り入れており,2010 年に策定された向こう 25 年間を見据えたポートランド市総合計画(The Portland Plan)や 2015 年に策定された 2050 年を目標にした気候変動アクションプラン(Climate Action Plan)にも 20 分圏内のまちづくりの重要性が正式に記されている(The Portland Plan, 2017)。仕事以外で日常の暮らしで必要になることを徒歩や自転車で達成できるコミュニティをデザインすることによって,住んでいるコミュニティが活気に満ちた場となり,二酸化炭素の排出量も軽減できるというコンセプトである。そのコミュニティには,スーパーなど日常利用する商業が集結しており,公園や公共交通へのアクセスも自宅から安全な歩道を利用して徒歩で行ける距離にあることを目指している。ポートランドでは 2030 年までにこういった活気のあるコミュニティづくりを 90% 達成できるようにと気候変動アクションプランに掲げている(Local Strategies to Address Climate Change, 2015)。

ポートランドのさまざまなコミュニティを歩いてみると,場所によってその場の特徴を発見できる。もちろん,20 分圏内では日常の用事を達成できないコミュニティもまだまだ多くあり,今後改良されていく計画もあり,住民との対話も行われている。そのさまざまなコミュニティの土地やキャラクターに合った改良をしていくアーバンデザインの目標も掲げてあり,更には,動物や植物の生息地をきちんと確保し環境にも配慮した開発が進められるよう総合計画内のアーバンデザインディレクションに記されている(The Portland Plan, 2017)。ポートランド市は,約 65 万人の都市で,20 分圏内のまちづくりをしているアメリカの中規模の都市ではとても良く知られており,こういった計画を市の総合計画,気候変動アクションプラン,そしてアーバンデザインの指針などにもつなげて包括的に，そして住民の声を反映させ進めていくやり方は，ポートランドらしさがにじみ出ており，世界中からこのコンセプトや実践プラクティスを学びに来る人々が数多い。

筆者がポートランド市内でどこに住みたいかを考えた際に，この20分圏内のまちをコンセプトに，意図的に，徒歩や自転車，そして公共交通で移動ができ，スーパーや公園など毎日の生活に必要なものにできるだけ楽にアクセスできる，そして活気のあるネイバーフッドを選択した。筆者にとって，車以外の自転車や公共交通を利用して職場に通勤できることや，子どもと安全な歩道を利用して徒歩で公園へ行けること，そして，ローカル（地元）のショップ（コーヒー店やスーパーやフードカート等）に簡単にアクセスできる事は，すなわち日々の生活が少しでも充実し，満足におくることができる基準だからである。その反面，市内に住むという選択は，手頃な住宅が限られることにもなる。実際に，ポートランドの住宅の価格はリーマンショック以前からも高騰傾向にあったが，シアトル市やサンフランシスコ市に比べてもまだまだ価格は低く，そういった同様の都市からポートランドに移り住んでくる人たちが増加したために，住宅価格の高騰が起きているのである。しかし，筆者は家の状態でどこまでなら妥協できるかを探りながら，最終的には築100年ほどの古い家を購入し，長期にわたって修繕していくという選択肢をとった。筆者にとっては，新築や広い家を郊外に買うことよりも，古くて狭い家でも20分圏内のまちをコンセプトにした環境にある場所に住むことが優先だったからである。

現在のネイバーフッドで子育てしながら住み始めて約3年経つが，この場所を選んで今のところ悔いはない。やはり，小さい子どもがいても徒歩でスーパーや公園に行ける気軽さは，毎日の生活に本当に役に立っている。そして，安全な歩道や道路を利用して自転車や公共交通で通勤できる選択肢があることで，車を所有していなかっとしても移動できるうえに，実際に自転車で通勤することで運動もできそして，ポートランドの 20 分圏内まちづくりの良さを肌で感じることが出来る。

筆者の住んでいる家の目の前の道路は Neighborhood Greenway（ネイバーフッド・グリーンウェイ）（**写真 12-3**）というポートランド市の交通局が自転車や歩行者優先に指定した道路「自転車道」で，他のさまざまな自転車道へのアクセスが簡単にできるのと同時に，車のスピードが通常のネイバーフッドの道路よりも低く設定してあるために子どもにとっても安心して利用できる道になっている。

特に 2020 年に始まった世界的コロナウイルスパンデミックで，この 20 分圏内のまちづくりの重要性が世界中で再度注目されている。コロナ禍により日々の行動が制限されたために，住んでいる 20 分圏内にて日常

写真 12-3　Neighborhood Greenway

生活を達成できることが必要不可欠となったことで改めてさまざまな国と地域がこのコンセプトを導入した都市計画を再検討している（Council on Tall Buildings and Urban Habitat）。

4. 生活の質を向上させる公園・自然区域へのアクセス

ポートランド都市圏には，子どもと一緒に遊びながら学べる公園や自然区域の場所がとても多い。子育てをする世代にとって特に魅力的なオレゴン動物園，劇場，そしてオレゴン科学工業博物館（OMSI）はポートランド市近郊に住んでいる住民にとっては非常にありがたい施設である。ポートランド市を含む近隣26市の土地利用政策や公共交通政策を所管しているMetro（メトロ）という広域行政体が，動物園や劇場，公園，自然区域などの運営も管轄しており，子どもと一緒に遊んで学べる場へのアクセスを豊富に提供している。Metroはポートランド市とは別に17,000エーカーもの土地を住民がアクセスできるハイキング場所や，自転車歩道，キャンプ場，そしてリラックスできる公園や自然区域として確保している（Metro Parks and Natural Areas）。自分の時間やムード，そして利用する目的に合わせて選ぶことが出来るだけでなく，ボランティア活動や自然のなかで学べる教育プログラムも豊富にある。例えば，家族で利用できる自然プログラムでは，四季に合わせたテーマで，木の枝や苔，鳥の言葉や動物の追跡，そしてキノコなどさまざまな自然環境のことを専門家のスタッフと共に学ぶことが出来る（**写真12-4**）。更には，こういった教育プログラムに車いすでのアクセスや英語以外の言語など特別なサポートを要する場合でも，Metroに問い合わせることで参加することが可能である。まず，メトロの公園や自然区域は全て車いすでの利用が可能ということと，言語においては，5日前に申請すれば，日本語を含め180もの言語でサポートする体制を整えている（Metro

写真 12-4　家族連れや個人向けの自然プログラム
(Metro ウェブサイトより)

Parks and Natural Areas)。

更には，20 分圏内のまちづくりのなかで，ポートランド市の公園局が管轄する公園やパブリックスペースの存在も，子育てをしている世代にとってはとても過ごしやすく生活の質を向上させる魅力的な要因と言っても良い。ポートランドではトム・マッコール・ウォーターフロント・パークが高速道路を廃止してまで住民の憩いの場となったことがとても有名であり，それ以後，パブリックスペース（公共の場）や公園は「人」を中心に据えた場となっていると言っても良い。公園というと，ブランコや滑り台など幼い子ども向け遊具を設置した場所というイメージがあるだろうが，ポートランドの場合，そういった遊具もあるが，公園は皆のためのパブリックスペースという考え方のもと，それぞれ多様でユニークな目標をもち，人々がその場所に引き寄せられ，活き活きとできる空間をつくりだしている。

ポートランド市の公園づくりは，公園及びレクレーション局（PP&R：Portland Parks & Recreation）によって進められている。その根幹にあるのが，1999年に住民を含めたビジョンチームによって策定された「Parks 2020 vision」である。そのなかには，以下5つの目的を掲げている。

1．次世代への遺産となる公園とレクリエーションを確保すること
2．すべての住民に対して多様で高品質な公園とレクリエーションサービス，そして機会を提供すること
3．ポートランド市の自然を住民に提供するため市内にある自然資源を保全，保護，再生すること
4．ポートランドをアメリカの「西部を代表する歩くまち（Walking City）」とするため，地域内外のトレッキング道，小道，遊歩道を相互接続するシステムを生み出すこと
5．まちのコミュニティの活性化に役立つような公園，レクリエーション用の設備，プログラムを開発すること

公園局によると，ポートランド市が公園やレクリエーションの場として保有している総面積は，約11,600エーカー（約4,700 ha）に達しており，内142エーカーを除いては，すべての面積が公園やレクリエーション施設，自然区域となっている。2020年－2021年に公園局に割り当てられた予算は約3億5千万ドル（334 million）で，その予算で運営やメンテナンスを行っている。正規で雇用されている職員が574人おり，パートタイムや季節によって雇われる労働者が約2,282人にも及ぶ。更に，ポートランド市公園局に対して，住民がボランティアとして提供する総時間が年間約410,218時間にも及んでおり，それを正規雇用者の人数で表すと約197人分にも及ぶという（Parks 2020 Vision, 2009）。そんな住民にとって魅力的な公園や自然のスペースはどういったものがあるの

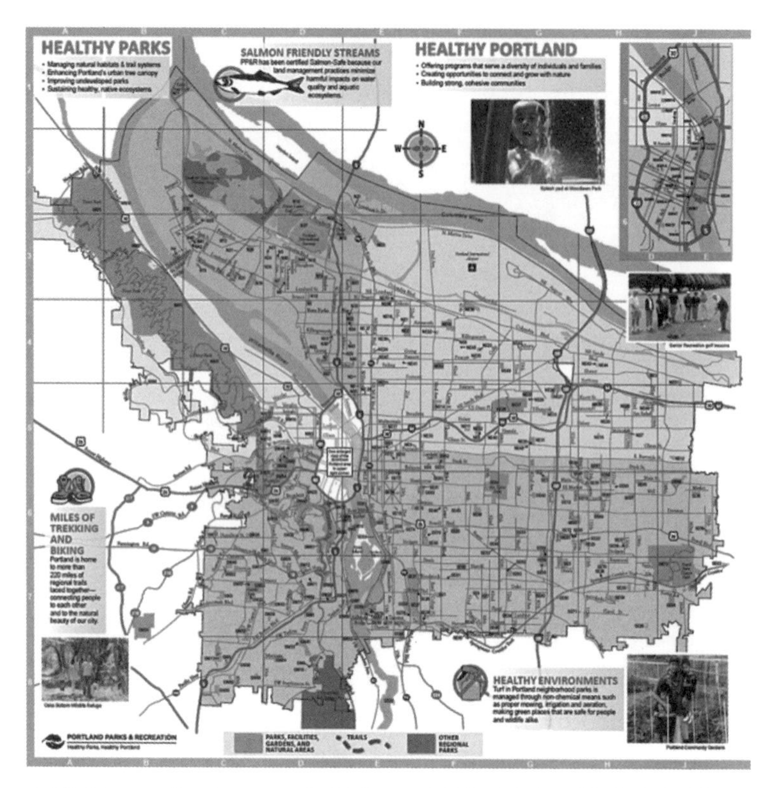

写真 12-5　ポートランド市全域にある公園や自然区域を示す地図

か，いくつか紹介しようと思う（写真 12-5）。

◎フォレストパーク（写真 12-6）

ポートランド市内の 5,200 エーカーもの広さを誇るこの公園は，全米でも都心部にある公園のなかでは最大であり，約 80 マイル（128km）のトレッキングコースがある。1903 年に，ニューヨークのセントラルパークをデザインしたオルムステッド（Olmsted）氏の息子達が，ポー

写真12-6　フォレストパーク

トランド市に対して「フォレストパーク」として保護・保全するべきであると提唱したという（**写真12-6**）。それがきっかけで，50年先のポートランドのあるべき姿のビジョンをもつ住民のリーダーが擁護団体を立ち上げ，保全や保護の訴えを行い続けた。もともとこの場所は住宅開発には地形的に向いていないこともあり，1948年に正式に市の公園として認定された。フォレストパークには全米でも有名なバラ園や日本庭園などに加えてオレゴン動物園もある（Forest Park Conservancy）。

この公園には，子ども連れでも楽しめるトレッキングコースも数多くあり，都心部でこれだけ緑の多い「森」にどっぷりつかれる場所は珍しく，訪れるたびに自然と疲れも癒されリフレッシュできるとても貴重な場である。

◎ジェイミソン公園（写真 12-7）

ダウンタウン中心街にも人が集まるパブリックスペースが数多くある。ジェイミソン公園は，2000 年代初期から開発が一気に進んだパール地区にある公園だが，周りのアパートや建物と違和感なく融合されている公園である。設計は PWP Landscape Architecture が担当し，アーティストが多い町であることから，①野外アートギャラリー，②隣の公園とつながるボードウォーク，③噴水の 3 要素を軸として設計された。なかでも噴水は子どもたちに人気のスポットとなっている。帯水層をイメージしたブロックの隙間から水が水平に湧き出す仕組みになっており，子ども達が水のなかを歩いたり，泳いだりして，びしょぬれになる。いつ吹き出すかわからない噴水ではスリリングな波打ち際を体験できる（Parks & Recreation, City of Portland）。

写真 12-7　ジェイミソン公園
（https://plannersweb.com/2013/08/a-tale-of-three-parks/ より）

◎タナー・スプリング公園（写真12-8）

タナー・スプリングス公園（Tanner Springs Park）もパール地区にあるのだが，その場所は，その昔，タナー川（Tanner Creek）が流れ，植生豊かな湿地帯だった。地域を2分していたタナー川は工業化と鉄道敷設のため埋められてしまった。そんな歴史と生物空間（ビオトープ）を公園として再生した。上述のジェイミソン公園の近くにあり，子どもたちの声が響き渡る空間となっているジェイミソン公園に対して，タナースプリングス公園は，静かに自然観察などを楽しめる空間としての役割を担っている。わずか1エーカー（1200坪）の小さな公園ではあるが，サイエンスとテクノロジーが満載。豪雨のときには貯水プールになるバイオ・スウェイル（低湿地）となっている。そのために花壇のような部分には溝が掘り込んであり，そのエッジは座ることが出来る自然の

写真12-8　タナー・スプリング公園
（https://plannersweb.com/2013/08/a-tale-of-three-parks/ より）

ベンチとなっている。雨水の流れ込み速度を低下させる仕組みは廃線になった鉄道のレールで出来ているなど，公園全体を含めてアート作品になっている。環境の問題については，公園計画の当初から，地域の環境団体グリーンワークスが参画し，完成後はビオトープの管理に関わっている。子どもを連れて，こういった自然観察を一緒に楽しむこともできる空間となっている（Parks & Recreation, City of Portland）。

その他，2020年コロナ禍のなかでも公園局は公園のアップグレードを怠っておらず，遊具など最新のデザインを用いて，多くの人々に使われるような視点をもった公園建設の努力を続けていることも利用していて良く理解できる。公園によっては，1～3歳が遊びやすい大きさの遊具のエリアと3歳以上の少し大きくなった子どもが遊びやすい大きさの遊具のエリアと分けて建設をする工夫をこらしたり，障がい者もエンジョイできるブランコ，運動ができるエクササイズマシン，更には，聴覚や感覚で楽しめる音の出る楽器や工夫が遊具に施されているなど，多様な人々が共に遊べ，時間を共有できる空間を作り上げている。更には，遊具エリアの横には芝生が広がっており，犬も一緒に遊べるスペースがある公園も増えてきている。

ポートランドで子育てをしていて，魅力的なことは，こういった公園やパブリックスペースを20分圏内で多様な選択肢から選べ，そして何より，多様な人々が利用し交わる工夫を凝らしていることで，さまざまな自然環境や人々に出会いお互いが共存し学び合うことができるところにあると感じる。子育てをしながら仕事をすることは容易ではない。しかし，できるだけ子育てが楽しく，安心してできるようなハード面での整備と，その設備や空間をどう最大限に活かせることができるのかを「人」を中心に考えているソフト面の視点やサポートが，幸福で健康な暮らしに繋がるといえる。

コラム4：住みよい多様な社会を作るために

多様性への配慮は，職場や住む環境にはとても重要な視点となる。特に，グローバル化が益々進んでいく現代社会では，文化的にも多様なチームメンバーと仕事を効率よく，そして革新的に行っていくためにお互いを尊重しながら，サポートできることを模索し合うことが成功の鍵となる。これらは，公共機関や非営利団体で働く人々にとっても重要であり，多様性を重んじ，さまざまなバックグラウンドを持つ住民やコミュニティの視点を持つことが不可欠となる。そういった環境で効果的なサポートを提供するためには，文化背景を考慮したコミュニケーション能力が得に重要となる（Nishishiba, 2018)。更に，考え方の違い，コミュニケーションの仕方の違い，そして，どういった価値を基に行動へと移すのかなどの認識も欠かせない。要するに，私達は常に異文化の中にいると言っても過言ではなく，その中で効果的な行動を取るためには，自分の文化を理解し，その文化背景が自分の行動や言動にどう繋がっているのかの自己認識（cultural self-awareness）を常に行うことも重要なポイントである（Cress, 2013)。

注

（注1）アカデミック・プロフェッショナル（以後 AP）とは，大学の職種のカテゴリーの1つであり，アカデミックな専門知識を活用しながら，プログラム実施事務の責任者として，大学事務と教員の間の中間的役割を担っている。AP にはさまざまな仕事の種類があり，具体的な仕事の内容は大学によって異なる。PSU では約 14 のカテゴリー（Job family）に分けられていて，AAUP（American Association of University Professors 米国大学教授協会）という組合の方針の下にこれらの AP 職種は定義・保護されている。

本文・参考文献

Andrew Naber (2007). *One Third of Your Life is Spent at Work*. Gettysburg College.
https://www.gettysburg.edu/news/stories?id=79db7b34-630c-4f49-ad32-4ab9ea48e72b&pageTitle=1%2F3+of+your+life+is+spent+at+work

City of Portland & Multnomah County (2015). Local Strategies to Address Climate Change.
https://www.portland.gov/sites/default/files/2019-07/cap-2015_june30-2015_web_0.pdf

City of Portland (2017). The Portland Plan.
https://www.portlandonline.com/portlandplan/

City of Portland, Bureau of Transportation (2010). What are Neighborhood Greenways?
https://www.portland.gov/transportation/what-are-neighborhood-greenways

City of Portland, Parks & Recreation (2009). Parks 2020 Vision.
https://www.portlandoregon.gov/parks/40182

City of Portland, Parks & Recreation. Jamison Square.
https://www.portland.gov/parks/jamison-square

City of Portland, Parks & Recreation. Tanner Springs Park.
https://www.portland.gov/parks/tanner-springs-park
Council on Tall Buildings and Urban Habitat. Local Living Rise of 20 Minute Cities Post Covid.
https://www.ctbuh.org/news/local-living-rise-of-20-minute-cities-post-covid
Forest Park Conservancy. Parks Facts & Use Guidelines: Forest Park A Brief History.
https://forestparkconservancy.org/forest-park/facts/
Metro Parks and Natural Areas. Metro.
https://www.oregonmetro.gov/metro-parks-and-natural-areas
Portland School of Business, Portland State University (2018).
https://twitter.com/pdxbschool/status/956693859509059584
Portland State University (2021). Facts: PSU By The Numbers.
https://www.pdx.edu/portland-state-university-facts
Services for Students with Children, Portland State University.
https://www.pdx.edu/students-with-children/resource-center-students-children

コラム・参考文献

・Cress, C. M., Collier, P. J., & Reitenauer, V. L. (2013). *Learning through serving : A student guidebook for service-learning and civic engagement across academic disciplines and cultural communities.* Stylus Publishing, LLC..
・Nishishiba, Masami. (2018). *Culturally Mindful Communication : Essential Skills for Public and Nonprofit Professionals.*

13　イノベーティブな学習支援技法5：時代が求めるリーダーシップ開発

西芝　雅美

《目標＆ポイント》　本章では，ポートランドでコミュニティリーダーとして活動する3人のインタビューをもとに，地域やコミュニティのリーダーが持つ特性について考える。特に，コミュニティメンバーとの信頼関係の上に成り立つ「協働型リーダシップ」とネットワークと仲間づくりを中心に据えた「連結型リーダーシップ」について学ぶ。

《キーワード》　コミュニティリーダー，住民組織，アーバン・グリーン，ネイバーフッドアソシエーション，協働型リーダシップ，連結型リーダーシップ，対話，合意形成

はじめに

活力ある地域やコミュニティを築いていくうえで，リーダーの存在は不可欠である（Aref, 2009）。ポートランドにはさまざまな立場で地域やコミュニティを育てるために率先してアクションを取っているコミュニティリーダーが多くいる。本章ではそういったコミュニティリーダーが持ちあわせている特性を，それぞれバックグラウンドの違う3人のポートランドのコミュニティリーダーのインタビューをもとに検証する（注1）。

本章で紹介する3人のコミュニティリーダーは第10章にて紹介した「まちづくり人材育成プログラム」（Japanese Local Governance and Management（JaLoGoMa）Program）の講師兼プログラムスタッフとして筆者と長年まちづくりについて共に色々考察を重ねて来たコミュニティのメンバーである。3人の略歴を紹介する。

ダン・ヴィツイーニ氏（**写真13-1**）は2011年にプロジェクト・マネージャーとして30年間働いていたポートランド市役所を退職し，現在はオレゴン健康科学大学のエビデンスベース政策センターと呼ばれる研究センターで非常勤の政策アナリストを務めている。市職員当時はパブリックコメントのファシリテーターを頻繁に務め，コミッショナー（市議会議員）のスタッフに欠員があった際，住民サービスの経験が豊富なのを買われて期間限定でコミッショナーのアシスタントを2回務めた経験もある。

写真13-1　ダン・ヴィツイーニ氏

写真13-2　チップス・ジェンガー氏

チップス・ジェンガー氏（**写真13-2**）はさまざまなコミュニティ団体の立ち上げにたずさわり，2005年に自ら創設した若者の市民教育を行うクローズアップ財団 を退職した後，オレゴンのオークグローブに移り住む。その後，オークグローブで住宅地などの乱開発が進み老齢の樫の木が切り倒される等，地域の自然生態系が破壊される兆候を懸念した地域住民と住民組織「アーバン・グリーン」を立ちあげる。老齢の樫の木の伐採を阻止するために「森林保護条例」の案文を作成し，クラカマス・カウンティー政府に提案する等の活動を展開。トライメット(TriMet)(注2)がオークグローブまでライトレールのマックスの路線を延長することになった際，チップス・ジェンガ―氏はアーバン・グリーンのメンバーと共に，新しい駅舎と立体駐車場がコミュニティの期待に沿ったものとなる事を目指し住民活動を展開した。

写真 13-3　ランデイー・ボネラ氏

ランデイー・ボネラ氏 (**写真 13-3**) は電気工学デザインエンジニアで，2008 年からフリーランスの半導体設計エンジニアとして独立し，全米はサンフランシスコからマサチューセッツ州のボストンに至るさまざまな会社をクライアントに持つ事業家である。独立する以前は，テキサス州ヒューストン市にあるコンパック社で勤務した後，インテル社に入社し，オレゴン州ポートランド市に移住してきた。ポートランドに移住後，マルトノマビレッジ地区のネイバーフッドアソシエーションやビジネスアソシエーションの活動に参加，リーダーシップを取るようになる。

1. 地域やコミュニティを育てるリーダーの特性

コミュニティリーダーは組織内のリーダーと違って地位や立場に付随する正式な権限が明確でない場合が多い。有機的に発生するコミュニティリーダーの実行力の源泉は地位や立場ではなく，コミュニティのメンバーへの「影響力」である。(O'Brien & Hassinger, 1992)。コミュニティのメンバーとの信頼関係の上に成り立ち，多くの人々を巻き込み，コミットメントを得て，コミュニティを率いていくリーダシップのスタイルは「協働型リーダシップ」(Collaborative Leadership)(Chrislip & Larson, 1994, p.141) と称される。ダン・ヴィツイーニ氏，チップス・ジェンガー氏，ランデイー・ボネラ氏の3人はインタビューのなかでそうした「影響力」を持つ協働型のコミュニティリーダーの特性を4つ指摘した。

1）地域活動のビジョンを持つ
2）ネットワークと仲間つくりを重視する
3）対話に基づいた合意形成を図る
4）勇気・忍耐力・情熱を持ち続ける

この4つのコミュニティリーダーの特性をそれぞれ次節で説明する。

(1) 地域活動のビジョンを持つ事

ビジネス書などで取り上げられるリーダーシップ論では，「明確なビジョンを持つ」ことがリーダーの重要な特性の１つとして指摘される（e.g., Bennis & Nanus, 1985; Gardner, 1990; Kouzes & Posner, 2017）。コミュニティリーダーも組織のリーダーと同様，明確なビジョンを持つ事が大事である。コミュニティリーダーは地域のメンバーとの関係性を築くなかでメンバーが共有するコミュニティの理想像を明確にし，その根底にある共通の価値観を尊重し，コミュニティ活動の「目的」をビジョンとして確立する必要がある（Pigg, 1999）。協働型でリーダーシップをとっていくコミュニティリーダーはコミュニティのメンバーを集め，彼らのやる気を引き起こし，多様な意見を吸い上げ，話し合いを円滑に進め，課題解決への取組を推進し，参加意欲と満足度を高め，一連の意思決定のプロセスをコミュニティのメンバーが自分事としてオーナーシップを持つように率いていかなければならない。こうした協働型のプロセスはリーダーを含むコミュニティのメンバー同士でビジョンを共有し，強い信頼関係を築き，維持していくうえで非常に重要である（Pigg, 1999）。

インタビューのなかで，なぜ地域活動に関わりつづけリーダー的存在となっていったのか，という質問に対しランデイー・ボネラ氏は端的に「住んでいる場所を住みよい所にするために何かしたかった」と答えた。その後，ネイバーフッドアソシエーションのメンバー，そしてリーダーとして16年程関わったキャピタル・ハイウエー改善プロジェクトついて，

> プロジェクトが完成したあかつきには，このコミュニティに大きな変化がもたらされることになります。主要幹線道路沿いで子どもたちや家族連れの人々が安全に散歩を楽しんだり，自転車に乗ったり，公共交通へのアクセスがよくなるなどといった事が可能になりま

す。

と述べた。

さらにチップス・ジェンガ―氏はアーバン・グリーンの立ち上げの動機を次の様に述べた。

私が住んでいるコミュニティは，オークグローブ（樫の森）という名の通り，とても美しく，伝統があり，古くから存在する樫の森のなかに有るコミュニティです。10年程前に外部から来た不動産開発業者がこのコミュニティの土地を買収し，すぐさま木を伐採し，大きな住宅を建て始めました。（中略）このまま何もせず，森林を乱伐する開発を止めなければ，森林自体が無くなってしまう危険性があると気づいたんです。その後，住民数人が私の裏庭で焚き火を囲みながら，中高年の住民である自分たちが出来ることは何か，幾晩も話し合いました。その結果，森林保護条例案を作成し，カウンティの議員に提出しようということになりました。実際にその条例案を出し，その後約一年間，人々を動員し，いろいろなグループに話をしにいき，自分たちが住む森林を守る活動へのコミュニティの支持を得るために時間を費やしました。それがアーバン・グリーンの始まりです。

またチップス・ジェンガ―氏はその後のアーバン・グリーンのライトレールの新駅舎と駐車場（**写真13-4・5**）の建設への関わりについては次の様に述べた。

新しく出来るこの駅を新しいコミュニティを象徴する，サステイナブルで，緑豊かな，美しい駅にしたかったのです。というのも私たちのコミュニティは人々が集まり，美しいもの，効率的なものを作る事に関心のあるコミュニティだからです。

ランデイー・ボネラ氏とチップス・ジェンガ—氏は両者共，地域の活動の目的が明確で「住みよいところにする」「木の伐採をとめる」「サステイナブルで，緑豊かな，美しい駅を作る」等，具体的である。また，地域コミュニティの理想像と価値観をランデイー・ボネラ氏の場合は「子どもたちや家族連れの人々が安全に散歩を楽しんだり，自転車に乗ったり，公共交通へのアクセスがよい」コミュニティ，またチップス・ジェンガ—氏の場合は，「美しく」「伝統があり」「自然が豊か」で「効率的」と明言している。

写真 13-4　ライトレールの新駅舎

写真 13-5　ライトレールの駐車場

2. ネットワークと仲間つくりを重視する

リーダーというとカリスマ性のある個人が先頭に立って旗振り役を担い，人々を動員するといったイメージが古くからあるが，協働型のリーダーは個人のカリスマ性や力量に依存するのではなく，フォーカスをクリエーティブな人々のネットワークの構築に置き，互いの学び合いを尊重する協働活動を展開し，信頼関係を築く事で物事を前に進めていく。こうしたネットワークと仲間づくりを中心に据えたリーダーシップを「連結型リーダーシップ」（Connective Leadership）とも言う（Lipman-Blumen, 2000, 2017）。協働と連結を重視するリーダーには，ビジョンやゴールを共有する人々や団体をつなぎ，多様な見解をとりいれ，ネットワークを拡張し，協働の輪を広げる資質が必要とされる。

コミュニティリーダーとしてランデイー・ボネラ氏とチップス・ジェンガ—氏両者共それぞれの活動のなかでネットワークと仲間作りを重視

している。ランデイー・ボネラ氏は，ビジネス・アソシエーションの「メインストリート・プログラム」の計画活動に関わっていた際，自主的にポートランド市役所とビジネス事業者たちの間のつなぎ役のような立場となり，ポートランド市役所関係者や市長，コミッショナー全員と親密な関係を築き，互いにファーストネームで呼び合うほどの仲となった。ランデイー・ボネラ氏はインタビューのなかで：

> お蔭で何か課題が出て来た際，また開発事業等で何か問題が生じた際に，誰と話せばよいのか，あるいは　少なくともポートランド市役所のなかで誰にコンタクトを取らないといけないか，が解るようになりました。

と述べている。

またチップス・ジェンガ―氏はアーバン・グリーンの立ち上げにあたってネットワークや仲間作りがどのようになされたかを次の様に述べている。

> 当初は，私たちは年寄り３～４人の男女のグループで，影響力などほとんど無く，何をどう始めたらよいかもわかっていませんでした。私たちは焚き火の大きな火を囲みながら座って話をしました。そうですね，多分歴史的にも人はそうやって火を囲みながら話をし，考えてきたんだと思います。ただ，早い段階から気づいていた事は，何事も自分達だけではできない，私たちが成功するかどうかは適したパートナーを見つけることが出来るかどうかに関わっているということです。適した人材を見つけ，共に活動し，参加することで更に力が増し，何か弱点があっても正しいパートナーと共に働く事で

それを補うことが出来ます。

アーバン・グリーンは最初の森林保護条例の活動を通じて多くの住民組織，行政，民間団体等とのネットワークを構築する事に成功し，その後，ポートランド市中心部からオークグローブまでライトレールを延線するという提案が住民投票で却下された際，アーバン・グリーンがコミュニティから信頼を受けているとの噂を聞いたライトレールの運営を管轄しているトライメットの関係者とポートランド首都圏での交通計画を管轄する広域政府メトロの関係者が，アーバン・グリーンにコミュニティとの架け橋となって，信頼関係を築き，路線を引くことができるように協力して欲しいと要望してきた。その後の経過をチップス・ジェンガ—氏は次の様に述べている。

> メトロからのアプローチがあった直後から，私たちはコミュニティを素早く動員し，多くのミーティングを開き，路線を引くためのサポートを得ることが出来ました。メトロは，私たちの行動力に感心し，その結果コミュニティの駅のデザインを共に考え，作りあげることにも成功したのです。こうして出来上がった駅は，全米でも大変ユニークな最も緑豊かでサステイナブルな駅です。

チップス・ジェンガ—氏はネットワークと仲間作りを進めるうえで考慮すべき点として次の５点を挙げている。

ⅰ．地域の人々の個人的なつながりを活用し口コミでプロジェクトの内容などを多くの人に伝える方法が有効な場合もある。
ⅱ．地域の住民のなかに専門知識を持った人がいるはず。そういった人々を見つけて，彼らのネットワークを活用する事も考える。アーバン・グリーンの場合，地域に建築家，エンジニア，元大手民間企業の役員，弁護士などがいることが解り，彼らを積極的に巻き込む事でネットワークも広がった。

iii. 行政や政治家にも早い段階からプロジェクトに関わってもらう。

iv. 大学や高校などでコミュニティベースの授業をやっているところがあれば，学生の参画も奨励する。アーバン・グリーンの場合第10章で説明したポートランド州立大学の都市計画修士（MURP）の学生が卒業プロジェクトの一環で新駅舎のデザインなどのプロセスに関わった。

v. 音楽や食事を含んだインフォーマルな会合に多くの人を呼びプロジェクトについて知ってもらう機会をつくる。アーバン・グリーンの場合オープンマイクナイトといって音楽を聞きながらカジュアルな意見交換をする場を月に1度か2度開催したり，地域の人

写真 13-6　オープンマイクナイトの様子

達があつまるイベントを企画したりなどしてネットワークと仲間作りをおこなった（**写真13-6**）。

ネットワークと仲間作りを進める際，人々の個人の目的とプロジェクトの目的との整合性が高いほど，参加動機が高まり，またやりがいが出てきて多くの人々が長い間コミットしてもらえる。義務感でプロジェクトへの参加をするのでなく，「楽しい」からプロジェクトに参加し続けるよう工夫をするのがコミュニティリーダーの役割と言える。

3. 対話に基づいた合意形成を図る

対話（Dialogue）とは相互理解と協調を目的とする話し合いを指す（Yankelovich, 2001）。対話は会話（Discussion）と違い規律あるプロセスを取り入れる事で，対話者同士が無意識に持っている思い込みや仮説（Assumption）を引き出し，同時に相手への批判や評価を意識的に保留する事で対話者同士の対立を避け，互いの理解を深める（Bohm, 1996；Burber, 1947；Isaacs 1999）。真の対話では誤りがあれば修正し，常に自省を心掛け，異なった意見にも寛容に耳を傾け，自分の価値感や信条に沿った発言を心掛け，正確に表現するといった態度が重要となる（Mazutis, D., & Slawinski, N., 2008）。

インタビューのなかでランデイー・ボネラ氏とダン・ヴィッツイーニ氏は地域のなかでの対話，行政とコミュニティのメンバーとの対話の重要性を指摘している。ランデイー・ボネラ氏はサウスウェスト・コリドー交通計画プロジェクトにおいて，この交通計画で直接影響を受けるサウスウェスト・コリドー沿いに居住する人達のなかにマイノリティの人達やイスラム教徒や中東から来た人達，ユダヤ教徒の人達等がおり，そう言ったバックグラウンドが多様な地域の住人に集まってもらい「再開発後のコミュニティはどのようになって欲しいのか？」「今あるコミュニティを保ちながらも，どのようにしたら新たなコミュニティが，文化の中心になるのか？」といった内容で対話をし，地域コミュニティが直接開発プロセス全般に関わっていく努力がなされていると言う。

ダン・ヴィツイーニ氏は自身が行政職員として地域の住民説明会などでファシリテーターを何度も務めた経験から，行政が地域コミュニティと接する際，一方的に情報の提供をするのではなく，「対話」を心掛け，真摯にコミュニティの声を聴く事が重要であると強調する。

組織論やリーダーシップ論の研究者であり，経営コンサルタントのマーガレット・ウィートリー氏（Margaret Wheatley）が対話の原則として次の6つを挙げているが，ランデイー・ボネラ氏とダン・ヴィツイーニ氏も同様の事を心に留めるよう提言しており，共通するものがある。

1．互いに対等の存在であるという認識を持つ
2．相手に対して常に好奇心を持つ
3．よい聞き手になるためには，互いに助け合う事が必要である
4．急がずに，振り返りの時間をとる
5．語り合うことで人間は自然に共に考えるようになる
6．ときには混乱が生じる事も覚悟する

（Wheatley, 2009, p. 33）

4. 勇気・忍耐力・情熱を持ち続ける

ダン・ヴィツイーニ氏はインタビューのなかで長年の経験に基づいてコミュニティリーダーとして大切な心構えを3つの言葉に集約し，それをオウムガイのイメージで表現した（図 13-1）。ダン・ヴィツイーニ氏はオウムガイの渦巻きを「自分の視野を広げ，新しいアイディアや多種

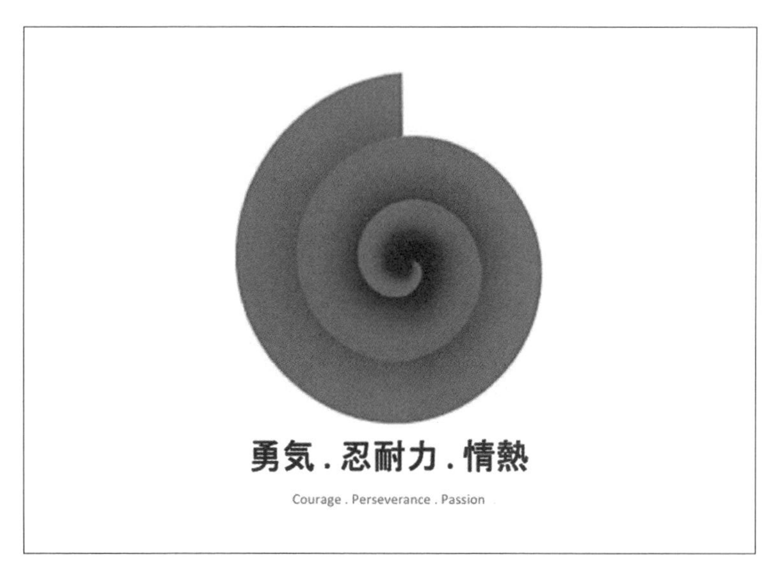

図13-1 オウムガイのイメージ図

多様な意見を受け止め，革新的なものに対してオープンでいる，といった成長過程をイメージしたもの」と表現した。最初の言葉「勇気」についてダン・ヴィッツイーニ氏は

> 困難に立ち向かい，難しい仕事に取り組むことを恐れない勇気。苦手だと思っているような仕事を率先して取り組んだり，自分が今まで手を差し伸べたことがないような人々に手を差し伸べるなどをする勇気を持つ事がリーダーとしては大事だ。

と述べた。

次の「忍耐力」については仕事に対して根気強く，何事もあきらめずに継続して取り組む強さを持ち，そして何をするにも「情熱」を持って

コラム5：リーダーシップ論の変遷

古くから多くの学者や知識人がさまざまなリーダーシップ理論やモデルを提唱している。古代の哲学者のプラトン，アリストテレス，老子等は「リーダーは作られるものではなく，生まれながら持つ特質である」と唱え，19世紀には英国の文筆家トーマス・カーライルが「他より優れたなんらかの資質を持ち合わせた偉人だけがリーダーと成り得る」というリーダシップ「偉人説」を広めた（Caryle, 1891）。こうしたリーダーシップ特性論が1940年代半ば頃まで主流であったが1950年代から70年代にかけて，リーダーを発掘・育成するために，リーダーの行動からリーダーシップを捉えようというリーダーシップ行動論が生まれた。1969年にはトム・ブランチャードとポール・ハーシーが，リーダーシップはどんな状況でも適用できる定型のものでは無く，状況によって変わるものだというリーダーシップ状況論を提唱した（Heshey & Blanchard, 1969）。その後，1978にトランザクティブ（取引型）とトランスフォーメーショナル（啓蒙型・変革型）と区別し，リーダーとリーダーについていくフォロワーの関係は単に「アメとむち」のような取引を前提としたものだけでなく，両者が互いに啓蒙し合いながら変革を起こしていくものだという見解を提起し（Burns, 1978），それ以降のリーダーシップ理論やモデルに多くの影響を及ぼした。

（著：西芝雅美）

取り組むことがリーダーとして必要な資質だと説いた。またダン・ヴィツイーニ氏は公務員の重要な役割はコミュニティリーダーを支援する事にあるとして，公務員に必要な資質として，効果的な公共政策の策定や効果的なプログラムづくり，住民と効果的に関わるうえで明確なビジョン（未来像）を持つことが必要だと強調した。

まとめ

本章ではポートランドでのコミュニティリーダー3名のインタビューを基に地域やコミュニティを牽引し，アクション起こすリーダーシップに必要な特性を検証した。インタビューを受けた3人のコミュニティリーダーはリーダーの重要な要素として次の4つを指摘した。

1）地域活動のビジョンを持つ
2）ネットワークと仲間つくりを重視する
3）対話に基づいた合意形成を図る
4）勇気・忍耐力・情熱を持ち続ける

注

（注1）このインタビューは10章で紹介した「まちづくり人材育成プログラム」（Japanese Local Governance and Management（JaLoGoMa）Program）教材作成の一環として筆者が2020年7月に行ったものである。本章ではそのインタビューのテープ起こし原稿を定性的な主題分析（Thematic Analysis）を行った結果を基にしている。分析手法についてはNishishiba, Jones & Kraner（2013）を参照の事。

（注2）米国では特定の行政サービスだけを担う特別区（Special District）と呼ばれる行政単位がありトライメット（TriMet）はポートランド首都圏の3つのカウンティーの公共交通行政サービスを担う自治体（公営企業）である。

本文・参考文献

・Aref, F., & Ma'rof, R. (2009). Community leaders' characteristics and their effort in building community capacity for tourism development in local communities. *International Journal of Business and Management*, 4 (10), 187-193.

・Bennis, W., & B. Nanus. 1985. *Leaders: The Strategies for Taking Charge.* New York: Harperand Row.

Bohm, D. (Lee Nichol, ed.) (1996) *On Dialogue*, Routledge, New York.

・Buber, M. (1947) *Between Man and Man*, trans. R. G. Smith, Kegan Paul, London.

・Chrislip,D.D.,&C. E.Larson. 1994. *Collaborative Leadership: How Citizens and Civic Leaders Can Make a Difference.* San Francisco: Jossey-Bass.

・Gardner, H. 1995. *Leading Minds: An Anatomy of Leadership.* New York: Basic Books.

・Isaacs, W. (1999) *Dialogue and the Art of Thinking Together*, Doubleday, New York, NY.

・Kouzes, J. M., & Posner, B. Z. (2017). *The Leadership Challenge 6th ed.* John Wiley.

・Lipman-Blumen, J. N. (2000). *Connective leadership: Managing in a changing world.* Oxford, England: Oxford University Press.

・Lipman-Blumen, J. (2017). Connective Leadership in an Interdependent and Diverse World. *Roeper Review*, 39(3), 170-173. doi:10.1080/02783193.2017.1318994

・Mazutis, D., & Slawinski, N. (2008). Leading organizational learning through authentic dialogue. *Management learning*, 39(4), 437-456.

・Nishishiba, M., Jones, M., & Kraner, M. (2013). *Research Methods and Statistics for Public and Nonprofit Administrators: A Practical Guide.* (392 pages). Thousand Oaks, CA: Sage.

・O'Brien, D., & E. Hassinger. 1992. Community attachment among leaders in five ruralcommunities. *Rural Sociology* 57(4): 521-534.

・Wheatley, M. (2009). *Turning to one another: Simple conversation to restore hope to the future.* 2nd Ed. Berrett-Koehler.

・Yankelovich, D. (2001). *The magic of dialogue: Transforming conflict into cooperation.* Simon and Schuster.

コラム・参考文献

・Burns, J.M. (1978). Leadership. New York: Harper & Row.
・Carly, T. (1891). Sartor reartus: On heroes, hero-worship and the heroic in history. London, UK: Chapman & Hall. Hersey, P. and Blanchard, K (1969). Management of Organizational Behavior: Utilizing Human Resources. New York: Prentice Hall.

14 イノベーティブな学習支援技法6：テクノロジーの利活用

吉田　敦也

《目標&ポイント》 本章では，人の思考やつながりを拡大･強化し，知識創造，オープンなコミュニティづくり，社会参画を加速するといわれるテクノロジーの利活用に関して，［1］クラウドサービスによる生涯学習支援，［2］デジタルデバイドの問題と対処。［3］自分メディアの活用の3つについて，ポートランドでの実践事例等をもとに考える。

《キーワード》 クラウドサービス，アプリ，ミートアップ，スキルエクスチェンジ，リモート会議システム，電子ブック，デジタルインクルージョン，スマートシティ，放送大学，図書館，リ・インベント，自分メディア，インスタグラム，ポッドキャスト，ハッシュタグ

1. クラウドサービスによる生涯学習支援

ここで紹介する事例は63歳のアメリカ人男性による「ポートランド日本語交換会」という実践である。

◎ポートランド日本語交換会

ポートランド日本語交換会はMeetUpというWEBサービスを利用して，日本語会話力を向上させたいアメリカ人と，英会話力を向上させたい日本人をマッチングし，楽しく，面白く，スキルアップしようとする市民活動である（ポートランド日本語交換会，2021）。

創始者で実践者はポートランド在住のダン・ビーン（Dan Bihn）氏である。ご本人にZoomでリモートインタビューした。

◎58歳のチャレンジ

ダン・ビーン（Dan Bihn）氏の生まれはサンフランシスコのサンタクルーズである。コロラドに20年間住んだ後，58歳の時に人生最後の冒険としてポートランドに移住した。10歳の時，4日間だったが父親と日本を旅行し，京都，大阪，東京を巡った。仕事の関係で東京都八王子市に7年間住んだ経験もあり，そのため流暢な日本語を話す（Bihn, 2021）。ポートランドにはビーン氏のように日本と関わりをもつ人が多い。

そんなビーン氏もポートランドで暮らし始めた直後は友達が一人しかいなかったという。そこで考えた。友達をつくろう！できれば，日本人と出会いたい。調べたところ，ポートランドにはオレゴン日米協会（ジャッソ，JASO：Japan-America Society of Oregon）や文部科学省のジェット（JET：Japan Exchange and Teaching）プログラムの同窓会などがあり交流会を定期開催していた。しかし自分にピッタリなものではなかった。そこでビーン氏は，チャレンジすることにした。そして誕生したのが実践活動「ポートランド日本語交換会」だった。

◎実践の場のデザイン

作業は「場」のデザインから始まった。彼の頭のなかにあったテーマは次のようなものだった。

大きな前提：

英語を母語とする人で，1年程度日本語を学んだり，日本に滞在した経験があり，日本語会話力をさらに上達させることを真面目に考えているアメリカ人と，それを手伝いたい日本人で自分の英会話力を上達させたい人がつながる。ノンビリ楽しい雰囲気のもと，それぞれの言語で会話をする時間をもち，それを交換する。

交換の場には日本を想う食べ物がほしい。繰り返すうちに「コミュニティ」として育ってほしい。こんなことを要素に「場のデザイン」を試み，実践することにした。まとめると以下のようになる。

・人をつなぐ
・日本のカレーを食べる
・ノンビリ楽しい雰囲気のもと語る／聞く
・体験の繰り返しから会話力をスキルアップする
・集まりをコミュニティとして育てる

◎クラウドサービスの活用

次の作業は集客の戦略づくりだった。自分と同じような気持ちをもち，参加してみたいと思う人にどうしたら自分のアイデアや場の存在を伝えられるか？

ビーン氏はインターネットを活用することにした。そして MeetUp と呼ばれる Web サービスを使うことにした（Meetup, 2021）。日本語会話をテーマにした集まりをネット検索したときにヒットし興味を持っていたからだ。ミートアップとは英語で「出会う」「出くわす」を意味するが「何かをするために誰かと会う」という意味でも使われる。

MeetUp は IT プラットフォームに分類されるクラウド型の情報サービスの１つである。共通の目的や価値観を持った人をコミュニティ化するのに都合がよい。2002 年から運用開始されている。

プラットフォーム（platform）とは，情報技術用語では，装置，システム，ソフトウエア，サービスなどにおいて「共通の基盤」あるいは「標準環境」になるものを指す。例えば，Windows，iOS，Android，また，Youtube，Netflix，フェイスブック，ツイッター，アマゾン，楽天，クックパッドなどがそれに該当し MeetUp もそれに含まれる。

IT プラットフォームにはそれぞれに巨大な利用者が集まり，共通の価値観，ライフスタイル，社会活動を持つグループとなる。そして，毎日のニュースを共有したり，欲しいものを選ぶときの口コミ情報源，交流サイトとなり，コミュニティ化する。

クラウドサービスはインターネットに接続されたサーバー（コンピューター）が提供するサービスである。サーバーがどこにあるか意識することはない。まるで雲（クラウド）のなかのコンピューターを地上から利用する感覚で利用できることから「クラウドサービス」と呼ばれている。名付けた人は不明で Google の創業者 エリック・シュミットの 2006 年の発言に由来するとも言われている。

従来のコンピューター利用とは異なりソフトウェアやデータが自社のサーバーや利用者のパソコンのなかにないため通信経路に問題なければ端末機器のリソースが少なくて済み，セキュリティを確保できる利点がある。

SNS はソーシャル・ネットワーキング・サービス（social networking service, SNS）の略称である。Web 上で社会的なネットワーク（ソーシャル・ネットワーク）を構築可能にする機能を備えたサービスである。IT プラットフォームの例として紹介したフェイスブックはその代表的なものである。会員制で，人と人のつながりをサポートする性能の高さから人気を呼んでいる。フェイスブックの利用者数は 2020 年の時点で，世界で 27.4 億人，日本で 2,600 万人を記録している（Facebook, 2020）。

基本機能として以下のようなものが利用できるようになっている。プロフィール機能，メッセージ送受信機能，電話／テレビ会議機能，タイムライン（ウォール）機能，ユーザー相互リンク機能，ユーザー検索機能，ブログ機能，Q&A 機能，アンケート機能，コミュニティ機能。

◎ SNS 型の「MeetUp」

MeetUp の特徴は，テーマごとにグループを組織し，イベント告知，プログラム共有，交流などを支援するサービスとなっている点である。比較的小規模で，機能も絞られているが，それゆえに，わかりやすく，使いやすい面をもつ。

特に，地理的に近接した地域内での小規模ミーティングや交流会の開催には便利なツールとなっている。対面とバーチャルのどちらにも対応可能な仕様であり，専門家集団のネットワーク活動や選挙運動などにも利用されている。

もともと，2001 年 9 月 11 日にニューヨークで発生したアメリカ同時多発テロ事件がきっかけで開発された。創始者であるスコット・ハイファーマンらは社会学者パットナムの著書「ボーリングアロン」にも影響を受けているとされており，アメリカ社会におけるコミュニティ活動の低下や希薄な人と人のつながりを活性化しようとする意識が根底にある。

公開されているデータは最新のものではないが，MeetUp には，2017 年の時点で，世界中で約 3,500 万人以上の利用者がいる。グループ数は約 225,000, 180 か国から参加があるとのことである。グループのテーマ，規模，運営ルールなどはさまざまである。ツイッターやフェイスブックなどのようなフォローやメッセージなどの機能はない（Wikipedia, 2021-1)。

◎スキルエクスチェンジ

ビーン氏が新しい冒険として構想した集まりはまさに「ミートアップ」であった。加えて「交換会」という名称が表しているように，そこにはいかにもポートランドらしい雰囲気が実現されている。

それはスキルエクスチェンジ（技能の交換）である。自分が必要としているものがある時，お金でそれを購入するのではなく，自分ができる事，例えば語学力や労働力の提供で支払う。

関連して，ギフトエコノミーと呼ばれる考え方もある。贈与経済と呼ばれ，見返りを求めずに他者にモノやサービスを与える経済のことを言う。受け取った側は感謝の気持ちとして自分で決めた金額を支払う。

ビーン氏は前者のスキルエクスチェンジを導入した。つまり，受講料を支払ってレッスンを受ける日本語会話教室や英会話スクールではない。単なる交流会でもない。不足した部分を補いたい人に対して自分ができることを提案して交換する。その「気持ち」が柱となっている。

具体的には，ポートランドに住み日本語会話力を向上させることが必要な人に対して，そこに滞在する日本人が手伝う。教えてもらう人はすでに一定の日本語力や日本に滞在の経験を持つ。日本人は英会話を勉強したい。そんな人が出会う。それぞれ「おもしろい」話題や物語を「話す／聞く」という形で交換する。

日本では共感コミュニティ通貨「EUMO（ユーモ）」といったものが登場してきているが，ビーン氏のミートアップはこうした流れを先取りしていたのかもしれない。文化の扉を外側から開き，貨幣経済ではない，別な価値の仕組みで作動させる，そのことを ICT（情報通信技術）が加速する。そんなチャレンジだと評価できる（新井・高橋，2019）。

◎ミートアップの実際

進行の手順は，日本語だけで喋るセッションと英語だけで喋るセッションを交互に繰り返す。15 分が経過したら合図があり必ず交代する。

ポートランド滞在中に参加したことがあるが，アメリカ人は最初の 15 分間は日本語で語り続けないといけない。15 分経過したら，今度は日本人が 15 分間，英語で喋り続けないといけない。注意事項はここでの話は面白くないといけない。英語では fun と表現されており，興味深く「もっと聞きたい！」と感じる話を 15 分間つづけるのは結構難しい。

◎アプリでのアクセス

「ポートランド日本語交換会」はアプリでも利用可能となっている。特に，新型コロナウイルス感染症パンデミックによって，社会活動の多くはリモートとなり，スマホやタブレットを使った形が主流となっている（**写真 14-1**）。

使い方は簡単で，初めての場合はスマホやタブレットに MeetUp アプリをインストールして利用者登録（サインアップ）する。もしも自分の実践に使いたい場合はグループ登録してイベント情報を入力すると Web 上で共有され参加者募集が始まる。すばやく安価に社会実践できる。

写真 14-1　日本語交換会のトップ画面

一般的な使い方の話だが，MeetUpアプリには登録時に入力した郵便番号から居住地域で開催されるイベントが示唆（サジェスチョン）される。テーマでフィルターをかけると希望のものを見つけることができる。

アプリへのサインアップが完了したら次は交換会への参加登録である。アプリ内の検索機能を使って「ポートランド日本語交換会」を探し出した後，主宰者のビーン氏に参加希望のメッセージを送る。返事が来たら入会手続き完了である。その日からグループ活動に参加できる。累積メンバー数は1,104名，オーガナイザーはビーン氏含めて35名いる。コロナ禍により，ポートランドでの対面型ミートアップは休止中であるが，リモート会議システムZoomを活用して活動を継続している（**写真14-2**）。

写真14-2　Zoomインタビューの様子

写真 14-3　ビーン氏が出版した電子ブック

Zoom は無料または安価に利用が可能であることに加えて，地理的な障壁を越え，1 対 1 あるいは多対多の対話の場を容易に設定できる。移動時間の節約もできる。ブレイクアウトルーム機能を使えばミーティング途中に一時的に数名の分科会（小グループ）に分かれて一定時間後にまたもとの全体ミーティングに戻るといったこともできる。そんなことから対面で行うミーティングには無い新しいスタイルの交流が可能であるとビーン氏は感じており，コロナ収束の後も，リモート会議システムによるオンライン開催は継続する予定であるとのことだ。

ビーン氏はもともとエンジニアだったので現在は再生可能エネルギー関連の「エンジニア・ストーリーテラー」として活動している。

Community Biomass Handbook という電子ブックも出版している。「おもしろい」話題の交換のネタ本としてビーン氏の著作物をあらかじめ読んでおくのも良いかもしれない（Bihn, 2016）（**写真 14-3**）。

◎ビーン氏の教え

ビーン氏の実践活動から学ぶことは，第 1 に，日本とポートランドの架け橋となる活動が，ポートランドの住民によって，愉快に，活発に行われていることである。第 2 は，この活動は「学びの場」として「デザイン」から出発していることである。第 3 は，この活動は住民が一人で DIY したものである。そこで ICT の利活用が不可欠だった。

◎日本とポートランド

ポートランドは親日の地域として知られている。日本人も多く住んでいる。2018 年 10 月のデータではメトロ地区に約 5,800 人が在住している（Statista, 2021）。市内の中心部を流れるウイラメット河畔には見事な桜並木がある。郊外には日本国外にあるなかでは最も美しく本格的だと言われる日本庭園があり地域の身近なところに日本以上に日本らしい日常がある。

◎まとめ

（1）学びの場づくりに ICT，クラウドサービスの活用は有用である
（2）ICT の利活用は人をパワーアップしてチャレンジを可能にする
（3）SNS 等の活用にあたってはハイブリッド型でシンプルなのがよい

2. デジタルデバイドの問題と対処

ICTの利活用において，常に問題となるのはデジタルデバイドである。日本語では情報格差と訳される。決して新しい問題ではなくコンピューターが登場／普及して以来の積年の課題である。

◎デジタルデバイド

デジタル・ディバイドとは，「インターネットやパソコン等の情報通信技術を利用できる者と利用できない者との間に生じる格差」とされている（総務省，2011）。

２つの側面があり，１つはインターネットやブロードバンド等の利用可能性の格差である。「地域間デジタル・ディバイド」と呼ばれている。もう１つは，リテラシーのことから生じるもので，身体的・社会的条件（性別，年齢，学歴の有無等）の相違に伴う「個人間・集団間デジタル・ディバイド」である。

◎世界中で再燃したデジタルデバイド

最近の日本では，光ファイバー網の普及と拡大から，また，学習支援プログラムやサポート体制の充実から，地域間の格差やリテラシー問題は少なくなったかのように思われていた。それが突然に再燃した。理由は，新型コロナウイルス感染症（Covid-19）の爆発的な拡大（パンデミック）である。国内のみならず，世界的課題として再燃した。

なかでも大きな問題は学校教育の現場に発生している。次世代を育てる教育現場が，従来通りのやり方では維持できなくなっている。リモート学習するための環境整備が追いつかない状態に陥っているうえに，提供側と利用側の両方でリテラシーの問題が今なお存在していることが発覚した。

特にアメリカやヨーロッパをはじめ諸外国においては，厳しい外出制限が課せられるケースが多くあり，初等，中等，高等教育の全てにおいてリモート型の教育／学習を迫られている。その際，都市部と地方における情報格差，生活水準による情報格差は深刻である。デジタル化が進みスマート社会へと移行するそのあり方に大きな問題を投げかけている。

◎デジタルインクルージョンとスマートシティ

社会的包摂（インクルージョン）をデジタル技術によりさらに進化させることをデジタルインクルージョンと呼ぶ。人種，国籍，言語などの多様性を超えて人々が共生する社会の実現を加速するものとして注目されている。

デジタル化や AI 化を地域丸ごと，あるいは国家レベルで推進しようというのがスマートシティプロジェクトである。スマートシティでは，IoT（Internet of Things：モノのインターネット）と言われる技術を使って，機械と機械，インフラと呼ばれる社会基盤，サービスなどあらゆるモノをつなぎ，賢く効率的に管理・運営する。環境への配慮にも優れており，生活の質を高め，継続的な経済の発展に向かう先進都市モデルとされる。

ところが，ここにもやっかいな問題が潜んでいることが，今回のコロナ禍によって明らかとなった。スマートシティなどデジタル社会では機器の自動的／知能的な操作／運用といったレベルを超えて，「判断」や「見極め」といったものまでもコンピューターがやってしまう。それらは人間にしかできないことで取ってかわるものはないと信じていたが，デジタル社会はすでに一歩先に進んでしまっていた。

歴史学者で「サピエンス全史」の著者ユヴァル・ノア・ハラリが指摘

するように，デジタル社会はテクノロジーが個人の生体情報をモニターする監視社会となっており，従来の意味でのプライバシーはすでになくなっている。移動や集合の状態をコンピューターやAIがデータ化し，可視化するどころではなく，ウイルスへの感染状況，免疫の有無なども収集されており，それをもとに感染拡大が予測され，行動規制の判断が行われている。言い換えると，政治や自己の判断ではなく機械やシステムが実行する科学的判断に基づいて行動する時代が到来している（ユヴァル・ノア・ハラリ，2020）。そこにますます大きくなっているデジタルデバイド問題をあわせもつのが現代社会である（Brauns, 2020; Esteban-Navarro, García-Madurga, Morte-Nadal & Nogales-Bocio, 2020）。

◎スマートシティ PDX

急浮上したデジタルデバイド問題をスマートシティの課題として解決を図ろうとする動きもある。その1つが，ポートランド市のスマートシティプロジェクト「Smart City PDX」である（Smart City PDX（2021））。

ポートランド市ではコミュニティテクノロジーオフィスが中心となり2016年よりデジタルイクイティ（デジタル活用における公正性）アクションプランを推進してきた（City of Portland, 2016）。今回の新型コロナウイルス感染症パンデミックにより32,000世帯が十分にインターネットアクセスできていないとしてSmart City PDXデジタルデバイドチームを緊急編成して低所得者層やフロントラインコミュニティへの支援を中心に対策に乗り出している。ポイントは以下の2つである。

（1）デバイス，ソフトウエア，通信環境，操作と利用のスキルなど全ての面でインターネットへのアクセスを支援する

（2）これまで対面で行われてきたコミュニティ活動をネット上に構築して外出禁止令下でも人とのつながりを失わないようにする。

◎図書館のリインベント（再構築）

新型コロナウイルス感染症パンデミックによって社会教育や生涯学習の仕組みや支援にも影響が現れており，インターネットを介さないと実行できない部分があることが鮮明になったきた。これを乗り越えるスローガンは「ニューノーマル（新しい常態）の形成」である（Night Foundation, 2021）。

米国はじめ世界各地ではこうしたニューノーマルの形成とデジタルデバイド問題に対して動きだしている。公的機関，公共施設としては図書館の動きが注目される（Grenoble Ecole de Management, 2021; Bloomberg CityLab, 2020）。特に公立図書館は，公共スペースとしての図書館のあり方を再構築（リ・インベント）しようとしており，「未来の公共空間」というタイトルのもと対話とデザインを開始している（Group 4, 2020）。

ポートランドの公立図書館はマルトノマ郡（Multnomah County）中央図書館である。アメリカの公立図書館はこれまでも市民や住民へのインターネットアクセスを提供する場所として積極的で中心的な役割を果たしてきた。これらが新型コロナウイルスパンデミックによって休館せざるをえずサービスのあり方について抜本的な見直しを迫られている（Multnomah County Library, 2021）。

◎放送大学

バーチャルクラスでのオンラインミーティングやリモートワークが余儀なくされインターネット学習環境への移行が進むなか，あらためて注目されるのが放送大学である。テレビやラジオによる学習は一般的にデジタルデバイドの影響を受けにくい。

放送大学はいわゆるオープンユニバーシティ（The Open University of

Japan）であり，15 歳以上であれば誰でも入学／受講できる。教養教育を中心にした年 2 学期制の教育課程を編成しており創立以降 170 万人を超える人が学び，現在 9 万人が在籍している。また，日本国内の全大学・短期大学数のうち，およそ 398 校（36%）と単位互換協定を締結している（放送大学，2021）。

オープンユニバーシティは狭義にはイギリスで 1971 年に開校した成人のための放送大学のことを言う。大学教育を広く成人に開放し年齢以外に特別な入学資格を求めないイギリスのオープンユニバーシティでは「大志を抱け，社会を変えて行こう！」という新しい価値の創造を学びのゴールに設定している（The Open University, 2021）。

日本の放送大学の 6 つの魅力

・入学試験が無く自分のペースで学べる
・在学期間や科目を選択できる（学位は教養学士と学術修士）
・1 科目（2 単位）11,000 円から学べる
・テキストがあり放送，ネット授業，スクーリングの組合せで受講
・全国に学習センターがありサークル活動や交流の場もある
・全国に 9 万人の学友がいる（多種多様な人の集まり）

3. 自分メディアのススメ

自分メディア（パーソナルメディア）とは，文字，静止画像，動画，音声などを共有する Web サービス（IT プラットフォーム）を利用して独自のチャンネルを形成することである。社会教育や生涯学習への有用性と応用可能性を考えるため，自分メディアと呼ばれるいくつかのサービスについて紹介する。

◎自分メディア

上に述べたように，文字，画像，音声などを共有する Web サービスを利用して独自の発信媒体となるチャンネルを形成することを自分メディアと呼ぶ。

具体的なものとして，ユーチューブ（YouTube），ツイッター，フェイスブック，フリッカーなど一般的に（かつ広義に）SNS と呼ばれるものはほとんどすべて利用できる。

最も伝統的で代表的な自分メディアとしてはブログがあげられるが，最近では，更新の利便性，サイトの管理運営，セキュリティのことから，いわゆる SNS が多用される傾向にある。

ここでは，学習メディアとして有用でかつシンプルさを備えたインスタグラムとポッドキャストを取り上げる。

◎インスタグラム

インスタグラム（Instagram）は 2010 年にサンフランシスコのケヴィン・サイストロムとマイク・クリーガーが創業した画像共有サイトである。利用者数はオープン直後わずか 2 か月で 100 万人を突破し，2020 年の時点で世界で 10 億人を超える。現在は Meta, Inc. が所有する。

投稿した写真はハッシュタグやジオタギング（GeoTagging）で整理することができる。投稿を公開，フォローすることもできる。トレンドコンテンツの閲覧や「いいね！」することもできる。投稿画像はコダック社のポラロイドインスタントカメラにならって正方形を基本としている（Wikipedia, 2021-2）。

インスタグラムの使い方は簡単である。スマートフォンにアプリをインストールしてユーザ登録する。その後，投稿マーク（＋）をタッチすればカメラが起動するので写真撮影して投稿する（Instagram, 2021）。

ポートランドでは，例えばパール地区のネイバーフッドアソシエーション（近隣組合）が，インスタグラムでまちの風景を発信している。またブリュアリー（ビール醸造所）やワイナリーなどポートランドのお酒づくりの光景を伝える発信も多数ある。

ポートランド州立大学のインスタグラムは見事で情報発信力をもつ(Portland State University, 2021)。創立以来の歩みを振り返る古い写真，大学周辺の地域がどう形成されてきたかを知ることができる写真が共有されている。もちろん現在のキャンパスの新鮮な画像も適宜掲載される。学ぶ人たちの笑顔の共有は学習意欲を高め魅力的である。ハッシュタグは #portlandstate

・ハッシュタグ

ハッシュタグは，#（ハッシュ）記号と文字列で構成される。歴史的には Twitter 上で初めて使われた。メタ（meta）タグとなって検索エンジンやブラウザに発見されやすい投稿をつくることができることから最近では各種の SNS サービスなどにおいてハッシュタグへの対応が標準的になっている。同質性を高めたり，情報を効率的に伝播・拡散することから，いまでは当たり前のように使われ，多様に設定される。

・写真の声

インスタグラムには「Photo voice」的な効用がある（Wang & Burris, 1997; Merrick & Angie Mejia,2010; 武田 , 2014)。1 枚の写真が訴える力は大きく，言語を超えて，地域を超えて，言葉にならない言葉を共有する。インスタグラムはその最適な方法の 1 つである。そこにハッシュタグを付け加えると，それがさらに他のキーワードと関連づけられてテーマを超えた「集り」をつくる。時にそれは新しい「目で見る知識」，あるいは「集合知」「集合的知性」（Collective Knowledge）となっていく（Science Direct, 2021）。

◎ポッドキャスト

ポッドキャスト（Podcast）はインターネット上で音声や動画のファイルを公開する方法の1つである。視聴する側からは「インターネットラジオ（またはテレビ）」となる。オーディオやビデオでのブログとも言われる（Learning Times, 2021）。

もともとはアップル社の携帯音楽プレイヤーiPod（アイポッド）にダウンロードするMP3形式の音声コンテンツだったが，現在ではMPEG 4やH.264形式の動画を含めたすべての番組配信をPodcastと呼ぶ。

ポッドキャストの利用も簡単である。iPhoneユーザなら，標準で「Podcast」アプリがインストールされており，これをクリックして立ち上げるだけで使える。

例えば，検索で「Portland State University」（ポートランド州立大学）をサーチすると，「ウオーリー・プラン」という番組（ポスト）の一覧が出てくる。そして一番上をクリックすると，なんと！本書の著者の一人西芝雅美教授へのインタビューが聞ける。シーズン1エピソード7は2019年4月9日に公開されたもので「西芝先生，市民参加とは何んですか」「それはね・・・」と対談が続く。

番組紹介によるとウオーリー・プランはポートランド州立大学とオレゴン健康科学大学の2つの大学で都市計画と公衆衛生を専攻していた（当時）大学院生のウオーリー・ブラウン氏が学びに関わる様々な人たちにインタビューしてまわったその記録である。それをポッドキャスト（音声ブログ）で配信した（Brown, 2021）。

こうした共有の作業を行うことにより発信者のウオーリー・ブラウン

氏は学びを外化して振り返ることができる。また掘り下げることができる。受信者の私（あなた）は，大学で都市計画を教える専門家の話を手軽に聞ける。今実際に学んでいる学生の目線での疑問や質問はわかりやすい案内にもなる。そう考えるとウオーリー・ブラウン氏は学びの扉を開くファシリテーターかもしれない。世界中からアクセスできるので留学して本腰入れて勉強しよう！と考える人が現れるかもしれない。きっかけをつかむ人もいるだろう。

・学習者による生涯学習の支援

ポートランド州立大学ではこの他にも附属図書館などが中心となりポッドキャストによる学習情報や教育研究者の声を積極的に配信・蓄積している（University Library of Portland State University, 2021）。そして全て広く社会へオープンしている。こうした取組と姿勢は，大学の学習や教育研究活動は基本的に社会が共有すべき「公共」であるという認識を示している。

ポッドキャストでは「エピソード」という単位でコンテンツが登録／配信される。BBC，CNN，NHK など世界中のニュースが聞ける。英会話や科学の番組も豊富である。ポッドキャストがあればラジオやテレビはいらないくらいである。ほんの少しの時間差で地域や故郷の状況を確認できる。そのため日本を離れて暮らす人たちには日常の情報を共有できるアイテムにもなっている。総合して，生涯学習支援の強力なメディアだと言える（Wikipedia, 2021-3）。

・誰でも使える・どこでも学べる

ポッドキャストの最大の特色はデータ量が小さいことである。音声だけの場合の特徴だが，そのことがどんなネット環境でも，移動中でも，快適に視聴できる強みとなっている。デジタルデバイドの観点からも有用である。コンテンツには「まちの声」「なまの声」がラインナップされており，次元の違う豊富さがある。

まずは聞いてみるとよいだろう。そして，自分チャンネルやコミュニティチャンネルをつくってみるのもよいだろう。アイデアとしては「私の生涯学習」といった振り返りチャンネルも可能である。学びが広がり深まる。著作権や倫理といった問題にも意識が向くようになり真偽を見極める力や批判力を含めてメディアリテラシーがトータルに向上する。

◎今なぜ - 体験，参加，共有，対話，共創

これまでのことからICTやインターネットなどを今なぜ利用するのか？　について考えると，ここでの答えは，学習を加速するからである。加えて，これまでにはなかった体験，参加，共有，対話，共創を持たらし，新しい考え方，知識創造，解決を生み出す可能性が高いからである。それがポケットに入り，慣れれば簡単な道具であり「世界」であるからである。

使い方には十分に注意しなければならない。著作権や肖像権を含めて配慮と指針がなくてはならない。誹謗中傷が簡単にできて人の心を攻撃する道具になりうる。1つの国を崩壊させる力さえ持っている。一方で，電子国家，デジタルネーションといった新しい集まりを創設させる動きもある。国家以外の組織や個人が仮想通貨（暗号資産）を発行することも可能となっている。データだけが移動し3Dプリンターで現場出力する「運ばない流通」も現れだした。学習や教育に与える影響には計り知れないものがある。

◎常なる学びへの接近

大事なことは根本である。そして，常なる学びへの接近である。学びの扉は「気づきの喜び」で開く。気づきは新しい認識を獲得した瞬間に起こる感覚である。

気づきをもたらすのは，人と話す，本を読む，講義を聞くといった体験である。それを振り返り，既存の経験や他の事象と照らし合わせて「考える」行為のなかで体験は経験に変わり，思想へと育っていく。思想は行為を生む（森，1977）。

こうした「考える営み」を効率よくループさせ，知識をまちづくりの現場で役立てようとするとき ICT やインターネットの加速させる力が役立つ。可視化，外在化，時空の超越，普通だったら出会わない人や社会との出会い，光の速度での共有などがその要素となっている。

現代社会にあっては，知識はますます体験化している。一方で，気候変動，世界規模の感染症パンデミックへの対策，大地震と大津波などへの備えには決断と行動が必要である。隔たりを飛び越える勇気と信念と洞察が求められる。そのためのオープンなコミュニティ，民主主義への関与，市民による科学と技術開発が主体となっていく。有効に作用する ICT やインターネットなどテクノロジーの利活用と拡大を成人学習や生涯学習の領域でも進めたいものである。

◎まとめ

（1）情報化とスマート化により従来にない社会が訪れている
（2）デジタルデバイドは増幅されており克服には叡智が必要
（3）Covid-19 パンデミックで教育学習は変わらざるを得ない

コラム6：生涯学習と社会参画に役立つオンラインツール

ICT，特にインターネットの進歩により生涯学習と社会参画に役立つオンラインツールは多種多様で簡単安価に利用できるようになってきた。

■モバイル情報端末：スマートフォン（スマホ）やタブレットなど携帯に便利でインターネット接続が簡単なモバイル情報端末がパソコンに代わって主流となってきた。OSによりiOS系とAndroid系に大別される。

■クラウドサービスとアプリ：パッケージ型ソフトウエアに代わりブラウザ上で動作するクラウドサービスやスマホ/タブレット用のアプリが主流となっている。代表的なものをジャンル別にいくつか紹介する。

［連絡／共有］Gmail，［メーリングリスト］Googleグループ［メッセンジャー］LINE, Messenger, Skype,［Webサイト］Blog,［SNS］: Facebook，Twitter，LinkedIn，［共有サイト］Instagram，YouTube，Podcast，クックパッド，［チームコミュニケーション］Slack，Google Drive，Dropbox，［リモート会議］Zoom，Team，Googleハングアウト，LINE電話，Messengerビデオチャット，［共創／アイデア視覚化／思考支援］：Mind Map，Padlet，Post-it，TED，［文献検索］Googleスカラー，［読書］Yomoo，ブクログ，Kindle，Apple Books，Googleブックス，［文書作成］Googleドキュメント，［アンケート実施］Googleフォーム，［出欠表］調整さん，［言語支援］iPhone翻訳，［ニュース］Googleニュース，Reuters，USA TODAY

本文・引用／参考文献とリンクURL

・Bihn. D. (2016) How wood energy is revitalizing rural Alaska. Community biomass handbook Vol.3, pp.1-64, Forest Service, Pacific Northwest Research Station. U.S. Department of Agriculture. Retrieved February 20, 2021, from https://www.fs.usda.gov/treesearch/pubs/53248

・Bihn, D. (2021) Strategic Communications for a Resilient & Sustainable Energy Planet. Retrieved February 20, 2021, from https://danbihn.com/

・Bloomberg CityLab (2020) Coronavirus Tests the Limits of America's Public Libraries - With school closures and job loss, communities will need libraries more than ever. But constraints after Covid-19 mean they'll have to rethink their role. By Linda Poon. Retrieved February 20, 2021, from https://www.bloomberg.com/news/articles/2020-06-24/how-coronavirus-is-changing-public-libraries

・Brauns, L. (2020) The Urban/Rural Divide, Internet Edition [With Podcast], Source Weekly. Retrieved February 20, 2021, from https://www.bendsource.com/bend/the-urban-rural-divide-internet-edition-with-podcast-version/Content?oid=12530007

・City of Portland (2016) Digital Equity Action Plan, - Digital Inclusion Network. Retrieved February 20, 2021, from https://www.portlandoregon.gov/oct/article/643895

・Esteban-Navarro, M-Á., García-Madurga, M.A., Morte-Nadal, T., & Nogales-Bocio, A-I. (2020) The Rural Digital Divide in the face of the COVID-19 Pandemic in Europe - Recommendation from a Scoping Review. Informatics, 2020, 7, 54. Retrieved February 20, 2021, from https://www.mdpi.com/2227-9709/7/4/54

・Facebook (2020) Investor Relations: Facebook Reports Third Quarter 2020 Results. Retrieved February 20, 2021, from https://investor.fb.com/investor-news/press-release-details/2020/Facebook-Reports-Third-Quarter-2020-Results/default.aspx

・Grenoble Ecole de Management (2021) COVID-19: How to reinvent library services respecting current public health measures ? Retrieved February 20,

2021, from https://www.grenoble-em.com/node/11691
・Group 4（2020）Future of Library Space - Library leaders and designers explore COVID-19 challenges and opportunities. Retrieved February 20, 2021, from https://www.g4arch.com/2020/05/26/future-of-library-spaces/
・Instagram（2021）Instagram. Retrieved February 20, 2021, from https://www.instagram.com/
・LearningTimes（2021）What is Podcasting？ Retrieved February 20, 2021, from http://www.learningtimes.com/what-we-do/podcast-production/about/
・Meetup（2021）ミートアップ：リアルな世界へようこそ！地域のグループにジョインして人と出会い，新しい何かに挑戦し，好きなことをもっとやろう。Retrieved February 20, 2021, from https://www.meetup.com/ja-JP/
・Merrick, M. Angie Mejia, A.（2010）PhotoVoice as Authentic Civic Engagement: Lessons Learned in One Immigrant Community. Retrieved February 20, 2021, from https://pdxscholar.library.pdx.edu/metropolitianstudies/138/
・Multnomah County Library（2021）Central Library. Retrieved February 20, 2021, from https://multcolib.org/library-location/central
・Night Foundation（2021）Communities : COVID-19 has shown we all need public space more than ever. Retrieved February 20, 2021, from https://knightfoundation.org/articles/covid-has-shown-we-all-need-public-space-more-than-ever/
・Portland State University（2021）Portland State University Official account of Oregon's urban public research university, located in the heart of Portland. Let Knowledge Serve. #portlandstate Retrieved February 20, 2021, from https://instagram.com/portlandstate/
・Science Direct（2021）Collective Knowledge. Retrieved February 20, 2021, from https://www.sciencedirect.com/topics/social-sciences/collective-knowledge
・Smart City PDX（2021）Digital Divide: Connecting Portland During the COVID-19 Crisis. Retrieved February 20, 2021, from https://www.smartcitypdx.com/covid-19-digital-divide-response
・Statista（2021）Total number of Japanese residents living in Portland from 2013 to 2018（in 1,000s）Retrieved February 20, 2021, from https://www.statista.com/statistics/1092489/japan-number-japanese-residents-portland/

- The Open University (2021) Welcome to The Open University - Set Your Ambition Free. Retrieved February 20, 2021, from http://www.open.ac.uk/
- University Library of Portland State University (2021) Podcast: Orientation and Mobility (O&M) On the Go. Retrieved February 20, 2021, from https://pdxscholar.library.pdx.edu/sped_podcast/
- Walle Brown (2021) Walle Plans: Urban Eyes: Planning in Context. Retrieved February 20, 2021, from https://mytuner-radio.com/podcast/urban-eyes-planning-in-context-walle-brown-1455009119
- Wang, C. and Burris, M.A. (1997) Photovoice: Concept, Methodology, and Use for Participatory Needs Assessment. Health Education & Behavior. Volume : 24 issue : 3, pp. 369-387, SAGE Publications Inc. Retrieved February 20, 2021, from https://doi.org/10.1177/109019819702400309
- Wikipedia (2021-1) Meetup. Retrieved February 20, 2021, from https://en.wikipedia.org/wiki/Meetup
- Wikipedia (2021-2) Instagram. Retrieved February 20, 2021, from https://ja.wikipedia.org/wiki/Instagram
- Wikipedia (2021-3) ポッドキャスト : Retrieved February 20, 2021, from https://ja.wikipedia.org/wiki/ ポッドキャスト

- 新井和宏，高橋博之（2019）共感資本社会を生きる - 共感が「お金」になる時代の新しい生き方，ダイヤモンド社
- 総務省（2011）情報通信白書（第2部：デジタル・ディバイドとその解消の必要性）Retrieved February 20, 2021, from https://www.soumu.go.jp/johotsusintokei/whitepaper/ja/h23/pdf/n2020000.pdf
- 武田 丈（2014）フォトボイスによるコミュニティのニーズ把握，アドボカシー活動，そしてエンパワメント，コミュニティ心理学研究，第18巻1号，3-20. Retrieved February 20, 2021, from https://www.jstage.jst.go.jp/article/jscpjournal/18/1/18_3/_pdf/-char/ja
- 放送大学（2021）放送大学とは．Retrieved February 20, 2021, from https://www.ouj.ac.jp/
- ポートランド日本語交換会（2021）The Portland Japanese Language Exchange.

Retrieved February 20, 2021, from https://www.meetup.com/ja-JP/ポートランド日本語交換会-The-Portland-Japanese-Language-Exchange/
・ユヴァル・ノア・ハラリ（2020）「新型コロナウイルス後の世界—この嵐もやがて去る。だが，今行なう選択が，長年に及ぶ変化を私たちの生活にもたらしうる」Retrieved February 20, 2021, from https://web.kawade.co.jp/bungei/3473/
・森有正（1977）経験と思想，岩波書店

コラム・参考文献

・Black, L.W.（2012）Blog, chat, edit, text, or tweet? Using online tools to advance adult civic engagement, in Linda Munoz, Heide Spruck Wrigley（2012）Adult Civic Engagement in Adult Learning: New Directions for Adult and Continuing Education, Wiley Online Library. Retrieved February 20, 2021, from https://onlinelibrary.wiley.com/toc/15360717/2012/2012/135

15　イノベーティブな学習支援技法7：時代を拓くまちづくり

吉田　敦也・西芝　雅美

《目標&ポイント》 本章では，［1］新型コロナウイルス感染症パンデミックを乗り越える取り組みから時代の扉を開くチェンジメーカーのチャレンジについて紹介する。［2］社会や地域が根本に据えることを考えるための実践事例として「公正性」の観点を導入したポートランドの公共政策について紹介する。

《キーワード》 新型コロナウイルス感染症パンデミック，ニューノーマル，ジョンズホプキンス大学，COVID-19ダッシュボード，チェンジメーカー，公正性，公平性，マイノリティ，多様性，包摂性，アクセス，持続可能性，アフォーダブル，アウトリーチ，ふりかえり

1.「変化を創る（局面を乗り越える）人」が育つ社会構築と学びのアップデート（吉田）

◎ニューノーマル

2019年11月22日「原因不明のウイルス性肺炎」が中国武漢で初めて確認された。それが世界各地へ急速に拡大し新型コロナウイルス（COVID-19）感染症パンデミックとなった。米国ジョンズホプキンス大学の集計によると，2021年10月25日，12時22分現在，世界で2億4,364万4,340人が感染し，494万7,967人が亡くなった。日本の感染者数は171万7,698人，死者は18,207人となっている（Johns Hopkins University, 2021）。

COVID-19パンデミックが人類に与えた影響は大きい。なによりマス

クの着用，ソーシャルディスタンシング，リモートワークが当たり前となり，新しい常態（「ニューノーマル」）で過ごすことになった。「対面」「移動」を前提にした働き方や経済のあり方は大打撃を受け，学校では「教室」の概念を見直さざるを得ない状況に追い込まれた。子どもたちのためにも未来をつくるうえでも早期に回復あるいは刷新を図らねばならない（Powell, M, 2020）。

一方で，見方を変えれば，ニューノーマルがもたらしたことは悪いことばかりではない。出勤しなくてよい日常は，街を歩き，家族，子どもたちや愛犬と過ごす時間のある日々をもたらした。心身を休め，元気になった人は多いだろう。「元には戻れない」とさえ考える人は少なくない（町田，2020）。またCOVID-19パンデミックによって「チェンジメーカー」と呼ばれる人々が登場し始めたのも良い意味での影響と言える。

◎チェンジメーカー

チェンジメーカーとは「その時代，その瞬間に“最も求められている価値”を提供する人」のことを言う。言い換えれば「災害や危機に直面したとき，アイデアを出し，行動を起こし，局面を変えてしまうようなプラスな変化を導く人」である。この概念はチーム，組織にも当てはまる。わかりやすい例はワクチンの開発である。今回の場合1年以内に開発／製造され接種がはじまっており，COVID-19パンデミックによる世界的混乱が収束に向かうかもしれない兆しをつくり，チェンジ・メーカーとなっている。

もう1つの例は，米国ジョンズホプキンス大学によるCOVID-19の感染状況を集約／共有するWebサイトである（Dong, E., Du, H. and Gardner, L., 2020）。通称「COVID-19ダッシュボード」と呼ばれている。世界各国の感染者数，死亡者数，回復者数などが集約され1時間ごとに更新される。後にワクチン接種数も追加されている。世界の標準となっており毎日 10 億以上のアクセスがあり，世界的なパンデミック対応のツールとなっているところから，このダッシュボードもチェンジメーカーと言えるだろう。

このCOVID-19 ダッシュボード（**写真 15-1**）はジョンズ・ホプキンス大学システム科学工学センター（CSSE）のローレン・ガードナー Lauren Gardner 教授が率いるダッシュボードチームが 24 時間体制で運営しているものだが，元々は，中国人大学院生のエンシェン・ドン氏 Ensheng Dong が博士課程での研究テーマを検討中に発想されたもので一人で 1 日で開発したものと伝えられている（Milner, G., 2020）。

彼は，故郷で発生した感染症のニュースを知り，たいへんなことになるかもしれないと心配していたところ指導教員のガードナー教授が「感

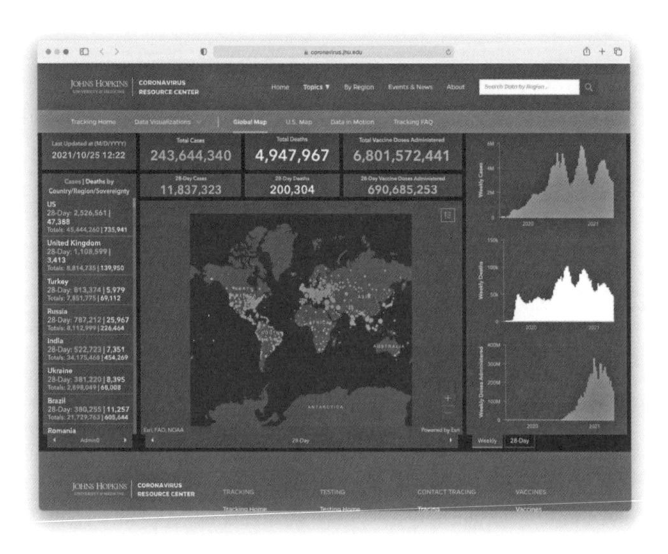

写真 15-1　COVID-19 ダッシュボード

染者数マップ」作成を示唆した。2020 年 1 月 21 日に始めたマップづくりは 8 時間ほどで形になり，翌日 1 月 22 日に公開した。Twitter でシェアしたところ瞬く間に全世界から注目を集めることになった。世界中の医療関係者，政策担当者などが頼りにするサイトとなり，企業や関連機関の協力のもと改良と改善が続いている。更新作業は時差を利用した国際シフトで行われている（CGTN America, 2020）。

権威ある科学誌「サイエンス」や CNN などいくつものメディアがダッシュボードチームの功績を称えるとともに彼のやり方をつぶさにレポートして「学び」を社会共有している。プラットフォームを提供した GIS 企業 ArcGIS 社は公式ブログで彼を「変化の代理人」すなわちチェンジメーカーとした。また彼が学んでいるジョンズ・ホプキンス大学のシステム工学が複雑に絡み合う国際社会における人間の交互作用にアプローチする新しい考え方であることが彼の行動を促したと評価している（Kaiser, J., 2020, Rogers, K., 2020, Swenson, K., 2020）。

以上チェンジメーカーの概念を COVID-19 パンデミックへの対応例で説明したが，第 9 章〜 14 章で紹介してきたポートランドの実践事例を振り返ってみるといずれも「チェンジメーカー」とみなせるものとなっている。ポートランドの住民運動，コミュニティ活動，子育てしながら働くことへの支援，公共政策の実践，ポートランド州立大学での教育／学習プログラムの展開，そこでのリーダーシップとファシリテーションなど全ては「その時代，その瞬間に“最も求められている価値”」を生み出していた。しかもそれらは長い時間軸のなかで強固に連結されている。

そこで，この最終章では，ポートランドのまちづくりを根本で支える公共政策策定過程における「チェンジメーカー」の事例として，これからの時代に“最も求められる価値”を提供する公共政策の展開のためいかに「公正性」の概念を導入しているかについて紹介する。

2.「公正性」の観点を導入した公共政策（西芝）

2020年5月に米国ミネソタ州ミネアポリス市にて起きた黒人男性ジョージ・フロイド氏の白人警察官による暴行死がきっかけで，米国には黒人，アメリカ先住民，有色人種等に対する社会制度的差別(注1)(Institutional Racism）が依然として存在しているという認識が高まった。これに対応する形で近年，行政をはじめ民間企業などが「反人種差別組織（Antiracist Organization)」になることを宣言し，さまざまな取組が新たに展開されている（Diebold, 2021)。反人種差別への取組は実は60年代の市民権運動以来，多様性と包摂性の推進（Diversity & Inclusion)，多文化共生（Multiculturalism)，文化力の向上（Cultural Competency）等さまざまな側面から取り組まれてきているのだが，ポートランド市においては2008年以来「公正性（Equity)」，特に人種間の公正性を図るための努力がなされている。

ポートランド市が人種間の公正性に注目するきっかけとなったのはNPO法人のコアリッション・オブ・コミュニテイズ・オブ・カラー(Coalition of Communities of Color CCC：有色人種コミュニティ連合)がポートランド州立大学に依頼して行った調査において，ポートランド首都圏に住む有色人種と白人との間に健康面また生活全般の質に大きな格差があるという事が明らかになった事にある（Curry-Stevens, Cross-Hemmer, Coalition of Communities of Color, 2010)。CCC及びその他の有色人種コミュニティはこの調査結果を基にオレゴン州がまだ準州の時代1844年に「黒人排斥法」を設け，黒人をオレゴン州から排斥してきたといったような人種差別の歴史があり，現在でも州全体の白人比率が87%と非常に高く，いまだに人種間に大きな不公正が存在する事実を喚起する運動を展開した。こうした格差の有る状況を改善する必要性を重

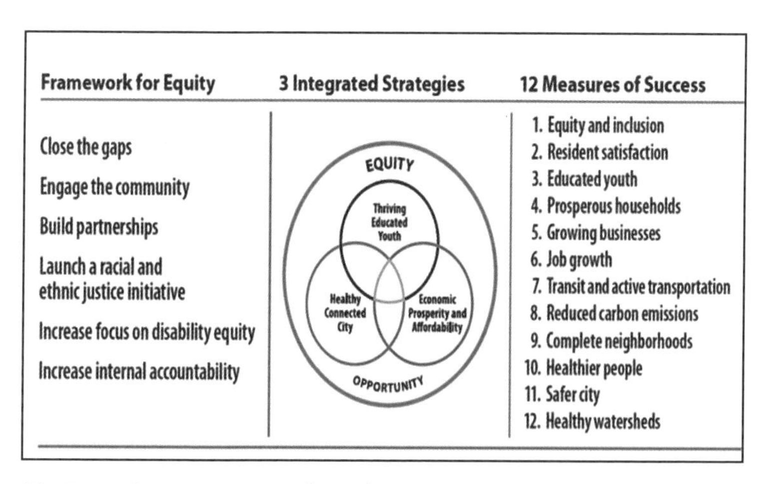

図15-1　City of Portland (2012). The Portland Plan: Summary, p.1

視したポートランド市は2011年に「公正性および人権問題担当局（OEHR: Office of Equity and Human Rights）」を設立した（About OEHR, n.d.; Government Alliance on Race & Equity, n.d.).（**図15-1**）

同時にポートランド市では大々的に住民を巻き込んだビジョンつくりのプロジェクトvisionPDX（2005-2007），そしてそのビジョンを実現するための長期戦略計画ポートランドプラン（2009-2012）が進んでいた。visionPDXでポートランドの住民が重んじる価値観のトップ3として，「コミュニティの繋がり，公正性とアクセス，持続可能性」が挙げられ（visionPDX, 2008），ポートランドプランでは3つの主要戦略（活気ある教育を受けた若者，健全でつながりのあるまち，経済的繁栄とアフォーダビリテイ）を統合する概念が「公正性」であるとし，12の成功指標の1つとして「公正性と包摂性」が選ばれた（City of Portland, 2012）（**図15-2**）。

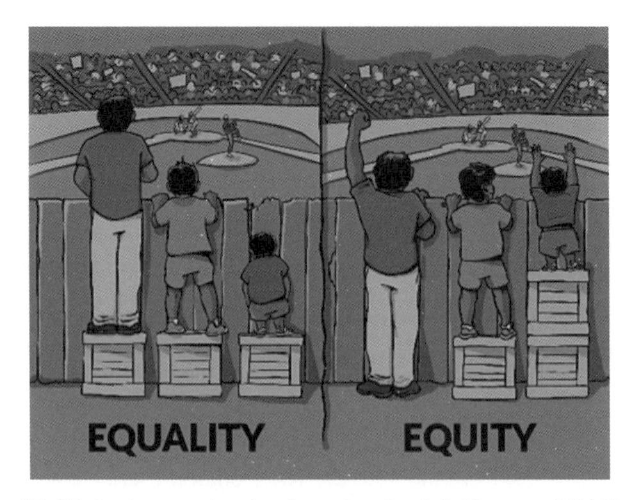

図 15-2　Interaction Institute for Social Change（2016）

ポートランド市における公正性への具体的な取り組みについて紹介する前に公正性の概念について説明を加える。上の**図 15-2** は「公正性（Equity）」と「公平性（Equality）」の違いを絵で表したものである。

この絵にはフェンスの向こうで行われている野球の試合を見たい子どもたちが３人描かれている。１人は背が高く，１人は中ぐらいで，１人は背が低い。この３人の子どもたちを公平に扱いそれぞれの子どもに同じ形で同じ高さの箱を与えると背の高い子は別に箱がなくても野球の試合が見られるにもかかわらず箱をもらう事でますます試合が見やすくなる。中ぐらいの背の子は箱があることで野球の試合が見られるようになる。しかし背の低い子は箱をもらったところで相変わらず柵の向こうを見る事が出来ず結果としては試合が見られない。公正性とは，公平性と違い，同じ形で同じ高さの箱を誰にでも均等に与えるということではなく，背の高い子はもう野球の試合が見られているのだから箱は与えない。

その代わり，中ぐらいの背の子には箱を1つ，背の一番低い子には，箱を2つ与え，結果として全員が野球の試合が見られるようにする，と考える。つまり，公平は全ての人たちを同じように平等に扱うことだが，公正は全ての人たちが同じ結果を享受できるようにするという考え方である。

ポートランド市では「公正性のレンズ」を使って事業の検証を行う事が制度化されている。例えば2015年に「予算の公正性を検証するためのツール（Budget Equity Assessment Tool）」が導入され，各部署が予算案を策定する際，予算申請が出ている事業によって特別にダメージを受ける人種や民族のグループがないかどうか，意図せずして今まである格差がさらに助長されるような結果になるような予算配分をしていないか，またこういった予算配分をすることで，今までメリットを受けていなかった，置き去りにされていたようなグループがメリットを受けることが出来るようになり，格差が縮まって公正な結果がもたらされるようになっているか等の観点からチェックをし，その結果を予算審議の前にまず公正性および人権問題担当局（OEHR：Office of Equity and Human Rights）が公正性の観点から予算案を審査した後，予算案が市議会議員と予算審議会のメンバーによって吟味され，予算局が最終的な予算配分を行う（Budget Equity Assessment Tool, n.d.）。こうした審査を経る事で公正性への影響を考慮して，予算局が担当部局に予算の見直しを要請した例もいくつか出て来た。OEHRの初代局長のダンテ・ジェームス（Dante James）氏は筆者に「組織を動かすために最も有効なツールは予算なので，公正性に対して本当にコミットしているかどうかでもって予算配分が決まる，といったメカニズムを取り入れる事で，市行政全体が公正性や包摂性について真剣に取り組むよう仕掛けた」と語ってくれた（**図15-3**）。

“公正性のレンズ”で予算をチェック

公正性および人権問題担当局(Office of Equity and Human Rights)による予算案のチェック

○ 特に影響を受ける人種・民族グループがないか?

○ 意図せずして格差が助長されてしまうグループがないか?

○ 従来、置き去りにされてきたグループにメリットがあるか?

○ より公正な結果を得るための障害になっている事は何か?

○ 公平性を重視した予算配分に市がコミットしていると言えるか?

等

図15-3 公正性による予算案のチェック

またポートランド市は2015年に「人種間の公正性を確立するための目標と戦略(City-wide Racial Equity Goals and Strategies)」を全市で推進するための施政方針として採択した。このなかの3つの目標は次の通りである。

目標1:市行政内部の人種間格差をなくし,公平な雇用と昇進を行い,より多くの人々が市行政の仕事を請け負う機会を持ち,すべての住人に公正なサービスを提供する。

目標2:有色人種,移民,難民,等のコミュニティの人々へのアウトリーチ,参画,市のサービスへのアクセスを強化し,人種間の公正性を確立するためのベスト・プラクテイスを支援し,必要があれば現存のサービスのあり方を変える。

目標3:コミュニティやその他の機関と協力し,教育,司法,警察,環境正義，保健衛生，住宅，交通，経済開発といったすべての行政領域において人種間の不公正を是正する。

またこれらの目標を達成するための戦略が6つ提示されている。

戦略1：人種間公正性確立のためのフレームワークを使い，公正性の概念，偏見，制度的・構造的人種差別などを明確に理解する。
戦略2：組織として公正性を確立するための力をつける。
戦略3：「公正性のレンズ」を通して物事を見る。
戦略4：データ分析に基づいた意思決定を行う。
戦略5：コミュニティやさまざまな機関とパートナーシップを結ぶ。
戦略6：切迫感を持って課題に取り組み，責任を持ってやり遂げる。
(About OEHR,n.d.)

ポートランド市役所内にある26の部局はそれぞれこの施政方針に準拠した形で「人種間の公正性を確立するための5か年計画（Racial Equity Plan)」を策定する事が義務づけられており，各部局はその5か年計画をポートランド市のホームページに載せている。この5か年計画の一環として多くの部局で「公正性担当マネージャー」という職種が新たに設けられる等，公正性の推進に力が入れられている。

この「人種間の公正性を確立するための目標と戦略（City-wide Racial Equity Goals and Strategies)」を適応した具体的な部局での取り組みとして，例えばポートランド市交通局（Portland Bureau of Transportation PBOT）ではストリートカーをポートランド市の北西部に延線するかどうかを検討するにあたり，延線が人種間格差を増長しないかどうかなどの調査を行い2019年7月に「ストリートカー延線とそれに伴う沿線地域の土地利用変更の人種間公正性への影響初期調査報告書（Preliminary racial equity analysis of NW streetcar expansion and related land use changes)」（Portland Bureau of Transportation, 2019）を公表し延線計画審議の際の重要な考察要因として公正性を取り上げている。またポートランド市交通局は人種，所得，英会話能力の 3 つの要素を考慮に入れて，地域を評価する「公正性のマトリックス（Equity Matrix)」を作っている（Portland Bureau of Transportation, n.d.)。このマトリックスでは全市の平均値より有色人種と英会話能力が低い住民が多く，所得レベルが全市の平均値より低い住民が多い地域には高い点数が与えられ，政策や事業を行う際，点数の高い地域への影響に特に配慮する事が要請される。交通局ではこのマトリックスの点数を地図の色の濃淡で示し，交通事故率などとの指標と重ね合わせて交通関連事業を考えるうえで公正性を考慮に入れるツールとして活用している（**図 15-4** 参照)。

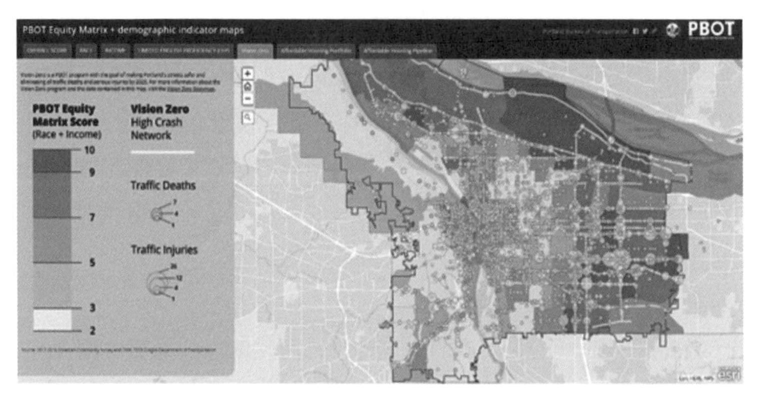

図 15-4　「公正性のマトリックス（Equity Matrix)」

このようにポートランド市は政策決定と実行のあらゆる面に「公正性のレンズ」を取り入れ，歴史的に積み上げられて来たさまざまな不公正を是正し，すべての人々が住みやすいまちづくりを心がけている。

3. ふりかえり（吉田）

第9章～15章までポートランドのまちづくりと実践事例について学んできた。それぞれの立場から振り返ってみることをお奨めする。7つの章の執筆を終えるにあたって著者として私自身も振り返ってみた。そこで気づいたことは以下の3つである。

①ポートランドのまちづくりにはみんなが共通して目指す大きな目的（ゴール）が設定されていた。その目的は，もしも達成されたら，地球が持続し，地域に人が暮らし，幸福で健康な暮らしをもたらすであろうものであった。アイデンティティとユニークさをもった子どもが育つ，クリエイティブな働き方がきっとできる。そう思わせるものでもあった。そしてそれらは現在SDGsが掲げる目的を先取りしているものばかりであった。住民，コミュニティのレベルで気候変動や脱炭素など地球環境問題や暮らし，働き方，健康の「共創」に早くから取り組んでいた。（達成されているものも多くある）

②ポートランドのまちづくりを支えているのは学びと教育であった。それらは実にユニークで多様であった。学んでみたい気持ちが沸きたつエキサイティングなものであった。子どもたちも大人たちも楽しそうに学んでいた。「変化を創る」「局面を乗り越える」「人を育てる」意志が明確に示されていた。時代の流れや変化にあわせた「常なるアップデート」がなされていた。

③まちづくりには住民が「参加」していた。その根っこには「我が町への誇り」があった。まちのあり方に責任をもち関与することは当

然だという意識があった。そんな意識を育てる仕組みがあった。その1つとして市役所で働く人は「一人の人間」として課題に取り組んでいた。プロとして住民とつながりをつくりつつ，公正性のレンズを使って，柔軟に結果を出していた。そしてそれが「公務」になっていた。

いま日本の社会に求められていることは「変化」であろう。そのためのリーダーシップ，住民参加が求められている。近所の人から国際的なつながりまでを結び作用させるネットワークが必要となっている。それらが意気投合したとき，新型コロナウイルス感染症パンデミックのような巨大な課題を乗り越えられる。ニューノーマルをプラスにした新しい社会が生み出される。危機，激甚災害，劇的な経済変動への備えとなる。有事をものともせず賢く乗り切る次世代が誕生する。

これらのことに寄与する学びのアップデートが最大に重要であり緊急整備が必要なことである。そのために最も求められることは「学んだことを活かしていくこと」である。「生み出す力」をもつことである。Let Knowledge Serve the City。これをモットーに生涯学習者，社会教育に携わる者すべてがチェンジメーカーとなっていく新しい学習のシステムとプログラムが集合知として形成されることを期待している。

注

（1）近年米国では従来マイノリティと呼ばれていた黒人，アメリカ先住民，有色人種を Black, Indigenous, and People of Color の略称で BIPOC（バイポック）と呼んでいる。

参照文献等

・About OEHR（n.d.）. *Budget Equity Assessment Tool: City Policy.* Retrieved February 20, 2021, from https://www.portlandoregon.gov/oehr/62229
・About OEHR（n.d.）. *Citywide Racial Equity Goals and Strategies.* Retrieved February 20, 2021, from https://www.portlandoregon.gov/oehr/article/537589
・About OEHR（n.d.）. *Office of Equity and Human Rights City of Portland.* Retrieved February 20, 2021, from https://www.portlandoregon.gov/oehr/62229
・CGTN America（2020）Billions are visiting this coronavirus website, we talked to the guy who built it. Retrieved February 20, 2021, from https://www.youtube.com/watch?v=eOo9CgaKHDg
・City of Portland（2012）. The Portland Plan: Summary. February 20, 2021, from https://www.portlandonline.com/portlandplan/index.cfm?c=58776&a=405753
・Curry-Stevens, A., Cross-Hemmer, A., & Coalition of Communities of Color（2010）. *Communities of Colorin Multnomah County: An Unsettling Profile.* Portland, OR: Portland State University.
・Diebold, J.（2021）. "We're going to show up:" examining the work of a white antiracist organization. *Journal of Community Practice,* 1-12. doi:10.1080/10705422.2021.1881936
・Dong, E., Du, H. and Gardner, L.（2020）An interactive web-based dashboard to track COVID-19 in real time. LANCET Infection Diseases. Published in February 19, 2020 DOI: https://doi.org/10.1016/S1473-3099（20）30120-1
・Government Alliance on Race & Equity（n.d.）. *Portland, Oregon.* Retrieved February 20, 2021, from https://www.racialequityalliance.org/jurisdictions/portland-oregon/
・Interaction Institute for Social Change（2016）. *Illustrating Equality vs Equity.* Retrieved February 20, 2021, from https://interactioninstitute.org/illustrating-equality-vs-equity/
・Johns Hopkins University（2021）Covid-19 Dashboard by the Center for Systems Science and Engineering（CSSE）at Johns Hopkins University（JHU）.

Retrieved July 30, 2021 from https://coronavirus.jhu.edu/map.html
・Kaiser, J. (2020) 'Every day is a new surprise.' Inside the effort to produce the world's most popular coronavirus tracker. Science posted in Apr. 6, 2020, 6:25 PM. Retrieved February 20, 2021, from https://www.sciencemag.org/news/2020/04/every-day-new-surprise-inside-effort-produce-world-s-most-popular-coronavirus-tracker
・町田 猛（2020）収束後もテレワーク中心に働きたい」4割 現状はストレスもコロナ後の働き方。BizGate アンケート，日経 BizGate, 2020/5/7, Retrieved February 20, 2021 from https://bizgate.nikkei.co.jp/article/DGXMZO5879473006052020000000/?page=2
・Milner, G. (2020) COVID-19: Inside Look at the Johns Hopkins Dashboard, Keeping Tabs on the Virus. ESRI BLOG July 16, 2020. Retrieved February 20, 2021, from https://www.esri.com/about/newsroom/blog/how-researchers-built-johns-hopkins-dashboard/ （日本語訳サイト https://blog.esrij.com/2020/04/17/post-35916/）
・Portland Bureau of Transportation (n.d.). Equity Matrix. Portland Bureau of Transportation https://pdx.maps.arcgis.com/apps/MapSeries/index.html?appid=2e2252af23ed4be3a666f780cbaddfc5&utm_medium=email&utm_source=govdelivery
・Portland Bureau of Transportation (2019). *Preliminary racial analysis of NW streetcar expansion and related land use changes.* Retrieved February 20, 2021, from https://www.portland.gov/sites/default/files/2019-11/racial-equity-analysis-report_streetcar_final.pdf
・Powell, M (2020) COMMENTARY: Distance learning, live streaming and cameras are the new normal in education. San Diego Union-Tribune posted in DEC. 18, 2020 5:28 PM PT. Retrieved February 20, 2021 from https://www.sandiegouniontribune.com/opinion/commentary/story/2020-12-18/distance-learning-live-streaming-cameras-education
・Rogers, K. (2020) Johns Hopkins' dashboard: The people behind the pandemic's most visited site. CNN updated 0133 GMT (0933 HKT) July 12, 2020. Retrieved February 20, 2021, from https://edition.cnn.com/2020/07/11/health/johns-

hopkins-covid-19-map-team-wellness-trnd/index.html
・Swenson, K., (2020) Millions track the pandemic on Johns Hopkins's dashboard. Those who built it say some miss the real story. The Washington Post. June 29, 2020　Retrieved February 20, 2021, from https://www.washingtonpost.com/local/johns-hopkins-tracker/2020/06/29/daea7eea-a03f-11ea-9590-1858a893bd59_story.html
・visionPDX (2008). Portland 2030: A vision for the future by the people of Portland, Oregon. Retrieved February 20, 2021, from https://www.yumpu.com/en/document/read/23033372/portland-2030-a-vision-for-the-future-city-of-portland-oregon

あとがき

本書の編集を終えるあたり，生涯学習支援の究極の目標はいったい何かということについて考えてみた。それは，学習者個々人が自ら学んだ知識や情報を自分なりに構造化していくことを助けるということにあるのではないだろうか。もちろん，これは最終的に個々人がなすことであり，生涯学習支援者にできることではない。学習者は，自ら学んだ知識や情報を自分なりの認識の地図に位置づけ構造化することになるのである。そうでなければ，たんなる断片的な知識の集まりにとどまるであろう。学習の究極の目的は，個々の知識や情報が位置づいていく構造を学習者自らが構築していくことにあるのではないか。そして，学習者によって構築されたその知識・情報の構造も，時間の経過の中で社会的位置に応じて刻々と変容していくのである。このように考えると，学習は一生にわたって続く営みであることが改めて理解できよう。

本書は二名の客員教授によって生涯学習支援の諸相について紹介をしてきたが，学習支援者の皆さんにとって，ここに書かれていることが意識されなくなるほどまでに，学習支援の技法が身体化されていくことをご期待申し上げたいと思う。

2021 年秋

赤尾勝己　吉田敦也

索引

●配列は五十音順。＊は人名を示す。

●ア行

●カ行

●サ行

●タ行

●ハ行

●マ行

●ヤ・ラ・ワ行

分担執筆者紹介

（執筆の章順）

西芝　雅美（にししば・まさみ）

・執筆章→10・13・15　コラム1－6

	愛媛県に生まれる
2001年	ポートランド州立大学ハットフィールド大学院エグゼクティブ・リーダシップ・インスティチュート　研究員（Research Associate）
2003年	ポートランド州立大学ハットフィールド行政大学院公共行政学博士課程修了　博士（Ph.D.）
2003年	ポートランド州立大学ハットフィールド大学院行政学部助教授（Assistant Professor, Non tenure track）
2006年	ポートランド州立大学ハットフィールド大学院エグゼクティブ・リーダシップ・インスティチュート所長補佐（Assistant Director）
2008年	ポートランド州立大学ハットフィールド大学院行政学部助教授（Assistant Professor, Tenure track）
2012年	ポートランド州立大学ハットフィールド大学院パブリックサービス実践・研究センター副所長（Associate Director）
2014年	ポートランド州立大学ハットフィールド大学院行政学部准教授（Associate Professor, Tenured）
現在	ポートランド州立大学ハットフィールド大学院行政学部教授（Professor. Tenured）・学部長（Department Chair）

主な著書・編著・翻訳書

白石克孝，西芝雅美，村田和代　編『大学が地域の課題を解決する。～ポートランド州立大学のコミュニティ・ベースド・ラーニングに学ぶ～』ひつじ書房，2021年。

西芝雅美，マーカス・イングル，塚本壽雄，小林麻理，東京財団　編『地方行政を変えるプロジェクトマネジメント・ツールキット―自治体職員のための新仕事術［日英対訳］』ぎょうせい，2007年。

Nishishiba, M., Jones, M., & Kraner, M. (2013) *Research methods and statistics for public and nonprofit administrators: A practical guide*. (392 pages). Thousand Oaks, CA: Sage.

Nishishiba, M. (2018). *Culturally mindful communication: Essential skills for public and nonprofit professionals*. (202 pages). Routledge, New York, NY.

白石克孝，村田和代，西芝雅美　編『ポートランド州立大学のコミュニティ・ベースド・ラーニングに学ぶ―大学の新しい役割―』ひつじ書房，2021発刊予定

飯迫八千代（いいさこ・やちよ）

・執筆章→10－3・11・12

	鹿児島県に生まれる。
2001年	鹿児島県志布志市志布志高等学校英語科 卒業 アメリカ合衆国オレゴン州セントヘレンズ市セントヘレンズ高等学校 留学 同時卒業
2004年	アメリカ合衆国ワシントン州クラークコミュニティカレッジ国際関係研究学科 卒業　学位：準学士（国際関係学）
2006年	アメリカ合衆国オレゴン州ポートランド州立大学国際関係研究学科 卒業　学位：学士（国際関係学）
2010年	ポートランド州立大学ハットフィールド大学院修士課程行政学研究科 国際リーダーシップ・マネジメント専攻　修了　学位：修士（行政学）
2010年	ポートランド州立大学ハットフィールド大学院パブリックサービス研究・実践センター エグゼクティブ・行政修士学プログラムコーディネーター
2012年	同大学・同センター 国際関連プログラムコーディネーター，兼NPOプログラムコーディネーター
2019年～	同大学・同センター 国際関連プログラムマネジャー，兼First Stop Portland プログラムディレクター

主な著書・編著・翻訳書

共著　飯迫八千代＆ジェニファー・アルケズウィーニ

編者：白石克孝，西芝雅美，村田和代　編『大学が地域の課題を解決する。～ポートランド州立大学のコミュニティ・ベースド・ラーニングに学ぶ～「コミュニティ・ベースド・ラーニングを教える教員に対するサポート」』ひつじ書房，2021年。

編者：白石克孝，西芝雅美，村田和代　編『ポートランド州立大学のラーニングに学ぶ。～大学の新しい役割～「コミュニティ・ベースド・ラーニングを教える教員に対するサポート」』ひつじ書房。2021年刊行予定。

飯迫八千代『アメリカ大学専門職員「アカデミック・プロフェッショナル」から見る地域に根差した大学の役割』公人の友社。2020年。

飯迫八千代『コロナ禍におけるリサイクルの重要性とオレゴン州の今。～必要不可欠なサービスとプライド～』日経ビジネス・月間廃棄物。2020年。

西芝雅美，マーカス・イングル，塚本壽雄，小林麻理，東京財団　編『地方行政を変えるプロジェクトマネジメント・ツールキット―自治体職員のための新仕事術［日英対訳］』ぎょうせい，2007年。英文箇所翻訳。

編著者紹介

赤尾　勝己(あかお・かつみ)

・執筆章→1・2・3・4・5・6・7・8

1957年	福岡県に生まれる。
1985年	慶應義塾大学大学院社会学研究科教育学専攻博士課程所定単位取得退学
1987年	洗足学園大学音楽学部専任講師
1988年	帝京技術科学大学情報学部専任講師
1995年	関西大学文学部教育学科助教授
2002年	関西大学文学部教育学科教授
2008年	大阪大学大学院人間科学研究科教育学系生涯教育研究分野博士課程修了 博士（人間科学）
2019年	関西大学教職支援センター長
現在	関西大学文学部教育文化専修教授 広島大学大学院，京都大学大学院，東北大学大学院等で非常勤講師を歴任 豊中市教育委員会委員，大阪市社会教育委員，猪名川町社会教育委員

主な著書・編著，共訳書

赤尾勝己『生涯学習概論―学習社会の構想―』関西大学出版部，1998年。

赤尾勝己『生涯学習の社会学』玉川大学出版部，1998年。

赤尾勝己編『生涯学習理論を学ぶ人のために』世界思想社，2004年。

赤尾勝己編『生涯学習の諸相』現代のエスプリ No.466，至文堂，2006年。

赤尾勝己『生涯学習社会の可能性―市民参加による現代的課題の講座づくり―』ミネルヴァ書房，2009年。

赤尾勝己『新しい生涯学習概論―後期近代社会に生きる私たちの学び―』ミネルヴァ書房，2012年。

赤尾勝己編『学習社会学の構想』晃洋書房，2017年。

M. ノールズ著，堀薫夫，三輪建二監訳『成人教育の現代的実践』鳳書房，2002年。

J. フィールド著，矢野裕俊，埋橋孝文，赤尾勝己，伊藤和子訳『生涯学習と新しい教育体制』学文社，2004年。

J. フィールド著，矢野裕俊監訳，立田慶裕，赤尾勝己，中村浩子訳『ソーシャルキャピタルと生涯学習』東信堂，2011年。

OECD教育研究革新センター編著，立田慶裕，平沢安政監訳『学習の本質―研究の活用から実践へ―』明石書店，2013年。

吉田　敦也（よしだ・あつや）　・執筆章→9・14・15（コラム6）

1953年　兵庫県に生まれる。
1976年　大阪大学人間科学部卒業
1985年　大阪大学大学院人間科学研究科博士課程単位取得退学
1986年　大阪大学人間科学部助手
1990年　学術博士（大阪大学）
1990年　京都工芸繊維大学工芸学部電子情報工学科助教授
2001年　徳島大学大学開放実践センター教授
2007年　徳島大学地域創生センター長
2012年　徳島大学副理事（地域貢献担当）
2018年　ポートランド州立大学ハットフィールド大学院パブリックサービス実践・研究センターシニアフェロー
2019年　徳島大学名誉教授
現在に至る

主な論文・著書・編著・翻訳書等

吉田敦也（2017）参加共創型オープンイノベーションの場となるフューチャーセンター―地域に根ざした大学の役割，環境情報科学，Vol.46，No.4，47-52.

吉田敦也（2021）変化を生み出す「学び合い」：ポートランドに学ぶこれからの生涯学習社会（[社会教育] 創刊75周年特別企画：大人の学びはどう変わる（その2）），社会教育 vol.76（7），12-21.

山地弘起・佐賀啓男編（2003）高等教育とIT―授業改善へのメディア活用とFD，玉川大学出版部

立田慶裕編（2005）教育研究ハンドブック，世界思想社

国立教育政策研究所編（2008）健康教育への招待：生涯の健康を支えあう家庭・学校・地域，東洋館出版社

岩崎久美子・下村英雄・八木佳子・吉田敦也・金藤ふゆ子（2011）データで学校を元気にする―小学校での研究入門―

吉川幸，前田芳男監訳（2020）市民参画とサービス・ラーニング―学問領域や文化の壁を乗り越えて学びたい学生のために，岡山大学出版会.

放送大学教材　1529625-1-2211（テレビ※）

生涯学習支援の理論と実践

発　行　　2022年3月20日　第1刷
編著者　　赤尾勝己・吉田敦也
発行所　　一般財団法人　放送大学教育振興会
〒105-0001　東京都港区虎ノ門1-14-1　郵政福祉琴平ビル
電話　03（3502）2750

※テレビによる放送は行わず，インターネット配信限定で視聴する科目です。

市販用は放送大学教材と同じ内容です。定価はカバーに表示してあります。
落丁本・乱丁本はお取り替えいたします。

Printed in Japan　ISBN978-4-595-32316-4　C1337